如何
获得幸福

[美] 索尼娅·柳博米尔斯基（Sonja Lyubomirsky）/ 著

周芳芳 / 译

中信出版集团 | 北京

图书在版编目（CIP）数据

如何获得幸福 /（美）索尼娅·柳博米尔斯基著；
周芳芳译 .-- 北京：中信出版社，2022.5
书名原文：The How of Happiness：A Scientific
Approach to Getting the Life You Want
ISBN 978-7-5217-3970-1

Ⅰ . ①如… Ⅱ . ①索… ②周… Ⅲ . ①幸福－研究
Ⅳ . ① B82

中国版本图书馆 CIP 数据核字（2022）第 025287 号

如何获得幸福
著者： ［美］索尼娅·柳博米尔斯基
译者： 周芳芳
出版发行：中信出版集团股份有限公司
（北京市朝阳区惠新东街甲 4 号富盛大厦 2 座 邮编 100029）

承印者： 中国电影出版社印刷厂

开本：880mm×1230mm 1/32 印张：9.75 字数：300 千字
版次：2022 年 5 月第 1 版 印次：2022 年 5 月第 1 次印刷
京权图字：01–2013–4969 书号：ISBN 978–7–5217–3970–1
定价：59.00 元

谨以此书献给 **加布里埃尔** 和 **亚历山大**，
正是他们，
给予了我人生中最大的幸福。

旅 途

—— 玛丽·奥利弗

某一天，你终于知道自己想做什么，

然后开始行动，

虽然周围无数的声音不停地大喊着那些错误的建议。

尽管整座房子开始震颤，

但你感觉过去的一切让你步履沉重。

"改变我的生活！"

每一个声音都在呐喊。

但你没有停步，

你知道自己想做什么。

狂风伸出它僵硬的手指，撬动了万物的根基，人们已悲伤得痛不欲生。

一切都太晚了。

在一个疯狂的夜晚，街上满是枯枝败叶和石块。

但慢慢地，

当你远远抛下这些声音，

点点星光透过层层云雾，开始放射出光辉，

一个新的声音出现了，

你意识到这是来自你内心深处的呼唤，

它一直陪伴着你，当你在这个世界越走越远的时候。

你下定决心，

去做你唯一能够做到的事情

拯救世界上你唯一能够拯救的生命。

目　录

掌握幸福的密码

汪 冰 / 北京大学精神卫生学博士、书评人

　　作为《如何获得幸福》的忠实拥趸，每当向周围的人推荐此书时，总有人问我它和那本大名鼎鼎的《幸福的方法》之间究竟有什么关系。作为哈佛大学最受欢迎的幸福课的讲授者，《幸福的方法》的作者泰勒·本–沙哈尔博士曾指出，他旨在通过《幸福的方法》让大家了解幸福的真相，并努力帮助每个人都过得更幸福。在那本书中，他不断用充满启发性和饶有趣味的方式促请每一位读者反思自己的生活，省察自己一直以来追求幸福的方式，于无声处的自我顿悟常常撼动人心。在我看来，那本书是幸福之路上的一座灯塔，能够帮助我们看清现在，望见未来。原来，只有将"幸福"作为人生的至高财富和指导生活的终极目标，"更加幸福"才不会沦为空谈。

　　如果说《幸福的方法》是掀起幸福革命的先锋队，那么这本《如何获得幸福》就是帮助你获得持续幸福感的后备军。换句话说，当你读完《幸福的方法》，感到惊醒、顿悟，急于知道更多关于如何拥有幸福生活的秘籍的时候，那么《如何获得幸福》正是你幸福旅程接下来的向导。在我写这篇推荐序的时候，手边就放着一本

《如何获得幸福》的书稿，它已经被翻过无数遍，贴满了小标签。对我来说，它是一本内容丰富的导游手册，每次随手翻阅都有不同的心得。也许，这就是追求幸福与成长最大的喜悦所在，旅程本身即是目的。

环顾四周，我发现大部分人的"幸福梦想"都有两个惊人的相似之处。第一，他们都打算在退休或财务自由以后再享受幸福；第二，其内容除了环球旅行，就是开个咖啡馆或者茶馆。因此，他们在描述所谓幸福的时候大多带着一脸白日梦的表情，眯着眼说："等我有钱了……等我有时间了……"就这样，我们一遍遍在大脑中彩排着幸福到来的情景。然而，这些看似幸福的愿景有可能正是幸福的陷阱。仔细想想，其实今天的我们可能已经完成无数个昨天的梦想，例如，结婚了、涨工资了、开上车了，但是在这之后很多人并没有感受到持久提升的幸福感，物质上的追求甚至还会带来更多的不快乐。我们越跑越快，但是终点很快就再一次成为起点；我们在不断收获，却又好像一无所获；在永不满足的焦灼中，我们无法停下来，哪怕已然身心俱疲。尚未拥有的时候不满，拥有之后又会更快地厌倦，这简直就是这个号称"急之国"的国民当下心态的最佳写照。

"当……的时候，我该多么幸福"，这正是这本书所指出的幸福的陷阱之一。其实，环境的改变对幸福感差异的影响只有10%，这本书给出的答案也许会出乎你的意料：贫穷与富有、健康与疾病、美丽与丑陋、结婚与离异，生命中诸如此类的不同境遇只能解释10%的幸福感差异。换句话说，即便我们拥有了沃伦·巴菲特的财富、安吉丽娜·朱莉的容貌、比尔·盖茨的豪宅，我们的幸福感也只能提升有限的 10%。因为我们对这些变化有强大的适应能力，最终将视拥有为无物，甚至产生更多的欲望。比如，大部分人只有在身体康复后的一小段时间内才能体验到幸福感的提升，但很快他们就感觉不到拥有健康是件幸福的事情了。很多人之所以苦苦追寻幸福而不得，恰恰是因为找错了地方，因为境遇对我们的影响远没有我们想象的那么大。如果你还不相信这一点，那就更要好好读读这本书了。

很多中国人都笃信命运，似乎"幸"与"不幸"在冥冥中早有安排。这本书用严谨的科学数据告诉我们，东方人的理解并非完全没有道理，人与人之间幸福感的差异有 50% 是由基因决定的，所以有的人天性乐观，无论碰到什么事都能一笑了之，而有的人则没有那么乐观，因为一点儿小事儿就会焦虑抑郁。鉴于我们目前还无法随意改变自己的基因，只能接受老天的安排，所以这一部分可以算作"命"。但是，你也别太绝望，天生容易发胖的人未必就一定会成为胖子，基因并不是全部，因为还有剩下的 40% 的幸福在我们自己手中。

那么，决定这 40% 的幸福感差异的因素究竟是什么呢？除了我们的基因和生存环境，还有一个至关重要的因素，那就是我们的行动。这本书汇集的大量关于幸福的研究成果告诉我们：幸福的人与不幸福的人，其差别往往在于思维和行为模式的不同。由此可见：比起发生了什么，如何看待和应对生活中的各种经历也许更加重要；比起中彩票和整容手术，日常生活中的小行动对持久提升幸福感的作用反而更大；比起以自我为中心，多为别人着想能让我们减少苦恼，获得更多的快乐。如果基因可以被称为"命"，那么我更喜欢把上面提到的个人境遇和我们的所作所为统称为"运"，前一种"运"受制于"时运"，而后一种"运"靠的则是个人的"修为"。也许有人觉得这样的道理并不新鲜，没关系，这本书最具开创性的工作还在后面。

当然，没有一种方法能够适合所有人。如果你也和作者一样觉得被广泛推荐的感恩练习让你"浑身不适"，那么恭喜你，在这本书里你可以找到多种不同的幸福的方法。这本书之所以能够成为提升幸福感的推荐必读书之一，最特别之处正是在于它是从事科学研究的专家撰写的第一本幸福生活指南，书中详细介绍了 12 种不同的提升幸福感的方法，而且每一种方法都经过了科学研究的检验，因此也具备充分的可重复性。作者不仅详细说明了如何在日常生活中使用这 12 种方法，还提供了充足的科学证据，让你知其然，更知其所以然。不仅如此，为了帮助每一位读者获得"私人定制"的幸福方案，作者还精心安排了幸福体检，让你以最快的速度找到适合自己的幸福训练法，而非心灵鸡汤式的一汤治百病，只有在刚喝下去的时候，才会浑身发热。

这本书中的一项研究表明，感觉幸福的大学新生，16 年后也就是在他们 35 岁左右的时候，收入会高于其他人。另一项研究发现，大学毕业纪念册的照片上，那些能够发自内心微笑的女孩子，更容易在 27 岁以前结婚，也更有可能在 52 岁时依然拥有美满的婚姻。看见了吧，当你让自己变得更加幸福时，你不仅会更加成功，还会拥有更好的"命运"。换句话说，当掌握了幸福的密码，你也就掌握了转运的方法，那么还有什么理由不尝试一下呢？正如这本书中所说，"没有行动就没有幸福"。所以，别再苦苦等待某一天幸福会降临到你头上了，预测未来最好的方法，就是从今天开始做些不同的事。

能操作的幸福人生

迟毓凯 / 华南师范大学心理学院副教授

亚里士多德认为幸福乃人生之终极目标。随着社会生活的发展，大众对精神层面自我提升的需求也越发强烈。目前，幸福学在国内俨然已成为一门显学：各类学者在各种场合纵论幸福的影响因素和前因后果；各级政府组织也展开民意调查，以期了解民众的幸福现状，制定提升国民福祉的相关政策。与此同时，众多出版机构也大量引进了幸福学的相关学术研究与通俗著述。

对于大多数读者而言，他们无论是渴望自己的不幸得以解释，还是希望自己的幸福感有所提升，都希望能通过阅读开启幸福之门，提升个体的幸福指数。当前，坊间有这么多关于幸福的作品可以参阅，按理说应该是一件比较幸福的事，然而综观林林总总有关幸福的论述，仍然存在一些遗憾。

首先，在众多畅销的幸福类书籍中，有关幸福的"鸡汤"多、营养少。这些"心灵鸡汤"类的幸福作品，常常用光怪陆离的故事，阐述一个个所谓的人生真谛，最后发出冲向幸福的指令。虽然故事很感人、感叹也真诚，但其最终的幸福建议可能是错误的，因为这些"鸡汤"类的故事并不能代表人生的普遍规律，有些甚至是为了说明某个道理而杜撰出来的。用这样的案例所导引出来的幸福法则，对一个具体的个体而言，有可能是当头棒喝，也可能让人误入歧途。总之，"鸡汤"类的幸福指南，不科学，也不靠谱。

其次，在基于科学研究的幸福类读物中，谈"why"（为什么）的多，谈"how"（如何做）的少。其实，科学家们也一直试图用科学的方法研究幸福，他们一直在这样做，也得出了诸多有价值的结论。然而，由于科学研究自身专业性和严谨性的要求，科学家们更愿意探讨幸福的规律，很少对如何获得幸福人生给出具体建议。换言之，他们愿意考察有关幸福的"why"、"when"（何时）、"where"（在哪里）、"who"（哪些人），即人们在何种情境下能够体验到幸福以及为什么幸福，但很少谈及"how"，即如何获得幸福。这样，对于幸福的研究结论，民众虽然可仰视，但却并不知道在生活中该如何去做。

如果能把那些高高在上的科学研究结论具体化为幸福之路的种种建议，那就好了。这样既避免了不科学的"鸡汤"文字，也没有专业文献的枯燥感。

这本书的作者索尼娅·柳博米尔斯基就是一位研究幸福学的科研人员，她不是临床医生、生活教导员，更不是一位自助专家。科学家既懂研究又爱科普无疑是一件幸事，由专业人士来总结当前众多的幸福研究结论，并且用平实易读的文字表达出来，给读者以真诚的、具有普适性的具体建议，这正是这本书最大的特色。

作者在书中说："我所给出的每一条建议都经过科学研究的验

证；我可以很坦率地说，任何一个特定的主题都有其明确、足够的论据作为支撑。"

确实如此，比如作者建议大家每天拿出几分钟的时间慢慢做一件事，例如，吃饭、洗澡、每日要完成的工作，好好体味一下，记录当下的感受。那些平时匆匆忙忙去做的事，如果你能用心体会，生活就会渐渐变得美好起来。

这一建议就是基于以往的研究做出的，而且笔者试着做了几次，也真的感觉良好。

可信、能操作、有效果——幸福真的有方法。

前　言

　　人人都希望得到幸福，也许有些人不会公开承认，有些人则选择用各种各样的言辞掩盖自己对幸福的渴望。不管我们的梦想——事业的成功、精神上的满足、和谐的人际关系、明确的人生目标，还是爱情与欲望——是什么，我们之所以垂涎这些，无非是因为我们坚信它们会让我们更幸福。然而，没有几个人真正明白如何才能提升自己的幸福感，或者如何创造幸福。回想一下，在你的内心深处，一定也有过如何让自己过得更加幸福的设想。无论这个设想对你来说是否可行，我都希望这本书能对你有所启发，让你明白你完全有能力让自己更加幸福，而且这对你自己和你周围的人来说是一件多么重要、影响多么深远的事。更重要的是，这一切完全掌握在你的手中。

　　那么，幸福的意义是什么？幸福有什么奥秘吗？我们能够拥有更多的幸福吗？所获得的幸福会持久吗？作为一个心理学家，这是我毕生为之奋斗的课题，也是我努力想弄清楚的根本问题。当我在22岁还是一个心理学研究生时，就开始了这方面的研究。当时，这样的研究并不被看好，幸福被认为是"难以捉摸、与学术无关、易受干扰、难以界定的"。如今，在社会科学领域，幸福已然成了一个热门课题，而且出乎意料地成了21世纪西方个人主义时代思潮中的一种现象。

那么，幸福难道像流行过的呼啦圈、夸张的发型，是一种时尚潮流吗？想必是这样的。现在市场上关于这一话题的内容铺天盖地，报纸、杂志、电视节目、书籍、引语、博客还有播客上，到处都能看见有关幸福的"鸡汤"，但这些内容中绝大多数都是毫无实验依据的。这股狂潮促使我们这些研究人员想要避而远之，但我认为仍有必要坚持这个课题的研究，因为这是全民关心的大事；我同时也坚信这个话题的讨论必然要遵循严格的科学准则，因为我深知以科学的方法研究幸福的重要性。世界上的大多数人，不论来自哪个大洲，也不论源于何种文化，都承认追求幸福是人生最重要的目标之一。这不仅仅是为了他们自己，更是为了子孙后代。此外，幸福不仅可以给寻求幸福的人带来巨大的回报，而且也将惠及他的家庭、他的工作、他生活的社区、他的国家，乃至整个社会。研究表明，努力获得更多的幸福，不仅可以让一个人心情舒畅，也可以激发他的活力和创造力，从而提高免疫力，培养良好的人际关系，提高工作效率，甚至延年益寿。以我个人之浅见，幸福就如耶稣在最后的晚餐时用的圣杯，用亚里士多德的话来说，幸福是"生活的意义和目标"，是"人类存在的终极目标"。

因此，幸福成为一门科学绝不仅仅是一种时尚，寻求幸福实际上是一个严肃、正当、值得肯定的目标。如果查阅以往的历史、文学以及哲学文献，你就会发现追求幸福是人类永恒的目标。在这个世界上，很多人在遭受苦难，更多的人感到空虚、缺乏成就感，因此想通过追求更多的快乐减轻痛苦和不安，从而获得心灵的宁静。18年来，我一直致力于这个领域的研究。这些年来，我见证了幸福学作为积极心理学的一个分支的发展历程。积极心理学主要研究如何让人生变得更有价值，它源于一种崭新的积极心理状态——让人们过上最有成就感、最幸福的生活。这项研究与传统心理学关于强调修复人类的缺陷、治愈疾病的研究同等重要。显然，以成功和满足为焦点的研究是一项明智的选择，但是在20世纪后半叶，心理学家却一直把研究方向集中在心理疾病、身心紊乱，以及生活消极等方面。

今天的心理学家有了更加崇高、更加热切的研究目标。过去10年，心理学研究取得了巨大进展，它不仅能够治疗抑郁症，帮助人们摆脱痛苦郁闷，恢复正常的心理状态，而且能够增加人们的活力，改善人们的精神状态。我们身处新纪元，每个月都能看到与幸福有关的文献新鲜出炉，告诉人们如何获得幸福，让幸福更持久；如何获得成功，变得更有效率：如何学会享受生活。不幸的是，这些文章都是在专业的小范围内传播，例如，专家之间或者学术期刊上，这正是普通人不能掌握幸福科学的原因所在。在本书中，我收集整理了有关幸福的研究发现，并以此作为出发点，让普通大众也能够掌握提升幸福、让幸福更加持久的方法和技巧。

在这里，请允许我高调地做一个声明。首先，本书的闪光点在于它是以科学为依据的；其次，书中介绍的提升幸福的方法，是我和其他众多心理学家的研究成果。我是一名科研人员，不是临床医生、生活教导员，更不是励志大师。据我所知，介绍如何获得更多幸福的书很多，但几乎没有一部是由研究幸福的科研人员现身说法，亲自指导大家该如何获得幸福的。因此，本书可以说是由专业人士执笔的第一本"幸福书"。朋友和同事很多年前就鼓励我动笔，但直到今天我才有信心真正行动起来，这是因为此领域的研究已经取得很大的进展，具备足够扎实、严谨的科学论证，让我能够给大家提供可信、有用的建议。因此，本书与其他类型的自助作品完全不同，它浓缩了幸福科学的研究人员（包括我）在实证调查研究中得出的最高成就，是所有研究的精华所在。我给出的每一条建议都经过了科学研究的验证，任何一个特定的主题都有明确、足够的论据支撑。

读者为什么要关心自助类书籍给出的建议是否有科学依据呢？因为实证研究具有更多个案研究和临床观察所不具备的优势。利用科学的方法，研究人员可以弄清行为内在的因果关系，系统客观地研究各种现象。因此，如果杂志上的一篇文章宣称，冥想可以让人更幸福或者某种草药可以减轻头痛，那么只要进行一个双盲实验（参与者被随机分成两组：一组为实验组，进行冥想或者服用天然草药；另一组为控制组，不做这两件事），就可以立刻验证这个说法的真假。虽然科学并不是尽善尽美的，但经过科学方法得出的结论，其可信度必然高于个人基于自身有限的经验或者根据假设得出的建议。

某报纸的读者曾就科学这一话题，给该报的编辑写了一封极具说服力的邮件。

有些问题是和信仰有关的，例如"上帝是否存在"；而有些问题是和观点有关的，例如"谁是历史上最伟大的棒球运动员"。一些问题是存在争议的，例如"堕胎是否合法"；还有一些问题通过科学的方法可以得到相对确切的解答，这类问题通常被称为实验性问题，换句话说，这样的问题在很大程度上可以通过证据来解答。

通过学习，人们是否能够让自己拥有更多的幸福？究竟如何开始第一步呢？实际上，这就属于实验问题。我和朋友肯·谢尔登合作，对此进行了研究。我们得到美国国家心理健康研究所提供的100多万美元的资助，用于研究人们获得更多幸福的可能性。我们带领一组非常杰出的研究生，利用这笔资金进行了"幸福干预"实验。在这里，"干预"不是为了对抗某种成瘾的症状，而是指和幸福有关的实验，目的是找出激发幸福的有效方法，同时探明此方法发挥作用的方式和原因（巧合的是，两种类型的"干预"都有一个共同点，即若要实现重大改变，就必须打破现状）。我们的幸福干预实验表明，只要你马上行动，只要你下定决心获得更多的幸福感，只要你明白这个决定是多么重要，愿意为此付出努力，做出承诺，拥有持之以恒的精神，并且相信自己能够做到，那么你就能够拥有更多的幸福。

《韦氏词典》（第11版）中对副词"how"的定义有很多，排在前三位的如下。（1）用什么方法（或手段）；（2）指原因：为什么；（3）意义何在：达到什么程度。本书的英文书名也用到了"how"，此处这个词涵盖以上三种意思。第一，这本书会告诉你如何成为一个更加幸福的人，并为你提供一幅路线图——12个幸福行动，同时帮助你做出选择，找出最适合你的方法。第二，了解这些方法之所以会成功的深层原因非常重要，其重要性不亚于知道这些方法是什么，以及如何以最佳的方式运用它们。第三，拥有更多幸福具有何种意义和作用（例如，为你自己、你的家庭、你生活的社会带来重大好处，产生重大影响等），这是我在本书中要讨论的另一个重要内容。

通过我们和数以千计的实验参与者的共同努力，我得以在本书中详细阐述有关幸福决定因素的完整理论。这个理论涵盖了当前科学家所了解的让人们获得幸福的所有要素，以及提升幸福感将会带来的人生意义。从某种意义上来讲，过去你可能已经了解一些有关幸福的点滴内容，但本书把这些内容融合成了一个有机的整体，其核心就是我们能够将幸福最大化，而这部分占到了我们整体幸福的40%。

本书最开始定名为"40%的解决方案"，因为它让我们看到了提升幸福感的希望，同时它也回答了如何获得更多的幸福，这也是本书主要讨论的内容。为什么是40%呢？因为这部分正是我们通过行动和思维可以控制并改变的，这个比例代表了我们能够提升幸福感的可能性。这个数字不大不小，但它是一个合理的、可实现的数字。本书将告诉你如何获取生活中这40%的幸福。但是，本书的目的并不是教会你如何摆脱消极状态，恢复正常状态——这是绝大多数抑郁症治疗师的目的。我想告诉大家的是，如何从你当前的幸福水平（也许你很沮丧，心情值在 -8、-3 或者 $+3$）提高到 $+6$、$+8$ 甚至更高的状态。

接下来我们来看一下本书的内容安排。第一章和第二章向大家介绍一个关于如何拥有更多幸福的计划以及制订这个计划的依据，同时对"40% 的幸福"从理论上进行了解释，回答了我们通常会问自己的两个问题：我们怎样才能够拥有幸福？是什么让我们更加幸福？通过阅读，你将了解这 40% 的幸福蕴藏着无数的可能性。如果你愿意付出努力、毅力和耐力，如果你已准备就绪，那么尝试着把自己改造成一个更幸福的人、一个全新的人，这是完全可以实现的。本书第一部分将会告诉你如何开始行动。

在这个阶段，你将接触一些能够让你感受到幸福的思想和行为，但是从哪里开始呢？这时第三章的内容就具有决定性的意义了。这一章虽然很简单，但非常重要。在这里你要完成一个诊断测试，通过测试，你就会知道具体哪个方法可以帮助你获得更多的幸福。彻底弄清这一点有助于引导你理解本书下一部分的内容。本书第二部分详细分析并阐述了 12 个幸福行动，你可以从中找到那些适合你的方法。你也会发现，幸福其实没有任何秘籍可言，正如没有一个神奇的套餐适合所有人一样。一旦你完成了第三章的诊断测试，就可以开始行动了。本书第二部分能够帮助你找到最适合自己的行动策略。前方的路虽然充满挑战，但也蕴含无限的幸福潜能。所以，努力让自己成为一个更加幸福的人吧。

除此之外，本书第三部分也非常重要，其中包括两个章节。第十章讨论了 5 个获得持久幸福的重要方法。通过这些方法，你将彻底了解这些方法发挥作用的原理和方式。在医学领域，我们都知道，如果病人充分了解治疗方法，他们就更有可能接受治疗，效果也会更好。这个道理是相通的。你们当中的一些人可能会直接跳过这一章，但是如果你认真阅读本章的内容，那么你成功提升自身幸福感的可能性就会增大。本书附录同样值得一读。如果你们当中有些人在过去的几周里感觉郁闷或者情绪低落，那么这部分就是为这些人写的。

在写这 12 个幸福行动的时候，我在想：为什么许多所谓功能强大的提升幸福感的方法听起来会……呃，那么虚假。的确，很多人在听到"心怀感恩""活在当下""多做好事""往好处想""笑一笑"之类劝勉或者鼓励的话，都会认为它们无关紧要，甚者是陈词滥调。但在本书中，我会清楚地告诉大家，已经有无数实验证实这些方法的可靠性和有效性，但是为什么它们以前没有流行起来？

其中一个原因，也许是我们很难抓到这些方法的本质和精髓。当然，如果每个人都对自己的健康、家人、朋友以及工作心怀感恩，那么我们都会感到幸福。但是，不知为什么，这种行为一旦通过语言表达出来，这个建议听起来就会非常愚蠢。又或者，当我们把对待爱人的想法或行为用最平常的语言表达出来时，听起来就显得寡淡无味。

说到提升幸福的方法，一些人会联想到那些看起来总是快乐得让人感觉不真实的人。我有一个高中同学就是这样。她卧室的墙上挂着各种像可爱的小猫、壮观的落日这样的图片，图片下面都是一些励志的话，知"我爱生活""永不放弃"等（这让当时才 15 岁的我感到非常恐怖）。当然，现在再回过头去看那些过去我曾认为是陈词滥调的话，我注意到了它们不可忽视的强大力量，并在书中引用了它们。当然，你没有必要刻意把我在这里提到的幸福语录张贴在墙上，也没有必要非得赞同我所说的一切。重要的是，你要明白，除了无处不在的笑脸以及能够激励人心的口号，幸福还有很多种表现形式。例如，对学习的好奇心和热情会让你感到幸福，为自己制订未来五年的计划会让你感到幸福，正确区分事情的轻重缓急也会让你感到幸福，每晚期待着给孩子讲故事同样会让你感到幸福。而且，有些人的幸福是看得见的快乐，有些人的幸福在于内心的平静，有些人则在忙忙碌碌中寻求幸福。换句话说，我们都有获得幸福的潜力，只是每个人实现幸福的方式各不相同。我希望你在阅读本书时，能够逐渐领会到，拥有幸福的方法并不像你认为的那么可怕。

　　我是在俄罗斯和美国这两个国家长大的。在我的人生中，我遇到过很多不幸福的人；同时，我也见证了很多朋友随着年龄的增长，在其成长过程中日渐成熟，慢慢获得真正、持久的幸福。本书是我多年思考和研究的结晶，希望它能够开阔你的眼界，让你有所领悟，勇敢地踏上幸福之路。

如何获得
真正持久的幸福

第一章

你能否拥有更多的快乐

想改变生活，一要立刻行动，二要奋力而为，二者缺一不可。

——威廉·詹姆斯

什么会给你带来更多的幸福呢？静下心来，仔细想一想，也许是……

◎ 一段甜蜜的恋情？

◎ 在工作上拥有更多的自由度？

◎ 一份可以提升自己和家人生活质量的新工作？

◎ 再多一间卧室？

◎ 一个体贴周到的伴侣？

◎ 一个可爱的孩子？

◎ 看起来更年轻？

◎ 缓解疼痛？

◎ 减轻体重？

- 孩子在学校表现优秀？
- 真正理解如何应对生活？
- 父母给予自己更多的支持和关爱？
- 慢性疾病或者长期的身体不适得到治愈？
- 拥有更多的金钱？
- 拥有充足的时间？

以上这些都是我的朋友给出的答案，这会让他们获得更多的幸福。你可能会吃惊地发现，你的回答也多少有些类似。但遗憾的是，这些选择都不会大幅提升你的幸福感。当然，这并不意味着寻找持久的幸福就是不现实的，就是一种天真无知的行为。关键在于，在寻求幸福与快乐时，我们常常找错了方向。科学研究证明，我们所坚信的对生活具有重大意义的事情，实际上影响甚微，而个人快乐与幸福的真正源泉却往往被我们忽视了。

几乎在每一个国家，不管是在美国、希腊，还是韩国、阿根廷，当人们被问及一生中最想得到什么时，答案无一例外，所有人的第一选择都是"幸福"。如此看来，幸福对于我们意义重大。在本书中，我会告诉大家，为什么对幸福的渴望不再是一个不切实际的幻想。

一项让幸福持久的计划

也许你认为，不论是在个人生活还是工作中，你仍有很多潜能没有发挥出来，还没有获得你所期望的幸福和成功。针对美国成年人的一项抽样调查结果显示，一半以上（54%）的人处于"中度心理健康状态"，而不是积极向上的状态。也就是说，我们缺少生活激情，态度消极，做事效率低下。这也就说明了为什么不仅抑郁症患者渴望幸福，普通人也渴望幸福。没有人不想获得幸福，那些没有得到幸福的人、想要获得更大成功的人，甚至已经功成名就的人，都希望获得更多的幸福、更多的人生意义、更广泛的人际关系网、更具挑战性的工作。其实，我们当中有一些人曾经感知过真正的幸福，但现在却失去了。

缺少活力、身心饱受煎熬、陷入困境无法自拔，或是枯燥无味的生活——无论你处于哪种情况，都会感到气馁，对生活望而生畏。通常我们都认为，想摆脱困境，必然要付出巨大的努力并具备突出的能力。在这里，我有个好消息要告诉大家：实际上，把自己从深渊中拯救出来，一开始所要做的"功"非常小，但效果却立竿见影。宾夕法尼亚大学的心理学教授马丁·塞利格曼曾做过一项研究，他向一组重度抑郁症患者（根据抑郁评估表的分数，他们最初都属于重度抑郁症患者）传授了一个提升幸福感的方法。这些人的症状非常严重，有人甚至连起床都有困难。在这个方法中，他们需要每天回忆并记录当天发生的三件美好的事情（例如，"罗莎琳德打电话来问好"，"医生推荐给我的书，我已经读了一章"，或者"今天下午终于出太阳了"）。仅仅 15 天后，他们的抑郁程度就从"重度抑郁"转变为"轻微或中度抑郁"。在这些人当中，有 94% 的人的抑郁症状得到了缓解。

所以，要想获得更多的幸福，迈出第一步其实非常简单。首先，我们要承认，想要提升幸福感不仅仅是一种渴望，也是一个极其重要的目标，是一个所有人都有权利追寻并为之努力的目标。有意思的是，在大家熟知的一个说法"追求幸福"中，"幸福"似乎是一件可以被我们追求或者发现的东西。我对此不敢苟同，我更倾向于"创造幸福"这个说法，因为研究表明，我们的幸福由我们自己做主。

在本书中你将了解到，获得持久的幸福感并不一定要像某些心理医生说的，需要深度挖掘你的童年记忆，用精神分析疗法分析你曾有的创伤经历，或者深入剖析你与他人惯有的交流模式，也不是只有获得更多的薪水、治愈一种疾病，或者青春永驻，才会获得幸福。在本书中，我介绍的那些方法你可以尝试一下，即使你现在意志消沉、几近绝望，也会感觉精神为之一振。若要获得持久的真正幸福，你就要准备打一场持久战。好消息是，虽然一开始在学习新的方法并实践时，需要付出巨大的努力，但随着时间的推移，这些行为会渐渐变成一种习惯性的行为，这时你就无须特别费力了，它们会进行自我强化。

本书介绍的获得持久幸福的计划，建议你从今天就开始行动起来，长期坚持会让你终身受益。

必须注意的是，如果你已经确诊患有抑郁症，那么这个幸福计划并不意味着可以取代已有的治疗，比如认知行为疗法和抗抑郁药物治疗。但是，你可以把它看作一个强有力的补充，也许这能帮助你尽快恢复良好的心情，维持长久的幸福感。

什么让你幸福

读到这里，你可能会对我提出的幸福计划心存质疑。如果持久的幸福能够唾手可得，为什么我们现在会感到幸福如此匮乏？为什么我们尝试了这么多次，却还是失败了？其中主要的原因是，我们一直认为可以带给我们幸福的那些行动都是错误的。心理学家累积了大量具有说服力的证据，证实了那些通常被认为会给我们带来快乐和满足的事物都是毫无根据的。因此，我们其实在努力做一些对幸福毫无益处的事。最常见的情况是，我们以为的那些"美好的事"会让我们感受到持久的幸福，但实际上并非如此，例如升职、健康、重要的约会、喜爱的足球队获胜等，这些事往往都不会达到我们预期的效果。以追求物质享受为例，为什么我们（当然也包括我）不认同"金钱其实并不会给我们带来幸福"这个观点呢？因为事实的真相是，金钱的确会给我们带来幸福。但我们又错在哪里呢？一位研究幸福的专家给出了生动的解释："人们认为金钱能在很长一段时间里给我们带来幸福感，但实际上金钱只能带给我们短暂的快乐。"

我们把所有的努力都花在这种毫无前景的追求幸福的道路上，最终的结果就是忽视了获得幸福的有效途径。

这让我想起曾经采访过的两个人，如今他们已经明白幸福是什么，并真切体会到了财富、名誉、美貌其实并没有自己想象的那么重要。

摇滚明星

一年夏天，在拍摄一部有关幸福人生的纪录片时，我认识了尼尔。尼尔从小就想成为一名摇滚明星。在克服重重困难后，他最终实现了梦想，成为一名非常成功的摇滚乐队的鼓手。他不仅登上了舞台，赚了很多钱，还多次获得格莱美奖提名。10年间，他所在的乐队在全球巡演，足迹遍布各大洲。但是他的世界突然崩溃了：乐队解散了，巡演停止了，大房子没了，妻子也离开了他。

在他的家里，我俩整整聊了一下午。他的新家不大，很普通，大堆的沙土正堆在房前。这位单身父亲带着两个年幼的孩子住在这里。他目前生活在曼尼托巴省温尼伯市的郊区，地处平原地带，人口稀少，距离最近的商店或者学校也有好几英里。那一年的7月，就在我前去拜访他时，平原上已经吹起阵阵狂风，大片的枯草随风摇曳。这里的冬天必然是寒冷荒凉的，这里的生活也一定非常艰辛。

乍一见尼尔，他就给我留下了深刻的印象——他浑身洋溢着惬意和平静。在这里，他和孩子过得真实、随意、快乐，而且还可以一心一意做他的音乐。那么，那个曾经富有的摇滚明星如今幸福吗？"我曾拥有一切，比如金钱和名誉，"他说，"虽然现在我无名无利，但我仍然感到很幸福，和从前没有什么不同。"

改头换面

我在一档谈话节目中认识了丹妮丝，她讲述了自己的故事。丹妮丝住在佛罗里达州的圣彼得斯堡。她曾是一名高中老师，她的学生都是一些有学习障碍的孩子。现在她是一个全职主妇，她的三个孩子都在上学。做一个全职主妇并不是一件容易的事，年近40岁的丹妮丝感觉完全没有了自我：不化妆，不锻炼身体，看起来总是非常疲倦。多年生活在炎热的佛罗里达，这让她满脸都是岁月的痕迹。她觉得自己看起来比实际年龄老很多，于是她申请参加《改头换面》这档节目，并如愿以偿。

整容手术一共进行了12个小时，医生为丹妮丝的眼部、前额及脸部做了除皱拉皮，还取出了她鼻子中的肿块，在下巴上做了吸脂，并对面部皮肤进行了激光换肤。手术非常成功，也完全看不出整容的痕迹。在采访时，当化妆师给丹妮丝上妆半个小时后，我告诉她，丹妮丝曾经做过整容手术，化妆师非常震惊，她一点儿也没有发现丹妮丝整过容。

术后的丹妮丝感到自己进行了一次时光旅行——她看起来年轻了 10 岁。手术后她吸引了很多人的关注，包括家人、朋友、陌生人，还有媒体。"我深陷于这种美好的感觉中不能自拔，"她说道，"我觉得自己就像一个电影明星，这让我信心大增。"她还曾考虑离开丈夫，开始新的生活。

一年后，丹妮丝逐渐清醒过来，意识到如果放弃婚姻，那将会是一个巨大的错误。那么，整容手术让她获得了更多的幸福吗？"必须承认，减少皱纹的确是一件好事。"丹妮丝坦诚地说，但这并不能带给她持久的幸福，因为美好的容颜和真正的幸福根本不是一回事。

尼尔和丹妮丝可能都曾这样想过："如果我有钱……如果我出名……如果我年轻漂亮……我就会非常幸福。"这样想显然错了。根据他们的亲身经历和大量的研究证据，我和同事总结出一个关于幸福的理论。这个具有决定性意义的理论将告诉你，若要获得更多的幸福，你能够做些什么。

寻找幸福的秘籍
艾库玛尔的积极心理学研讨会

2001 年 1 月，我在墨西哥的一个小镇艾库玛尔旅游。这是一个美丽、宁静的度假胜地，距离坎昆有两个小时的路程。在阵阵暖风的吹拂下，12 名积极心理学家齐聚一堂，分享大家的最新成果，同时集思广益，期待有更多的发现。积极心理学在当时还是一个新兴的研究领域。一开始，我很难集中精力，因为我把只有 20 个月大的女儿留在了洛杉矶的家里，让我的丈夫照看她，而且我发现自己又怀孕了。我没想到，在艾库玛尔的几次谈话竟最终改变了我的研究方向。来这里之前，我曾给肯·谢尔登教授和大卫·施卡德教授发过电子邮件，询问是否能合作写一篇关于如何寻求幸福方法的文章。但是当我们坐在一起时，大家很快就意识到，对于这个主题几乎不曾有过任何相关的实证研究——大多数心理学家不仅从未关注到人们使用什么样的方法让自己获得更多的幸福，而且他们对于"如何获得持久的幸福"这个话题也并不看好。

在当时的学术界，有两种观点一直广受关注：一是幸福是天生的，并且在人的一生中是非常稳定的；二是人们拥有一种非常显著的能力，他们会慢慢习惯生活中的积极变化。由此得出的结论是：人们不可能让自己获得持久的幸福，因为任何幸福都是短暂的。从长远来看，大多数人总会不知不觉地回到他们最初或者最基本的幸福水平。

可提升的 40% 的幸福

对于"想拥有持久的幸福是不可能的"这个结论，我、肯还有大卫都表示怀疑，于是我们决定证明这个说法是一个错误的论断。在随后的几年里，我们一直致力于这方面的研究。在研究中，我们发现了幸福的原因，确定了决定幸福的关键因素，具体内容如下面的饼图所示。

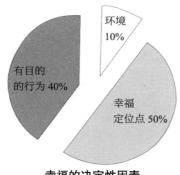

环境
10%

有目的
的行为 40%

幸福
定位点 50%

幸福的决定性因素

现在，请想象一个坐满了 100 人的电影院。这 100 人代表了幸福的连续统一体：一些人格外幸福，一些人幸福程度一般，还有一些人非常不幸福。从上面的饼图可以看出，幸福水平的差异有 50% 是由人类的遗传基因决定的，这个发现源于一项对同卵和异卵双胞胎的研究。这项研究表明，每个人在出生时就有了一个特定的幸福定位点，这个定位点或来自其母亲或者父亲的基因，也可能源于父母共同的基因。不管我们经历怎样的失败与成功，最终都会返回到那个由遗传基因决定的幸福定位点上。这就意味着，即便有一根魔杖能够把电影院里的这 100 人进行基因"克隆"（或者称为同卵双胞胎），他们的幸福水平也会存在差异，不过这种差异将减少 50%。

幸福定位点和体重定位点非常类似。例如，一些人天生就是瘦子，他们无须努力，轻轻松松就可维持好身材。相反，有些人只有经过不懈的努力才能够把体重控制在一个理想的水平，稍有松懈，体重立刻就会反弹。有关幸福的这一发现具有重大意义，就像基因对智力和胆固醇的控制一样，我们与生俱来的幸福定位点（也就是说，如果 7 分为最高分,你的幸福定位点可能高达 6 分或者低至 2 分,也可能是中间值 4 分)在很大程度上决定着我们在人生旅程中感受到的幸福度。

也许和大家一直以来的直觉反应最不同的是,根据饼图可以得知,人们的幸福差异竟然只有大约 10% 是由环境引起的。也就是说,不管富有还是贫穷、健康还是不健康、漂亮还是丑陋、已婚还是单身等,这些因素对幸福造成的影响其实非常有限。如果用一根神奇的魔杖让这 100 个人生活在同样的环境中(一样的房子、一样的配偶,相同的出生地、相同的外表,遭受同样的痛苦),那么这些人之间原本存在的幸福差异仅能减少 10%。

这个结论得到了大量科学研究的证实。例如,一项著名的研究表明,那些年收入超过 1 000 万美元的美国富豪,他们的幸福水平并没有比他们的员工或者其他蓝领工人高出多少。另外,虽然总体来看已婚人士比单身人士幸福,但婚姻对于个人幸福感的影响是非常微小的。例如,一项在 16 个国家进行的研究表明,25% 的已婚人士和 21% 的单身人士都认为自己"非常幸福"。由此可见,生存环境对我们的幸福水平影响很小,这个发现令很多人感到震惊。很难让人相信,诸如财富、美貌、健康对于幸福感的影响如此短暂、如此有限,但事实的确如此。之后我会提供几个有趣的例子对此进行解释。其实,如果我们能够接受这个真相,即生活环境并不是获得幸福的关键,那么我们将拥有更多追求幸福的能力。

回过头来再看一下这个饼图:即使电影院中的这 100 人都成为同卵多胞胎,都生活在相同的环境下,他们的幸福水平也会存在差异。这个结果说明,即便考虑到由基因决定的个体特征差异,以及纷繁复杂的后天环境，我们的幸福水平也存在无法解释的 40% 的差异。那么，这 40% 的差异是什么呢？除了我们的基因和面临的生存条件，还有一个至关重要的因素，那就是我们的行为。幸福的关键不是改变我们的基因组成（这根本不可能），也不是改变我们的生存条件（例如，获取更多的财富、变得更有魅力、拥有更优秀的同事等），幸福的关键是日常生活中那些具有主观能动性的活动。请记住这一点：根据饼图，40% 的幸福潜能在我们力所能及的范围之内，并且是可以控制的。关于幸福，我们拥有 40% 的调控空间；通过调整日常生活中的行为和思维，我们将拥有 40% 的机会提升自己的幸福水平。

这真是个好消息，它意味着只要我们留心观察那些幸福的人平时习惯做些什么、想些什么，同时向他们学习，就有可能让自己变得更加幸福。在如何提升自身的幸福感上，我们还有很大的潜能没有被开发出来，这正是我研究的重点：系统地观察幸福的人和不幸福的人的行为和思维，进行比较和实验，挖掘出每个人的幸福潜能。通过我和其他研究人员对感到幸福的参与者的行为和思维的观察，我们有了如下发现：

- 抽出更多时间和家人、朋友在一起，加强与他们之间的联结，享受相互陪伴。
- 对自己所拥有的一切怀有感恩之心。
- 在遇到困难时，同事和路人通常都是第一个伸出援手的人。
- 对未来充满信心，积极乐观。
- 懂得享受生活，活在当下。

- 每周甚至每天都进行身体锻炼。
- 为了终极目标和抱负付出不懈的努力。
- 幸福的人也会面临压力、危机，甚至遭遇悲剧。他们也会有苦恼，变得易怒。但是在面对挑战时，他们会充分表现出自己的坚毅，展示出内在的力量，这就是他们的秘密武器。

大量文献都介绍过最幸福的人应具备什么样的特征、思维和行为，在本书第四章到第九章中我将对此做进一步的探讨。我和很多研究人员都曾在实验室做过相关研究，测试了控制我们思维和行为（我们的目的性目标）的方法。我们进行了提升幸福感的干预性研究，设计这个研究的目的就是将一个人的幸福水平维持在定位点或高于定位点。在本书第二部分，我将详细介绍 12 种提升幸福的方法和行动，指明它们在日常生活中是如何发挥作用的，并辅以充足的科学证据。以上列举的幸福标准似乎难以达到，但你没必要想尽办法完成所有的事情——你只需选择一个（或者几个）适合你的方法和活动就可以了。从现在开始，一切都掌控在你的手中。改变自己的生活，培养一种积极并且有意义的生活方式，加油吧！

若要为自己的个性化幸福计划找到一套成功的实施方案，一个重要的前提就是明智地做出选择。任何给生活带来改变的方案都是因人而异的，某些计划只适合某些特定的人，而对另一些人则不然。在第三章中，我介绍了一个非常重要的诊断测试，从本质来讲，它就是一个调查问卷，这个问卷将帮助你确定哪个方案最适合你。记住，要想获得幸福，一切都在于你自己——你的兴趣、价值观，还有你的选择。一旦找到了那个最适合你的行动方案，你就已经成功一半了。

显然，在人生中要想完成任何具有重大意义的事情，例如，学习某个专业、从事一项运动、抚养一个孩子等，都需要付出大量的努力。有时无须努力，幸运女神也会眷顾你。但是，就像被人们遗忘的新年愿望一样，因运气而获得的一切美好都是非常短暂的。

想想看，人们为了锻炼身体花费了多少时间，付出了多少努力——不管是去健身房、慢跑、打拳，还是做瑜伽，没有一样是不需要付出努力的。我的研究表明，如果你想要更多的幸福，你也可以采取类似的方法。也就是说，要想获得持久的幸福，你就需要做出持久的改变，这些改变需要你每天都行动起来。是的，追寻幸福需要付出不懈的努力，但是这种付出将成为你人生中最有价值的事。

为什么要幸福

我们为什么要为了幸福而努力？如果有人对此心怀疑虑，那么有无数的科学证据为我们提供了令人信服的解释。我和同事搜集了大量心理学方面的文献资料（这些资料还在不断增加）。这些资料表明，获得更多的幸福不仅可以让你感觉良好，还会带来很多额外的福利。与缺乏幸福感的人相比，幸福的人社交能力强、精力充沛、乐于助人，他们更善于与人合作，也更容易被他人认可，被大家喜欢。因此，幸福感强的人更容易找到伴侣，有能力维持婚姻的稳定；他们也拥有很多朋友，更容易得到他人的支持与帮助。而且，幸福的人根本不像伍迪·艾伦在电影《安妮·霍尔》中所说的那样，"肤浅、空虚、没有思想、言之无物"。实际上，他们更加灵活、足智多谋，工作起来也更有效率。他们能够成为更加出色的领导者和谈判者，也能够积攒更多的财富。在面对苦难时，他们坚韧不拔。他们的免疫系统更强大，身体更健康，寿命也更长。

认真思考一下我们前面提到的两个例子：金钱和婚姻。喜剧演员亨利·扬曼曾讽刺地说："幸福有什么好处？它无法给你带来金钱。"他非常风趣，但是他的话错了。一项研究表明，感觉幸福的大学新生（不考虑其最初的家庭背景）在 16 年后（也就是在他们 35 岁左右的时候），他们获得的工资要高于其他学生。另一项研究跟踪观察了大学生的生活，研究者发现大学毕业纪念册照片上那些脸上带着平静与快乐的女孩子，更容易在 27 岁以前结婚，也更有可能在 52 岁时依然拥有美满的婚姻。

实际上，幸福对整个国家来讲也是至关重要的。不丹是一个非常小的国家，它位于中国和印度之间，国土面积和瑞士差不多，但提升国民的幸福感是不丹这个国家努力实现的目标。不丹政府坚信，促进经济发展的最佳手段就是提升全民幸福感，即国家发展的重点是国民幸福总值（GDH），而不是国内生产总值（GDP）。不丹强调的"国民幸福高于一切"的理念产生了广泛的社会效益。虽然不丹的国民大多数都是勉强糊口的农民，但是他们拥有日常生活所需要的一切——自给自足，衣食无忧，全民享受医疗保险。他们拒绝了赚大钱的商业机会，因为这会威胁他们优美的生存环境，会破坏他们现有平等的生活状态。

总之，幸福似乎可以带来无数益处，而我们却很少花时间真正了解这一切。在获得更多幸福的同时，我们不仅能够获得快乐、更高的生活满意度、爱、自豪以及对生命的敬畏，还能够增强机体的活力，加强免疫系统的功能，改善人际关系，让身心得到更加健康的发展。此外，更多幸福也能增强我们的自信心，让我们相信每个人都是有价值的，都值得受到他人的尊敬。如果我们获得了更多的幸福，那么不仅会使自己受益，我们的伴侣、家人、生活的社区，乃至整个社会都会收获幸福的正能量。

第二章

你幸福吗

　　在你认识的人当中，是否有这样一类人：他们感受到了真正的幸福，能够以乐观的视角来看待整个世界；即使深陷逆境，也会镇定自若、沉着冷静。为什么他们那么与众不同？在面对无尽的生活考验时，他们为什么不会和我们一样感到厌烦与焦虑呢？

　　这些人在遇到困难和麻烦时，依然是一副很幸福的样子，这的确让我们困惑不解。例如，你和一个幸福的人同时面对一位挑剔的上司，他总是对你们的工作吹毛求疵；或者你们都是法学院的大一新生，每天要完成多得让人崩溃的阅读任务和作业；或者你们都初为人父，照顾新生儿的琐事让你们手忙脚乱、睡眠不足、心烦气躁。上述情境通常会打败你，让你情绪低落、神经紧张，有时甚至会让你感到绝望。但是，幸福的人似乎总能很好地应对一切，他们能够击败沮丧、压力、失望的情绪，打起精神，看到事情积极的一面，会把这些挫折视为生命赐予的挑战。在你怀疑自我、陷入绝望时，幸福的人看到的却是积极的一面，他们会主动采取行动，应对一切困难，而你却不知所措，被动地承受一切。

幸福的人不仅让人费解，也让人畏惧。对照他们，我们会反问自己：怎样才能和他们一样呢？我们能够得到幸福吗？我也曾多次问自己这样的问题，最终发现，唯一的办法就是对那些真正幸福的人进行系统研究。通过近距离的密切观察，我们不仅对他们有了更深的了解，同时也对自己有了更多的认识。

基于这些研究，我发现，在遭遇痛苦或人生重大挫折之后，幸福的人能够迅速调整自己，恢复到幸福的状态。下面我们一起来看一下安吉拉和兰迪的故事。

安吉拉的故事

安吉拉是一个幸福的中年女性，我曾有幸对她进行采访。如果你了解她过去遭受的一切，那么你绝对无法想象今天的她会这么幸福。安吉拉是在南加州长大的，年少时她遭受了母亲对她精神和身体上的双重虐待，而她的父亲竟然对此不闻不问。青春期时，她还因为身体肥胖被同学欺辱。在安吉拉上初中的时候，她的母亲被诊断患有乳腺癌。她终于不再挨打了，但是母亲对她精神上的折磨却变本加厉。最终，安吉拉忍无可忍，离家出走，与一个认识仅三个月的男人结婚了。就在女儿艾拉出生后不久，他们离婚了。

安吉拉成了一个单身母亲，生活很艰难。前夫从来没看望过他们的女儿，也没有给过抚养费。为了养活女儿，她尝试过很多工作。当找到一份美容师的工作时，她以为找到了自己的梦想，但不久她又意外地被解雇了。她的希望破灭了，生活再次陷入困境，不得不靠领取失业救济为生。现在，她重返大学校园，正在攻读护理专业的学位。

尽管发生了很多不幸，遭遇了诸多坎坷，但安吉拉仍然认为自己是一个非常幸福的人。女儿艾拉非常爱她，带给她无尽的快乐。闲暇时，她们会一起津津有味地阅读《纳尼亚传奇》，一起听免费的音乐会，一起窝在床上看电视。在安吉拉看来，虽然其他孩子拥有的很多物质上的东西艾拉都没有，但是她得到了无尽的母爱。安吉拉非常幽默，她的幽默也经常会感染周围的人。当她对窘境自嘲时，周围的人都会和她一起笑出声来。她还交到了很多朋友，大家也给她提供了很大的帮助。同时，在帮助他人时，她的内心深处也得到了巨大的满足，正如她所说的："单独对抗不幸是根本不可能的。"

兰迪的故事

和安吉拉一样，兰迪的童年也非常不幸。他身边两个最亲近的人相继自杀：父亲在他 12 岁的时候自杀了，最好的朋友在他 17 岁的时候也做了同样的事情。在兰迪上五年级的时候，母亲为了和她的男朋友罗伊一起生活，抛弃了他的父亲，离开家并搬离了他们居住的城市。虽然兰迪和母亲的关系很亲密，但是罗伊不喜欢兰迪，他们之间的关系非常紧张。有意思的是，为了离开家，兰迪也在很年轻的时候就闪婚了。他的婚姻同样很不幸，在他发现妻子的不忠后就离婚了。刚离婚时，兰迪万念俱灰，认为自己永远摆脱不了分离和死亡的纠缠。

今天，兰迪已经从过去的阴影中走了出来，他不仅是一个非常幸福的人，也给周围的人带来了欢乐。离婚后，他重新振作起来，搬到了另外一个城市，成为一名安全工程师，还组建了一个新家庭。现在他和妻子还有三个继子幸福地生活在一起。他是怎么做到的呢？积极乐观，能够在黑暗中寻找一丝曙光是兰迪拥有幸福的关键。例如，他认为工作压力不会影响他热爱生活的心态，而且他和继子的关系也很融洽，他最爱做的一件事就是看儿子们踢足球。

幸福在哪里

虽然安吉拉和兰迪的遭遇可能并不常见，但生活中像他们这样乐观幸福的人还是不少的。当然，世间也有很多不幸福的人，他们总是非常焦虑、郁郁寡欢，只看到人生消极阴暗的一面，似乎总是对生命中存在的诸多快乐视而不见。

香农的故事

香农就是这样一个人。她今年 27 岁，正在攻读英语语言专业的学位。她的男朋友正在意大利读书，两个月后他将回到美国和香农共同生活。从小到大，香农的生活都非常平静，她拥有一个和谐的家庭，还有几个密友，而且经常和家人到处旅游。在她上初中的时候，妈妈送了她一条叫作黛西的小狗，这条小狗也已经成为香农最好的朋友之一。

尽管香农从没有遭受什么不幸，但她依然觉得自己的生活有压力、不舒心。进入大学后，繁重的课业让她心力交瘁，几近崩溃。她的室友虽说是一个不错的女孩，但也有一些坏习惯，比如经常把电视开得很大声。这让香农非常气愤，她越来越讨厌这个室友，她们的关系也越来越僵。

香农经常去攀岩、滑雪。她也很喜欢讲课，这份工作的收入也不错。表面来看，她的生活非常顺遂：拥有一份很有前途的工作、一个爱她的男朋友，还有一条可爱的小狗。但是，香农并不认为自己幸福，她总说自己的成功是因为"运气好"。而且，香农常常感到孤独，觉得工作还不够稳定，对自己和男朋友之间的关系也没有足够的信心。现在，她特别依赖男朋友，只要他不在身边，她就会感到没有安全感，然后就乱花钱或暴饮暴食。她发现自己已陷入沮丧和忧郁的泥沼中无法自拔。

幸福的连续性

幸福和身高、体温、智商一样，都是一个连续的统一体。在这个连续的统一体中，香农的幸福指数非常低，而安吉拉和兰迪的幸福指数则非常高。在这个统一体的刻度表上，每个人都有自己的位置，找到我们自己所处的确切位置至关重要。不管你是极度抑郁，还是单纯的不开心，要想让自己获得更多的幸福，你首先要确定自己当前的幸福指数，这将有助于你初步评估自己的幸福定位点。

从古至今，无数作家和思想家都对"幸福"给出了自己的定义，例如，亚里士多德认为幸福是"深思熟虑的行动中的心灵体现"；弗洛伊德认为，幸福"是爱和工作"；而漫画《史努比》的作者查尔斯·舒尔茨则认为幸福"是一只温顺的小狗"。大多数人都能够感受到幸福，也清楚自己是否幸福。已故的美国最高法院大法官波特·斯图尔特认为，我们无法准确说出幸福到底是什么，但每当看见它时，我们就会知道那就是幸福。

在我看来，幸福是指一种快乐、满足、积极的体验，同时能够让人感受到生命的美好、意义和价值。大多数人并不需要知道幸福的定义是什么，因为我们本能地就会知道自己是否幸福。研究人员更倾向于使用"主观幸福感"（subjective well-being）这个术语，它听起来更科学，而且无须承载数百年的历史、文学以及哲学的沧桑。在本书中，我没有区分这两个词，而是将二者通用了。

那么，你是如何测量自己是否幸福的呢？由于没有一个测量幸福的量表，研究人员通常都是根据参与者的自我感受报告进行研究的。在我的大部分研究中，我都在使用自己设计的"整体幸福四项量化表"，我把它称作"主观幸福感量化表"。这个名称非常贴切，因为幸福感是天生的，它由主观意识决定，属于个人观点的范畴。除了你自己，没有人知道你是否幸福。通过回答量化表中的四个问题，确定你当前的幸福水平，你就可以计算你的幸福定位点。

主观幸福感量化表

说明：阅读下面的问题，请圈出最能代表你当前幸福感的数字（请认真阅读，每项都各不相同）

（1）通常情况下，我觉得自己：

1	2	3	4	5	6	7
非常不幸福						非常幸福

（2）和大多数同龄人相比，我觉得自己：

1	2	3	4	5	6	7
不如他们幸福						比他们幸福

（3）有些人总是特别幸福，懂得享受生活，不管发生什么事情，他们都能从中获得最大的幸福。你是这样的人吗？

1	2	3	4	5	6	7
根本不是						一直都是

主观幸福感量化表

（4）有些人总是感觉自己很不幸福，虽然他们并不消极，但是他们似乎也从来没有感受过真正的幸福。你也是如此吗？

| 1 | 2 | 3 | 4 | 5 | 6 | 7 |

总是这样　　　　　　　　　　　　　　　　　　　　　　　　根本不会

计分方法：

第一步：总分 = 题（1）：___ + 题（2）：___ + 题（3）：___ + 题（4）：___ = ___

第二步：幸福得分 = 总分（上面计算得出的分数）___/4 = ___

首次测量日期：_____

幸福得分：（第二次测量）：____　　日期：_____

幸福得分：（第三次测量）：____　　日期：_____

　　根据上面的得分可以看出，你能够得到的最高分是 7 分（如果每项得分都是 7 分），最低得分为 1 分（如果每项得分都是 1 分）。我曾让许多不同类型的参与者做过这项测试，受试者的平均得分大多在 4.5~5.5 分之间。参加工作的成年人及退休的老年人的幸福感会高一些，其平均值为 5.6 分；而大学生的得分往往低一些，平均不到 5 分。

　　现在你也确定了自己当前的幸福得分。如果你已经过了上大学的年龄，你的幸福得分却低于 5.6 分，这说明你的幸福水平低于平均水平。如果你的分数高于 5.6 分，那么就说明你的幸福水平高于平均水平。当然，这个"平均水平"所代表的群体，取决于其成员的性别、年龄、职业、民族等因素。重要的是，你一定要记住，不管你的幸福得分是多少，你都能够获得更多的幸福。

你抑郁吗

有些人可能不仅仅是单纯不快乐这么简单，他们很可能已经被诊断患有抑郁症。如果你的幸福得分是 4 分甚至更低，或者最近几周内一直感到心情沮丧，我建议你完成以下这个抑郁测试。完成这个抑郁量化表只需不到 10 分钟的时间，但这短短的几分钟带来的收获可能是无价的。

抑郁量化表（CES-D）是一份标准的调查问卷，它得到了广泛的应用。测量抑郁的方法有很多种，但在测量大众人群（指未经临床诊断患有抑郁症或精神科患者）的抑郁情况时，我们推荐使用此量表。你按照下列说明完成这个量表测试，便可以根据得分判断自己的抑郁状况。

抑郁量化表

说明：下列问题与你在过去一周里的感受和行为相关。请认真阅读量表中数字所代表的含义，然后标出最能说明你在过去一周的感受和行为状况的数字

0	1	2	3
几乎没有	很少有	经常有	差不多一直都有
（少于 1 天）	（1~2 天）	（3~4 天）	（5~7 天）

_____ 1. 你会因为以前一些不在意的事情而心生困扰

_____ 2. 你不想吃饭，胃口不好

_____ 3. 即使有家人和朋友的帮助，你也无法摆脱坏心情

_____ 4. 你觉得自己和其他人一样优秀（×）

_____ 5. 你在做事时，经常无法集中精力

抑郁量化表

_____ 6. 你感觉心情郁闷

_____ 7. 你觉得做任何事情都非常费力

_____ 8. 你对未来充满了希望（×）

_____ 9. 你认为自己过去的生活很失败

_____ 10. 你感到恐惧

_____ 11. 你睡眠不佳

_____ 12. 你非常幸福（×）

_____ 13. 你比平时说话少

_____ 14. 你感到孤独

_____ 15. 你觉得人们对你不友好

_____ 16. 你很享受生活（×）

_____ 17. 你经常不明原因地痛哭

_____ 18. 你感觉很伤心

_____ 19. 你觉得人们不喜欢你

_____ 20. 你感觉自己无法进步

计算方法：

　　第一步：将第 4、8、12、16 项［后面标有（×）］的得分取相反的分值，也就是说，如果你在其中一项上标了 0 分，那么实际就是 3 分；同理，把 1 分改成 2 分，把 2 分改成 1 分，把 3 分改成 0 分

　　第二步：这 4 项的得分就是换算过后的分数，然后把所有得分加起来

　　抑郁量表总得分为：_____　　日期：_____

　　抑郁量表总得分为：_____　　日期：_____

　　抑郁量表总得分为：_____　　日期：_____

由此可见，你的最低得分可能是 0 分，最高得分可能是 60 分。心理学家将 16 分设定为区分抑郁人群和非抑郁人群的分界线。因此，如果你的得分大于等于 16 分，那就说明你抑郁了，具体的抑郁情况还要取决于你的分数。抑郁症通常分为三种：轻度抑郁（16~20 分），中度抑郁（21~25 分），重度抑郁（25~60 分）。值得一提的是，抑郁量表和幸福量表不同，这个得分与你的情绪和平时的精神状态尤为密切。因此，在不同的时间段测量，你有可能会得到不同的抑郁数值；即使时隔两周，结果也会有所不同。

如果你感到抑郁，不用担心，你并不是特例。研究显示，在美国有 15% 的人（抑郁症的女性患者高达 21%）都会受到抑郁症的困扰。剩下的人中，有 50% 也会有中度抑郁的经历，通常是在一个人遭遇了重大挫折或危机时，例如感情破裂、爱人去世、事业失败、经济受损等。而且，人们第一次产生抑郁情绪的年龄在近几十年里正急剧年轻化。令人难以置信的是，在所有疾病中，抑郁症已经成为世界上继呼吸道疾病、慢性阻塞性疾病、艾滋病后的第四大破坏人类健康、减损寿命的疾病。世界卫生组织曾预测，2020 年，抑郁症将成为影响人类寿命的第二大元凶，会有 30% 的成年人饱受这种疾病的困扰。

许多专家都认为抑郁症已经成为一种流行病，和一个世纪前的人相比，现代人因抑郁症所受的折磨已高出十几倍。导致这种病症的危害加剧的原因有很多。第一，我们对自己的生活比以前有了更高的期望；我们认为自己无所不能，因此当做不到或者无法做好某件事时，我们就会相当失望。第二，随着个人主义的日益盛行，每个人都倾向于独自处理日常的压力和困难；一旦应对失败，我们就会责怪自己，认为自己是个失败者。第三，社会结构的变化使就业市场越来越不稳定，这也给现代人的生活带来了诸多压力。第四，和以前的几代人相比，我们更加缺乏归属感、缺乏对家庭和社会的责任感，这样就很难得到社会的支持与援助，无法和他人建立牢固、有意义的联结。这些因素可能会同时出现，导致现代人更容易患上抑郁症。

如果你的得分表明你正处于抑郁状态，我建议你寻求专家的帮助。对于中度及重度抑郁症患者，专业人士的治疗和帮助至关重要。只有深入了解自己的症状及需求，才能找到适合自己的方法。

幸福的谎言

无论你在幸福量化表或抑郁量化表的得分如何，你都可以学会提升幸福感的方法。在把这些方法运用到你的生活之前，我有必要为大家揭露一些有关幸福的谎言。

获得幸福的最大障碍之一就是，大多数人都错误地认为某些外在的东西可以带给我们幸福。我们已经被灌输这个信念，同时，社会文化也在不断强化这个信念。许多假设的幸福源泉看起来似乎都很自然、合乎情理，以致很多人（包括研究幸福的专业人士）都很容易被迷惑，这时就需要借科学之光带领我们冲破藩篱，获得清醒的认识。关于幸福，有三大谎言经常迷惑我们，让我们信以为真。在幸福饼图中，这三大谎言一目了然，因此有必要在这里再次看一下这个饼图。

谎言 1：幸福一定是"被找到的"

第一个谎言就是，要想获得幸福，我们就必须找到它。这好像在说，幸福不在我们身边，而是在某个地方——那是一个超出我们能力范围，犹如香格里拉一样的世外桃源。是的，我们能够到达那里，但是只有具备了下列条件才可以：我们找到了自己的真爱，得到了梦寐以求的工作，买了大房子。我想告诉大家，不要坐等这些事情的发生，不要认为只有这样才会幸福。在一部卡通片里，一个小男孩对放风筝的玩伴说："我想赶快长大，长大后就会开心了。"实际情况是，如果你今天不幸福，那么你明天也不会幸福，除非立即采取行动。具有主观能动性的活动决定了我们 40% 的幸福。通过这些活动，你完全可以掌控自己的生活。珍惜这种能力，你就可以运用这些方法重塑你的生活，获得更多的幸福。

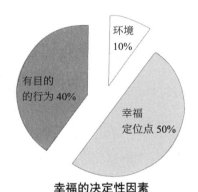

幸福的决定性因素

幸福不在别的地方，幸福其实源于我们的内心。幸福是一种精神状态，是一种观察、了解自己和我们生存的世界的方法。因此，如果你想在明天乃至余生都过得幸福，那么你只需通过改变自己的精神状态就可以实现。具体如何进行，本书将做详细介绍，这也是本书的核心内容。

谎言 2：幸福在于生活环境的改变

第二个巨大的谎言就是：如果生活环境改变了，我们就会变得更幸福。我称这种想法为"我会幸福的，如果……"，或者"当……时，我便会获得幸福"。有一些人会铭记自己在人生的某个时期曾经历过的幸福感受，他们也认为自己再也无法拥有那种真正的幸福了。事实是，这些在过去给我们带来幸福的因素，在将来同样能给我们带来幸福。这些因素和我们同在，等待着我们继续发掘它们的作用。正如从饼图中看到的，对于环境的改变，不管多么积极、美好，都不会对我们的幸福感产生多大影响。

谎言 3：你要么幸福，要么不幸福

我的哥哥是一名电力工程师，一天他读到一篇文章，文中介绍了僧人通过坐禅体悟到幸福的故事。"这个方法太神奇了！"他惊叫道，"我从来没想过一个人可以让自己变得幸福，我一直觉得一个人天生要么幸福，要么不幸福。"大多数人，尤其是那些不幸福的人，都深信幸福与否是由基因决定的，我们对此无能为力。事实恰恰相反，越来越多的研究有力地证明了我们能够战胜遗传基因，让自己获得幸福。

接下来我们进一步讨论这些谎言。就让我们从环境的改变开始吧，看看环境会在哪些方面对我们产生影响，科学家对此又了解多少。

生活环境的局限性

用美国作家赫尔曼·麦尔维尔的话来说，生活环境包括"妻子、心脏、床、桌子、马鞍、火炉、国家"。想一想你生活中的既定因素：性别、年龄、种族、你成长的地方、在孩提时代以及青春期经历的大事（包括一些不好的事情，比如父母离异、车祸、被他人欺辱，以及一些好的事情，比如家庭和睦、中大奖、受人欢迎），还有成年后发生的重大事件（比如，你现在是已婚还是单身，是离婚、丧偶还是分居，你的工作是什么，工资多少，宗教信仰是什么，你现在的生活条件怎么样，你居住的社区如何，你得过慢性病或者急性病吗，你曾遭受过命运的摧残折磨吗）。

虽然重大的生活事件对每个人来说都意义非凡，但实际上就像饼图所显示的，重大的生活事件对幸福影响的平均值仅为 10%。因此，不管你上班开的是高级轿车还是一辆破旧的大卡车，不管你年少还是年老，不管你居住的城市是冰天雪地还是温暖宜人，每个人获得幸福的机会都是一样的。为什么会这样呢?

物质财富

物质财富包括月薪、储蓄金和其他财物。我们先假定你的家庭收入已经超过美国平均水平，那么你今日所享受的物质生活水平与半个世纪前最富有的那 5% 的人的生活水平相同。最近，我阅读了传记作家多丽丝·卡恩斯·古德温撰写的一本好书《非常年代》，这本书是介绍罗斯福家族的，从书中我看到了 1940 年的美国人的生活情况。那时，美国差不多有 1/3 的家庭没有自来水、抽水马桶或淋浴设备，超过一半的家庭享受不到集中供暖。在 25 岁或者 25 岁以上的人中，只有 40% 的人读到了八年级，25% 的人读完了高中，5% 的人读完了大学。

在对生活满意度进行调查时，生活在 20 世纪 40 年代的人大都认为自己"非常幸福"——在满分为 10 分的调查中，他们的幸福指数是 7.5 分。我们今天的生活和以前完全不同了，现在的住宅楼里大都有自来水、浴室，大家都能享受到集中供暖，而且房子的面积也增大了。那么，今天的美国人又给自己的幸福水平打了多少分呢？结果是 7.2 分。

显然，那些琳琅满目的家用电器并没有给我们带来更多的幸福。有多少人曾经说过这样的话："如果我有了…… 我将会多么幸福啊！"我自己也无数次地说过这样的话——在还没有买车的时候，在我无法独立生活的时候，在即将做母亲的时候，在我的孩子还没有自己房间的时候。

富人在物质上的确比普通人拥有的更多，但研究显示，他们并不比普通人更幸福。我们一起看一下迪士尼公司的前总裁迈克尔·奥维茨的故事。《洛杉矶时报》的专栏作家史蒂夫·洛佩兹曾就奥维茨夫妇计划兴建豪宅的事情进行过报道。他们打算建一座 2 600 平方米的大厦，其中包括世界上最大的地下室（1 300 平方米），一间面积为 465 平方米的办公室，一座面积为 224 平方米的网球馆，一个可以同时容纳 13 辆汽车的车库，一个瑜伽练习室，还有一个艺术馆。我相信，如果奥维茨完成了主观幸福量化表并把结果发给我，他的整体幸福得分不会比我的邻居高。虽然我的邻居只是一位中学老师，但他住在只有一个房间却很温馨的小公寓里。

当我写到这里的时候，梅西百货公司正在开展新一轮的广告宣传活动：每张色彩艳丽的宣传单上都有一个靓丽模特的特写。这个模特身穿一件崭新的羊绒衫，挎着一款新包，下身穿着紧身牛仔裤，宣传单上还标有一句醒目的标语："是什么让你变得幸福？"这则广告告诉我们，如果我们能够拥有新款的羊绒衫、手包和牛仔裤，我们就会心花怒放、无比幸福。美国著名的建筑师弗兰克·劳埃德·赖特说过，"富人只是他们财富的看守者"。如果你的人生目标就是追求物质财富，那么你也会沦为金钱的奴隶。实际上，物质财富不仅不能为我们带来幸福，而且有资料显示，它反而是很多不幸的根源。1976年，研究人员在多所名校就人生态度问题对 12 000 名大一新生进行了调查，当时他们的平均年龄是 18 岁，之后又在他们 37 岁时对他们生活的满意度进行了调查。结果表明，那些在刚上大学时表现出强烈物质欲望的学生（也就是把赚钱作为主要人生目标的学生），20 年后，他们对生活的满意度普遍比较低。除此以外，和那些追求精神财富的人相比，追求物质利益的人更容易患上各种精神疾病。

物质财富不能让我们获得更多的幸福，其中一个原因是当人们最终获取了大量财富后，其幸福感并不会随着财富的累积而增加。同时，一心追求物质利益也可能让人们忽略那些更有意义、能够给人带来更多快乐的事情，例如，维护与家人、朋友的关系，享受生活，或者从事公益活动等。追求物质利益的人也往往会夸大物质财富所能带来的一切，以为金钱是万能的。一位父亲私下里对我说，他认为购买一台 42 英寸① 的平板电视将会改善他和 11 岁儿子之间的关系，但事实证明并非如此。

---

① 1 英寸=2.54 厘米。

如果说电视、冰箱、豪华跑车可以大大改善人们的生活，应该不会有人否认这一点（当我写到这里时，我的丈夫正在一边切菜，一边对我大声说，如果我们有一个超级大的厨房，他将会无比幸福）。大多数人都认为"更多的金钱"一定会提高他们的生活质量。自1967年开始，研究者每年都会进行一项针对全美大学新生的调查，这个调查旨在探索大学新生的人生态度和对未来的规划。2005年，有385所高校的263 710名大学新生参与了调查。结果表明，有71%的学生认为"在经济上非常富有"是非常重要的，这一数字创下了历史新高，而在1967年，只有42%的大学新生持有这样的看法。有意思的是，现在的大学新生中只有52%的人承认，拥有有意义的人生观至关重要，而在1967年，有86%的大学生认为人应该活得有意义。

当然，那些大学新生拥有的物质财富越多，他们的欲望也就越多。那些年薪低于3万美元的人宣称年薪5万美元会让他们兴奋，而那些年薪超过10万美元的人则认为只有25万美元的年薪才会让他们满意。要是他们知道真正的有钱人是如何想的就好了。在一项研究中，参与者为792名富豪，但其中超过一半的人认为财富并不能给他们带来更多的幸福；有1/3的千万富翁认为金钱只会带来更多的问题，不能解决问题。虽然那些高收入的人都宣称，物质财富在某种程度上的确提高了其生活满意度，但调查发现，和那些收入较低的人相比，他们并没有感到更幸福，反而更容易产生焦躁和愤怒的情绪。一位智慧的富人曾说过："我一生从未借过数目庞大的金钱，因为我从来不认为自己拥有了两倍的金钱，我的幸福感也会随之加倍。"

美貌

很多人不禁要问，为什么很多人拥有了巨额财富却依然感受不到真正的幸福呢？在回答这个问题之前，我要和大家说说另外一个与幸福关系不大的因素，那就是美貌。我是一个科学家，按理说应该是客观至上的，但我仍然认为漂亮的外表会让我获得更多的幸福。那么，美貌真的可以让你更幸福吗？

美国美容整形外科学会报告说，在美国每年进行整容手术的人越来越多。与 2003 年相比，2004 年进行整容手术的人数增长了 44%，其中肉毒毒素注射手术创历史新高，高达 280 万例；果酸换肤手术 110 万例；数以万计的人接受了隆胸手术、眼睑手术、吸脂手术等。报告显示，绝大多数人在术后短时期内都对自己整容后的外表非常满意，感觉很幸福，但其时效非常短。由此可见，通过整容获得的幸福感并不会持久。

为什么美容无法给我们带来持久的幸福呢？为什么美貌不会对幸福产生重大影响呢？这是因为当我们思考自己有多么幸福时，并不只是考虑漂亮的外表。一项非常有趣的研究证实了这一点，该研究调查了美国中西部和加利福尼亚州两地的天气对当地人幸福感的影响。研究人员想知道，住在温暖的加利福尼亚州的人是否大都比生活在寒冷中西部的人更幸福。因此，他们分别对加利福尼亚两所大学和中西部两所大学的学生进行了调查，评估他们的整体生活满意度以及他们对当地天气的满意度。测试结果显示，就生活的整体满意度而言，两个地方的学生在生活满意度上没有什么不同。

但是，在天气满意度的评估中，两组结果存在巨大差异。和加利福尼亚州的学生相比，中西部的学生不喜欢当地的夏天，对当地的冬天就更加不喜欢了。实际上，中西部的居民在生活中的很多方面都觉得不如加利福尼亚州的居民，例如人身安全、户外活动以及生活的自然环境。但是，为什么他们的整体幸福感并不低呢？研究人员解释说，当人们认真评定自己的整体幸福感时，他们并不会单纯地依靠诸如天气、人身安全或者其他单一的因素来评判。虽然天气寒冷潮湿让人不悦，但人们不会因此就觉得自己不幸福。美貌也是如此。如果你问问长相出众的人，他们是否因自己的出众外表而感到幸福，他们一定会回答"是的"。但是，当问起他们的整体幸福感时，外表就不会有什么影响了，即便有，也非常小。

我推断美貌和幸福之间没有必然的联系，这也就表明外貌出众的人并不比他们相貌普通的亲戚、同事或者朋友幸福。事实的确如此。埃德·迪耶内和他的同事们做了一系列非常出色的实验，证实了我的推断。在实验室中，他们为一些感到幸福和不幸福大学生志愿者拍照、录像，然后把照片和录像给一组评委看，请他们根据这些志愿者的外表来评判他们幸福与否。迪耶内对一些志愿者没有特殊要求，但让另外一些志愿者"不做任何修饰"，不能化妆，不能佩戴任何珠宝首饰，必须戴一顶白色的浴帽盖住头发，还要穿一件实验室里的白大褂盖住自己的衣服，或者把自己藏在一块大纸板后面，只将头部从椭圆形的窟窿里露出来。

也许在你看来，这样的实验方法有点儿奇怪，但这有助于迪耶内研究幸福和外貌之间的关联。从客观角度来看，幸福的人真的更具吸引力吗（就像那些看见照片和录像的评委所评价的那样），还是他们自认为帅气或者漂亮？

结果显而易见。虽然最幸福的人往往认为自己很有吸引力，但客观判断的结果显示，幸福的人的相貌并不比其他人更漂亮。有趣的是，当参与者"不加修饰"时，这个结果更加明显。这表明幸福的人可能更擅长发挥自己与生俱来的魅力。

因此，长得好看并不意味着必定拥有更多的幸福，幸福的人也并不一定就比其他人漂亮。这就让人想起这样一个问题：究竟是先有鸡，还是先有蛋。有证据显示，从某种程度上来讲，幸福的人更注重自己的生活细节，更加积极乐观。

所以，美貌并不等于幸福。客观地讲，变得更加漂亮并不会让你拥有更多的幸福。不过，自认为长得漂亮又是另外一回事。研究表明，虽然美貌和幸福之间不存在必然联系，但认为自己很漂亮的心态却可以成为获得更多幸福的一个动力因素。

享乐适应，一种奇怪而有力的现象

当身处纽约时，我想去欧洲；而当身处欧洲时，我又想回纽约。

——伍迪·艾伦

在寻求幸福时，一个最大的讽刺就是，很多人坚信只要改变现在的生活环境就可以了。为了获得幸福，刚毕业的大学生可能会为了一份高薪的工作去一个遥远的城市，一位中年的离婚妇女可能会选择做美容手术，一对退休的老夫妻可能会购买一套公寓来养老。但是，这样做所获得的幸福感都是非常短暂的。大量研究显示，试图通过改变生活境况以获得更多的幸福感，最终都不会起作用。

为什么生活环境的改变对幸福的影响这么小呢？主要是因为强大的"享乐适应"。

例如，当你从严寒中走进温暖的房中时，一开始可能会感觉犹如置身天堂，但是这种感觉很快就会消失，慢慢地，你还会觉得太热了。又如，当公寓里弥漫着一股轻微但不容忽视的怪味儿时，如果你长时间待在房子里，就可能完全注意不到了，但当你离开一段时间再返回时，就又能闻到了。这种经历被称作"生理适应"或"感觉适应"。因此，搬家、结婚、换工作等也存在类似的"享乐适应"现象——一开始你会因为变化而感到幸福，但慢慢地你就适应了。我也有过这样的经历。36 岁以前，我的视力非常差，于是我做了眼部激光手术。结果太神奇了，我有生以来第一次不戴眼镜便可看清道路标志牌，第一次在半夜醒来时可以看见闹钟上的时间，第一次在洗澡时能看见自己的脚趾。这个手术让我感觉幸福极了，但两周后，我就彻底适应了正常视力，无法再像第一天那样激动了。几乎每个人都有过类似的经历，例如，刚刚搬进一套更大的房子，升职加薪的那一刻，刚做完美容手术或者第一次坐飞机头等舱等等，这些经历都会让我们获得短暂的幸福。

婚姻、彩票、郊区豪宅

任何一对幸福的新婚夫妇都不会相信，婚姻带来的幸福感会逐渐消失，这怎么可能呢？实际上，每一位已婚人士都深切地感受到了婚姻给生活带来的巨大变化。研究显示，已婚人士比单身人士幸福得多，无数有趣的实例（其中也包括我的经历）都证明了这一点：结婚是一件美好的事。

然而，心理学的研究结果却证明我的想法是错误的。曾有一项研究针对 25 000 名民主德国和联邦德国的居民（包括德国本国公民以及移民）进行了长达 15 年、每年一次的追踪调查研究，这也是一项具有里程碑意义的研究。在研究期间，共有 1 761 对新人结婚，而且直到今天也没有离婚。根据观察到的数据，科学家发现婚姻对幸福的影响也是短暂的。夫妇二人在婚后的前两年中幸福感会增加，而后双方的幸福感就会返回到他们最初的幸福定位点上。当然，让新婚夫妇看到这个研究结果似乎不是一个明智的选择。

有些研究表明，金钱和财富对幸福感的影响与婚姻对幸福感的影响非常相似。在 20 世纪 70 年代有一项非常经典的研究，当时，心理学家采访了一些幸运的人，这些人曾在伊利诺伊州中过 50 万到 100 万美元的彩票大奖。在那个年代，这绝对是一笔巨款。在中奖后一年，他们自称过得并不比那些没有中大奖的人更幸福，以前让他们觉得很享受的日常生活，例如，看电视、出去吃饭，都变得没有那么有趣了。

为什么会出现享乐适应这种现象呢？其中的两大罪魁祸首就是不断高涨的欲望和攀比心理。比如，你得到一笔意外之财后又买了一套大房子，但经过一段"潜移默化的常态"后，你就开始想要更大的房子了。又比如，你搬到一个新社区，看到新朋友有一辆宝马轿车，你就觉得自己也应该有一辆。结果，虽然人们每年累积的财富都在增加，但整体的幸福感却没有什么变化。就像《爱丽丝漫游奇境记》中红桃王后说的："虽然我们越跑越快，但我们似乎始终在同一个地方，没有前进。"

戴安娜是我的好友，她就是一个活生生的享乐适应的例子。刚结婚时，她的丈夫正在读博，他们和新出生的孩子以及戴安娜的妈妈一起生活，几口人挤在一个狭小而且没有厨房的单身宿舍里。他们在这里整整生活了一年。我觉得他们那时的生活一定非常艰苦。想想看，丈夫整日忙着准备博士毕业论文，宝宝又经常在半夜哭闹不休，母亲还和他们挤在一间小屋子里。多年后，这对夫妻有了三个漂亮的女儿，一家人搬到圣迭戈北部的一处住宅区，小区里有一个游泳池，附近有一所非常棒的公立学校。他们的新房子是一幢二层小楼，有 4 个卧室、一间起居室，还有一个宽敞的院子。但就在他们搬入新家的几个月后，戴安娜就给我打电话，谈到了一所更大的、正准备出售的房子。其实那幢房子只是多出了一个卧室和露台，可以在露台烧烤。但她对那所房子就像着了魔一样，怎么都觉得比现在的房子好。他们能够买得起吗？也许他们有这个经济条件。但他们会买吗？也许会吧。

由此可见，不管我们如何意气风发、心中满载幸福，这种感觉最终都会因为享乐适应而逐渐消失。其实，享乐适应也有好的一面，因为人类这种能够快速适应环境变化的能力是非常有意义的，尤其当遇到挫折和不幸时，适应能力就有用了。研究显示，在生了一场大病或者遭遇严重的事故后，这种非凡的能力可以帮助我们快速走出伤痛，重新获得幸福。

例如，你认为患有晚期肾衰竭会降低你的幸福感吗？想象一下，每周你都要接受长达 9 个小时的血液透析。透析时，你的身体连着一台仪器过滤你的血液。你还必须严格控制饮食，少吃肉，控制盐分摄入，甚至连水也不能多喝。大多数人一定会认为这样的生活不幸福。研究人员进行了实验，受试者分为两组，一组是健康的人，另一组是需要透析的病人。实验要求这两组人在一周内随身携带掌上电脑，这台电脑每隔 90 分钟就会发出声音提醒测试者把他当时的情绪（满足、快乐、焦虑，或痛苦）记录下来。这些情绪反应都是参与者瞬时记录的，没有经过编辑、整理，也不存在任何偏见。结果显示，肾病患者和那些健康受试者的幸福感是一样的。这些病人似乎很快就适应了他们的病情。此外，肾病患者也深信，如果自己没有得这种病，一定会过得更加幸福。

虽然听起来令人震惊，但是人类的确对身体的残疾有着很强的适应性，例如瘫痪、失明或其他重要身体机能的丧失等。想象一下这种情况，一个多发性硬化症的患者，随着时间的推移，他逐渐摆脱了恐惧，最终能够控制这种疾病。欧内斯特就是这样一个病人。随着病情的恶化，他无法开车、跑步、走路，甚至站立。"我再也不可能恢复了，因此我也不去想了。"他是这样解释的，"我的看法、喜好都发生了变化，甚至我对幸福的理解都在慢慢地发生变化……如果早在生病前我就知道会有今天，那么我一定会对未来充满焦虑，甚至失去活下去的勇气。但是当事情真的发生时，一切似乎并没有我想象的那么糟糕。"

人类的适应能力真的很强，尤其是在面对美好的事物时尤其强大，例如对财富、住房、财产、美貌、健康甚至婚姻。我觉得唯一的例外就是孩子。作为两个孩子的妈妈，我发誓当你第一次拥抱你的孩子时，那种感觉绝对棒极了。即使是第一千万次拥抱他们，这种幸福感也绝对不会打折扣。

幸福定位点

我希望你能够明白，如果生活环境并非特别悲惨，那么它就不是造成我们不幸的罪魁祸首。如果你只是对自己的工作、朋友、婚姻、薪水以及长相不满意，那么要想获得持久的幸福，你首先就要立刻把这些事情抛到脑后。要想做到这一点，需要大量的训练和强大的自制力，也许有时你会松懈，但是纠正这种看似正确实则错误的信念是非常重要的。

我在闲暇时喜欢看报纸上的专栏。几个月以前，一位女士写信给我们当地的报纸，抱怨她曾做过的每一份工作。信中写道，在第一份工作中，她遇到的都是一些恶毒的、喜欢传闲话的同事，让她烦不胜烦；在第二份工作中，她遇到一个傲慢专横的老板；她找到的第三份工作又非常无聊。目前，她希望找到一份让她满意的工作。专栏作家直言不讳地回答她："有问题的不是你的同事、老板或者工作本身，而是你自己的所作所为。"

如果不幸福的原因不是你周围的环境，那么你生来就是不幸福的。"你要么幸福，要么不幸福"，这无疑也是一个谬论。这个观点虽然是错误的，但想要证明这一点却非常困难，因为从前文的饼图中，我们知道人类的幸福有50%是由基因决定的，不可改变，尤其是临床抑郁症的倾向也有一部分源于基因。但我们没有必要因为天生的抑郁倾向而烦恼，即便基因决定了你不幸福，你也不应该对自己过于苛刻，毕竟我们还有很大的幸福提升空间。获得幸福的另一个关键步骤就是扫清前进途中的障碍，认识到50%与100%之间还有很长的一段距离。那么，如何能确切地知道幸福定位点决定了我们50%的幸福呢？

双胞胎研究

有关幸福定位点最有力的证据源于一系列有关同卵和异卵双胞胎的研究。双胞胎研究可以让人们更多地了解幸福基因，主要是因为双胞胎共享的遗传基因已经确定：同卵双胞胎共享的基因完全一致；而异卵双胞胎只有50%一致，与其他普通的同胞兄弟姐妹是一样的。因此，通过评估双胞胎幸福感的相似程度，就能够推断出基因将对幸福感产生多大影响。

最著名的一个双胞胎幸福研究是由行为遗传学家大卫·莱肯、奥克·特勒根以及他们在明尼苏达州大学的同事一起进行的。他们密切跟踪调查了很多对在明尼苏达州出生的双胞胎（其中绝大多数是白种人双胞胎）。我们来看一下他们实验中的两个参与者——海伦和奥德丽，她们是同卵双胞胎，现年30岁，出生于圣保罗。如果我们的任务是推测奥德丽的幸福水平，那么可以通过她过去10年的生活信息进行评估。我们了解到，在这期间发生了很多事情：奥德丽毕业于明尼苏达州诺的诺斯菲尔德学院，第一份工作是平面设计师；她曾有一个相处很长时间的男友，但后来分手了，然后开始了一段新恋情，现在已经结婚两年。这对夫妻最近刚搬到芝加哥的一所公寓里。奥德丽不信教，但她认为自己是一个有精神追求的人。

如果我们要根据她过去10年的生活了解（或者说"推测"）她的幸福水平，这可能远远不够，因为幸福与收入、职业、宗教信仰或婚姻状况之间的关联非常小。双胞胎幸福研究结果显示，收入导致的幸福差异还不到2%；婚姻对幸福的影响更小，还不到1%。但是如果我们试图通过奥德丽的双胞胎姐姐海伦来推测奥德丽的幸福水平，准确度可能会高得多。实际上，如果我们考虑一下10年前海伦的幸福水平，会发现它和奥德丽当前的幸福水平非常相似。

　　换句话说，若要评估同卵双胞胎中的其中一人，那么双胞胎中另一个人的幸福水平（即使是10年前的测量值）的参考价值将远远大于被测量者本人的人生经历。

　　但是，若要全面了解同卵双胞胎幸福水平的相似性，就必须对异卵双胞胎也进行比较研究。和同卵双胞胎相比，异卵双胞胎的基因相似度只有50%。有趣的是，如果海伦和奥德丽是异卵双胞胎，那么就不可能通过海伦推测奥德丽的幸福水平。也就是说，不管你的异卵双胞胎兄妹（或者普通的兄弟姐妹）是否幸福，都无法通过他们来评估你的幸福程度，因为同卵双胞胎拥有相似的幸福水平，而异卵双胞胎则没有。这个事实表明，幸福水平在很大程度上是由基因决定的。

一出生就分离的双胞胎

　　在双胞胎的研究中，有一个问题非常值得注意，那就是研究人员必须先假设双胞胎（包括同卵双胞胎和异卵双胞胎）具有相似的家庭生活环境。但在现实生活中是这样的吗？和同卵双胞胎不同，同一性别的异卵双胞胎在相貌和行为上都有很大不同，因此他们的父母、老师和朋友会用不同的方式对待他们，他们可能也非常看重自己的独特性。因此，异卵双胞胎的生活环境实际上并不会像同卵双胞胎那样具有很多相似性。

幸运的是，这个问题在另一项实验中得到了解决。研究人员对一起长大的同卵双胞胎和从小就不在一起生活的同卵双胞胎进行了比较。他们成功地找到了一组从小被分开抚养的同卵双胞胎，当时他们都已步入中年，研究人员请他们分别完成了幸福评估测试。结果显示，这组同卵双胞胎的幸福水平非常接近，虽然被分开抚养，但双胞胎之间幸福感的差异真是微乎其微。若是同卵双胞胎中一个人幸福，那么另一个也会幸福，不管他们是生活在同一个屋檐下，还是分别生活在大西洋两岸。有意思的是，无论是否一起长大，异卵双胞胎的幸福水平都不具有任何关联。从这一点来看，他们和其他同胞兄弟姐妹一样。这些发现充分强调了幸福在很大程度上是受遗传因素影响的，我们每个人都有一个由基因决定的幸福定位点。也就是说，50%的幸福水平差异是由幸福定位点决定的（不要忘了，还有10%是由环境决定的），除此之外，剩下40%的幸福是由我们自己掌控的。

我想象着一对同卵双胞胎兄弟，他们一出生就被分开了，在经历了青少年成长期以及成年后，他们都和各自的父母、兄弟姐妹生活在一起，居住在不同的城市，所接受的教育也不同。他们在30岁或40岁时第一次见面，他们对彼此之间的相似感到十分震惊。明尼苏达州双胞胎登记处就记录了很多这样的事，有些故事很可能已经家喻户晓。其中最有名的一个实例是关于一对男性双胞胎的，他们都叫作詹姆斯，39岁时他们第一次相遇。当时，两个人的身高都是1.80米，体重都是82公斤；两个人都抽相同品牌的烟，喜欢喝相同品牌的啤酒，而且都有咬指甲的习惯。当他们谈论起彼此的生活经历时，我又发现了很多令人难以置信的巧合：两人都曾娶过叫琳达的女人，都离婚又再婚了，再婚的对象都叫贝蒂。两个人都喜欢在房子的各个角落给妻子留下爱的感言（可能两个琳达都不欣赏他们这样的做法）。两个人的第一个孩子都是男孩，而且都叫詹姆斯。两个人都养了狗，狗的名字都叫托伊。他们都有一辆浅蓝色的雪佛兰汽车，而且都曾开车带家人去过佛罗里达州的同一个海滩度假。我敢打赌，他们的幸福水平也是相同的。

幸福与不幸福是由基因决定的吗

不管我们从哪个方向研究，双胞胎的实证研究都证明了幸福具有很强的遗传基础，而且幸福是由基因决定的。看来我们每个人生来就已经有了一个幸福定位点，一个贯穿我们一生的特有的幸福潜能。那个定位点的大小可能源于家族中母亲阳光积极的一面，也可能源于父亲消极悲观的一面，或者是父母双方特质的中和，具体比例我们无从得知。但根本的一点是，生活中发生的任何重大改变（例如开始一段新恋情或遭遇车祸），都可能导致幸福水平上升或者下降，最终我们都会回归到由遗传基因决定的幸福定位点上。这一现象已经得到相关研究的证实。1981—1987 年，研究人员曾对澳大利亚的城镇居民每两年进行一次追踪调查。研究发现，他们所经历的积极或者消极的事件都会影响他们的幸福水平和生活满意度，但随着这些事件的结束，他们的幸福感就会返回到最初的起点。美国另一项针对大学生的研究也得出了相同的结论。这些学生经历的所有事情都会加强或者削弱他们的幸福感，但这种影响仅在事情发生后的三个月内比较明显，之后一切就又回归到原先的水平。因此，虽然生活中的各种际遇可能会让你兴奋或者痛苦，但最终你都会不由自主地回归到你的幸福定位点上，而且这个定位点是无法更改的，也是固定不变的。

但是，幸福定位点不易更改并不代表你的幸福水平是无法更改的。

在电影《非洲女王号》中，凯瑟琳·赫本对亨弗莱·鲍嘉说道："我们置身这个世界，就是为了超越自己。"我们能够超越自己的幸福定位点，正如我们可以控制自己的体重定位点一样。虽然从字面上来看，定位点的数据似乎表明了每个人都受遗传基因编码限制，注定只能享受到基因控制的那部分幸福，但事实并非如此。基因并不能决定我们的经历和行为，而是经历和行为对我们的内在产生了显著影响。这就说明经历和行为可以大大提升我们的幸福感，稍后我会对此做详细介绍。即便是容易受遗传影响的一些特征，例如身高，其遗传的可能性高达 90%（相比较而言，幸福的遗传因素只有 50%），但也有可能因环境或者行为的影响发生很大变化。举例来说，自从 20 世纪 50 年代开始，欧洲人的平均身高每年增加了两厘米，一部分原因是人们的整体营养水平提高了。

我们再以苯丙酮尿症（PKU）为例。这个病症很罕见，PKU 是因为 12 号染色体上的一个基因病变引起的，如果不治疗，将会导致脑损伤、智力迟钝，甚至死亡。PKU 是一种完全由遗传基因决定的疾病，其发病率只有 1%，但这并不意味着天生携带 PKU 遗传基因的婴儿就一定会患病。如果父母能够保证携带这种基因的孩子不食用含有苯基丙氨酸（一种氨基酸，这种氨基酸通常出现在蛋类、牛奶、香蕉和甜味剂中）的食物，那么孩子就完全可以降低患病的风险。这些孩子的遗传基因不会发生变化，他们会永远携带着这个突变的遗传基因，但遗传基因的表现方式却是可以改变的。

我认为幸福也是一样。如果你生来幸福定位点就低，这个定位点的基因编码将会追随你一辈子。但那些基因若想充分发挥作用，就需要一个恰当、适宜的环境，这就像一粒种子需要特定的土壤才能发芽一样。实际上，权威研究表明，不管一个人是否带有"抑郁基因"，当他遭遇一个特定的环境因素时就会陷入抑郁，这个环境因素便是繁重的压力。

抑郁基因

在我读大学时，我曾担任心理学家保罗·安德烈亚森的研究助手。保罗的好朋友安夫沙罗姆·凯斯比教授经常来我们的实验室。那个时候，我对哈佛大学的教授以及他们的研究都心怀敬畏。我记得凯斯比教授肤色黝黑，留着一头长发，非常有魅力，说话带着一些以色列口音。我没想到多年后在遥远的大洋彼岸，我和他以及他的未婚妻（也是他的合作者）特丽·莫菲特一起完成了一项具有真正划时代意义的研究。凯斯比、特丽以及他们在伦敦国王学院的同事们对压力和抑郁之间的关联非常感兴趣，他们想知道为什么在面对生活压力时，一些人会抑郁，而另一些人却不会。

结果显示，抑郁和一种特殊的基因有关，这种基因叫作5-HTTLPR，该基因有长等位与短等位两种形式。5-HTTLPR 短等位基因是恶性的，它会消除大脑内一种能够阻挡抑郁症状的物质。凯斯比调查了 847 名新西兰人，超过一半的人在出生时携带这种不良基因。在进行调查研究时，这些人已经 26 岁了。研究人员调查了在过去 5 年间这些人遇到的生活压力以及经历的消极事件，同时还评估了他们在最近一年内出现的抑郁状况。研究报告显示，大约有 26% 的人在生活中至少遭遇过三次消极事件，其中 17% 的人曾患有严重的抑郁症。

从总体上来看，这些参与者在过去 5 年间经历的压力或创伤越多，他们患有抑郁症的可能性就越大，这没有什么值得惊讶的。但至关重要的发现是，只有那些携带 5-HTTLPR 恶性短等位基因的人，才会因为生活压力和消极事件患上抑郁症。此外，一个人如果曾在童年时期遭遇压力，那么他成年后也很可能患上抑郁症。例如，那些在 3~11 岁有过受虐经历的孩子在 26 岁时更有可能患上抑郁症，前提是他们携带这种恶性的短等位基因。

由此可见，基因对抑郁具有至关重要的影响，正如基因对幸福水平的影响一样——这样的基因只有在它们被激活时，才会起作用。这项研究被《科学》杂志编委会评为年度第二大重大发现（位于首位的是生命起源的发现）。这项研究表明，5-HTTLPR 短等位基因只有在某个特定环境（也就是压力）下才会突变。但 5-HTTLPR 的长等位基因是良性的，它可以保护我们免受因压力产生的抑郁困扰。也就是说，5-HTTLPR 长等位基因可以让我们迅速恢复活力。其实，很多人都可能携带一些容易导致出现某些特定症状的基因，例如 PKU、心血管疾病、抑郁症，但这并不意味着此类症状一定会出现。如果那些携带 5-HTTLPR 恶性短等位基因的人能够避免高压力的环境，或者当他们预感到有压力时，能够及时向心理医生或好友寻求帮助，那么这种基因上的抑郁倾向性就可能不会被激发，他们也就不会患上抑郁症。最新的研究也表明，虽然携带"恶性"基因的人很不幸，但如果拥有家人的支持与理解，那么他们就不会患上抑郁症。抑郁基因需要一个特定的环境（例如失业），或者某个特定的行为（例如寻求社会支持）才会被激活。这意味着不管你的基因遗传倾向是什么，这种遗传倾向是否会显现出来，则完全掌握在你自己手中。

脑电图的发现

在幸福研究的领域，要想更好地理解幸福定位点，可以看看威斯康星大学麦迪逊分校的理查德·戴维森教授所做的脑电图实验。和许多行为遗传学家一样，戴维森认为每一个人的幸福定位点都是天生的，并把定位点定义为大脑前额叶皮质（前端）的活动基线。他发现，幸福的人其大脑一侧的活动明显比另一侧多，而不幸福的人则表现了相反的模式。

戴维森教授采用了脑电图扫描（EEG）的方式测量大脑的活动。他发现，那些经常面带微笑、对生活充满激情和希望、积极乐观、自认为很幸福的人，其大脑活动表现出一种奇妙的不对称性；他们的左额前皮层的活动多于右额前皮层的活动。虽然不能就此下结论说大脑左额前皮层就是"幸福中枢"，但这一区域显然与积极情绪密切相关。如果给一个新生婴儿一些美味的食物吸吮，他们的大脑左额前皮层的活动就会增加；同样，当成人观看搞笑的短片时，也会出现同样的情况。同理，当人们表现出不愉快或者消极情绪时，其大脑右额前皮层的活动就会增多。

我们很难证明幸福是天生的，但戴维森的研究为幸福定位点的存在提供了依据。如果这个幸福定位点是由基因决定的，那么就可以在神经生物学中找到依据。

启示

有些人拥有较高的幸福定位点，他们生性积极乐观，因此获得更多幸福的可能性也更大。拥有较高的幸福定位点可能会让一个人在大多数时候都充满阳光，甚至认为自己无须努力就会特别幸福；但是也有很多人并没有这样的先天优势。因此，可以先假设我们的幸福定位点很低，然后问一下自己：这个定位点到底有多低？面对如此低的定位点，我们能做些什么？

若要解决第一个问题，你必须对自己的幸福定位点进行一段时间的测量。第一次完成主观幸福感量化表测试时，应记录日期和得分，这个分数就是你的幸福定位点的初步估计值。之所以是初步估计，是因为这个得分受周围环境的影响很大。例如，测试前发生的事、测试当天的压力水平甚至天气状况都会对测试得分产生影响。因此，你需要再次进行测试，最理想的时间是在初次测试后的两周后进行，而且再次测试前不要开始本书介绍的幸福行动。如果你想直接开始，那么在开始的前一天一定要完成第二次测试。两次测试的平均分（你也可以做三次甚至更多次测试，然后取平均分）就是幸福定位点的估计值。这种主观幸福感量化表测试做得越多，每次间隔的时间越长，最终评估的结果也就越准确。

如果你的幸福定位点非常低，超出了你的预期，又该怎么办？（虽然平均值一般都在 5 分左右，但是你对自己的期望值可能更高一些，也可能更低一些。）首先，我必须强调的是，如果你渴望获得更多持久的幸福，那么就不要试图改变自己的定位点。很显然，幸福定位点是一个恒量，无法改变，它是由你的基因决定的。但是，你并非注定要按照基因的指示行事，因为激活基因需要一个特定的环境及特殊的生活经历，而人生经历在很大程度上是由我们自己掌控的。人生经历对幸福的影响主要在于我们的行为和方法，它们在幸福饼图中占据了 40% 的比例。通过这些行为和方法，可以改变我们的幸福水平，而不是幸福定位点——就像我们可以通过佩戴有色的隐形眼镜让眼球看起来变了颜色，但实际上并没有真的改变眼球的颜色一样。

选择幸福

幸福在于活动，它是流淌的小溪，而不是一潭死水。

——约翰·梅森·古德

很多人对德国哲学家莱因霍尔德·尼布尔所写的《宁静的祈祷》都非常熟悉，12 步治疗计划中也广泛采用了这个祷文："上帝啊，请赐予我平静，去接受我不能改变的一切；请赐予我勇气，去改变我所能改变的一切；最后，请赐予我智慧，让我能够分辨两者的不同。"那么，你如何才能够知道哪些是可以改变的，哪些是不可以改变的呢？

到目前为止，我们应该很清楚幸福的源泉并不在于由遗传基因决定的幸福定位点，因为定位点无法更改，并且我们也无法通过改变环境得到持久的幸福。虽然搬家、涨工资、整容会给我们带来短暂的幸福感，但这样的幸福不会持久，这是因为人们对环境有着很强的适应能力。另外，改变生活环境也需要付出巨大的成本，通常这种改变是不现实的，甚至是不可能的。难道每个人都有闲钱、有资源或者有时间改变自己的生活条件、工作、配偶甚至外表吗？

　　如果幸福的秘籍不在于提高定位点，也与改善生活环境无关，那么在于什么呢？获得持久的幸福还有可能吗？我相信，每个人都有过特别幸福的时刻。实际上，随着年龄的增长，人们会越来越幸福。在一项持续了22年的研究中，大约有2 000名身体健康的二战老兵和越战老兵参与了这项研究。结果显示，随着这些人年龄的增长，他们的幸福感也相应增加了，并且在65岁时达到最高值；这种幸福感一直持续到75岁，他们的对生活的满意度才开始显著下滑（见下图）。

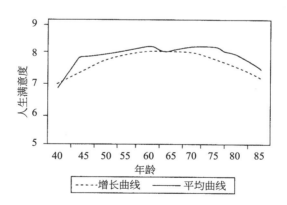

　　这真是一个振奋人心的消息，但是我们如何做才能够加速或者维持幸福感呢？答案就在幸福饼图中。回想一下，幸福感有50%源于幸福定位点，有10%由生活环境的影响决定，而剩下的40%则是由我们的思想和行为决定的，这就意味着提升幸福的秘密就在于这40%。如果我们认真观察那些幸福的人，就会发现他们不会坐等幸福从天而降，相反，他们靠自己创造幸福。他们渴求新思想、追求新成就，而且都很善于控制自己的思想和情绪。所以，我们的主观性活动会对幸福水平产生巨大影响，只要行动起来、坚持不懈，就能远远超越幸福定位点以及生存环境对我们的影响。因此，一个不幸福的人通过学习幸福的人的生活习惯和行为，就可以获得幸福。

马库斯和罗兰对婚姻适应的不同反应

现在我们来看一项德国科学家所做的研究，该研究追踪了 1 761 名受试者 15 年间的生活——从他们单身开始，一直到他们婚后的生活。这项影响深远的研究发现，和结婚前相比，受试者总体的幸福感在婚后并没有什么太大改变，因婚姻而增加的幸福感仅仅持续了两年就回到原来的水平。但是，人们对婚姻的反应也有明显的差异。在研究中有两名与众不同的参与者，他们是马库斯和罗兰。在研究期间，他们都和女朋友结婚了。马库斯和女朋友结婚后，其幸福指数明显高于平均水平；8 年后，和单身时相比，婚姻生活仍让他感觉非常幸福（仅仅比最高点时稍有下降）。但罗兰的情况则完全不同：结婚的头两年，他就没觉得比自己单身时幸福，此后的 5 年，他的幸福感更是越来越低了。

这两个人的差别在哪里呢？首先，马库斯不希望婚姻的幸福感消失，他也没有把这些美好和幸福认为是理所当然的事情，因此他下定决心要努力做一个好丈夫，用心经营和妻子之间的关系。例如，他会经常对妻子说"我爱你"，给她买花，一起去旅行，培养共同的爱好，关心妻子并了解她的感受。相较而言，罗兰刚结婚就感到非常失望，他觉得婚姻生活和他预期的完全不一样。从那时起，他的婚姻状况也在一步步恶化。

马库斯和罗兰的经历告诉我们，虽然我们会不由自主地适应生活中的积极变化，但是我们也完全有能力通过努力抑制或延缓这种适应过程。案例中，马库斯积极地利用各种方法，抑制自己对婚姻的适应能力，维系了他和妻子之间的感情，他们的婚姻也因此能够保持长久的美满。他给我们树立了一个好榜样。

我一直认为搬到一个新的地方，不管一开始多么兴奋，这种激情最终都会慢慢消失。记得我刚从新英格兰搬到加利福尼亚时，每天早上醒来时我都对自己说："多么美好的一天！"但渐渐地，我就对周围的景色习以为常，蔚蓝的天空再也无法像最初那样带给我幸福感。但近几年里，我从事的这项研究深深触动了我。无数个清晨，我都沿着一条可以俯瞰太平洋的小路慢跑，中途我会特意停下来一会儿，眺望大海和远方的高山，并深深嗅着空气中飘散的大海的味道。有一天，我在跑步时遇到了几位瑞典游客，他们请我给他们在大海前拍一张合影。他们的打扰并没有让我不悦，相反我感谢这些旅行者，他们无意中加深了我对这个地方的感情。

朱迪斯选择的幸福

朱迪斯出生在印第安纳州，成年后搬到了加拿大阿尔伯塔省，在那里住了30多年。我在她家附近的一家饭店里采访了她。她时年60岁，和丈夫离婚了，有一个女儿已经成年。朱迪斯的童年生活非常不幸：她在一个破碎的家庭长大，还经常遭受母亲的虐待。成年后的朱迪斯不仅暴饮暴食、酗酒，还患有抑郁症，这种行为恰恰就是苏珊·诺伦-霍克西玛在《暴饮暴食、酗酒和思虑过重》中提到的"毒三角"。

今天的朱迪斯则认为自己是一个"无比幸福"的人。她有一份满意的工作，工作之余经常去做志愿者，还收养了一个 14 岁的男孩。52 岁时，她重返大学校园进行学习。她的精神有了寄托，也变得更加宽容。提到暴虐的母亲时，她释然地说母亲是一个"可怜人"。

"我选择了幸福的生活，"朱迪斯说道，"我改变了自己的想法，就是这么简单。"事实上，她完美地诠释了"40% 的幸福是由我们自己掌控的"这一事实。"一开始，我照着镜子对自己说'哈喽，美女'。我不停地对自己说这句话，直到自己忍不住大笑起来。"这似乎是一件非常简单的事情，但是如果你对自己的外表不满，又很自卑，那么这句话就非常神奇了。"我做了各种努力，"朱迪斯说，"就是为了不让自己胡思乱想。我叫它们'坏思想'。然后我会告诉自己，'你现在很不错'。"

朱迪斯的幸福定位点可能天生就偏低。在人生早期，她生活艰难，有很多惨痛的经历，即使在今天，也有许多困难和挑战需要克服，但是朱迪斯正在通过努力，改变自己的生活目标。她成功地克服了生活环境和低幸福定位点带给她的不幸，学会了乐观地看待周围的世界，并重建自尊——幸福的生活是自己选择的。

媒体经常报道一些最新流行的方法，鼓吹它们能够让人们更健康，获得更多的幸福。但是，如果新式的瑜伽、冥想或者婚姻疗法真如报道的那样有效，那岂不是每个人都可以效仿，并从中受益吗？这当然不可能。任何能够给生活带来重大改变的尝试都需要付出大量且持久的努力，而且很少有人能做到这一点。另外，所有提升幸福或改善健康的新方法都有一些相同之处：它们都会赋予你一个特定的目标，一个让你可以采取行动并充满期待的目标。正如我即将探讨的，拥有目标本身就会产生幸福和满足，这也就是（至少在某段时间内）任何一个新方法都能起作用的原因。

简而言之，幸福的源泉在于你每日的行为、你的想法以及你制定的生活目标。没有行动就没有幸福。无论什么时候，当你勇敢地接纳你的幸福定位点及周围的环境，如果你出现了消极情绪并感到无助时，一定要记住，真正持久的幸福一直掌握在你自己的手中，仍有40%的幸福是你可以掌控的。

第三章

找到最适合你的幸福方法

不同的人，追求幸福的方法和手段也不尽相同，

这就决定了每个人不同的生活模式。

——亚里士多德

如果幸福有 40% 源于我们的能动性活动，那么到底有哪些方法可以帮助我们实现期望的幸福指数呢？很多人都固执地认为通往幸福的道路是"唯一"的，比如节食是减肥的唯一途径等。实际上，没有哪种方法具有如此大的魔力，可以让所有人都获得更多的幸福。每个人的需求、兴趣、价值观、财力、爱好都各不相同，因此我们要想获得幸福，付出努力的方向也必然各不相同。总有些方法可能更适合某些人，而对其他人却没有任何效果。例如，性格外向的人比较擅长社交活动，而一个充满爱心的人在照顾他人时可能会感觉更幸福。另外，一些人如果克服了自己某方面的弱点（例如，悲观主义倾向、思虑过度，或者不擅长交际等）就会变得幸福，而另一些人则需要通过特定的活动和方法得到幸福（例如，乐观地看待问题、拥有一段令人满意的感情，或者在工作上取得成绩）。最新的研究表明，幸福因人而异，不同的人获得幸福的方法也不尽相同。

这一点毋庸赘述。如果你希望身体健康或者戒掉某种恶习，你可以尝试很多计划和方法，但选择一个最适合你的方案才是最明智的。此外，虽然人们普遍认为身体健康与饮食及锻炼有关，但很少有人考虑到健康与幸福也有关系。实际上，健康对幸福至关重要。我必须强调，如果说获得更多幸福有什么"诀窍"，那么这个诀窍就是找到最适合你的方法和活动。

找到幸福的三种方法

在谈及找到最适合你并且最有效的方法时，我倾向于推荐个人特质研究法或个性化的方法，这样在进行具体的幸福行动时，你就会非常有动力，并且能够坚持下去，最终获得更多的幸福。但是，许多人失败的主要原因就是他们不幸地选择了一条注定不会得到幸福的路（例如，追逐财富、得到他人认可、拥有美貌等），或者选择了一套根本不适合他们的幸福计划。找到一个适合自己的幸福计划有很多种方法，这些方法可以单独起作用，也可以几个一起发挥作用。下面我们一起来看一下。

符合你不幸福的根源。首先，要弄清楚是什么造成了你的不幸。俄国文学家列夫·托尔斯泰在小说《安娜·卡列尼娜》开篇时就说："幸福的家庭都是相似的，但不幸的家庭却各不相同。"作为一位将个人而不是家庭作为研究对象的心理学家，我对此稍做更改："幸福的人都是相似的，但不幸福的人却各有其不幸。"它同样道出了一个真理，世间存在各种各样的不幸，不幸的根源也各不相同。每个不幸福的人都有自己的苦衷——有人对生活感到无奈，认为前途一片渺茫；有人觉得无法从日常生活中感受到快乐；有人因胆怯而不敢参加社交活动；有人因过去的经历而痛苦难安。这就意味着特定的提升幸福的方法只能解决个体的特定问题。例如，悲观的人需要培养乐观向上的精神，对生活缺乏兴趣的人需要尽情享受生活，受过精神创伤的人则需要学习一些应对技能。

符合你的优势。个性化的幸福提升方法并非一定要修正你的某个弱点。相反，你可以从加强你的优势、发掘潜能以及确定目标开始。例如，一心想要成功的人可能会通过努力追求重大的人生目标或者参加竞技性运动来获得更多的幸福，而一个拥有创造力的人可能会通过绘画或者写作来表达感恩或寻求谅解。实际上，不同的人获得幸福的方法也不同，这决定了某些提升幸福的方法只对一些人有效，而对另外一些人则不然。

符合你的生活方式。认真想想，你制订的计划在多大程度上符合你的需求以及你的生活方式。如果你的生活充满了压力、异常忙碌，那么你最好选择"心怀感恩"这样不需要额外占用很多时间的活动。如果你的婚姻美满，只是工作不顺利，那么你可以选择一些有助于享受工作乐趣，并且能够带来全新工作机会的活动。就像你吃饭时会吃自己喜欢的食物一样，你可以为自己量身打造适合你个性和生活方式的幸福方案。是的，有些事情会让我们丧失幸福，但也有很多方法能让我们变得更加幸福。

当你读完后面的 12 个幸福行动时，你可能会发现，其中的一些行动在你看来都是一些空话或者根本不值得一试。你甚至会厌恶地说："这些方法根本不适合我！"我也曾有过这样的体会，这很正常，而且这并不意味着你注定无法获得更多的幸福。有些人的确不喜欢那些情感过于外露的建议，他们会认为那样做太简单、没有意义。我们无法想象自己整天一副"心怀感恩"、"享受生活"或者"从容淡定"的样子，因为这些建议让我们看起来虚伪做作，甚至过于天真。这种反应很正常，幸运的是，你还有其他选择，还有一些活动也许更符合你的兴趣，能够更好地满足你的需求，并且符合你的价值观。但我不得不说，即使最老套的活动，也可能对你产生影响，最终让你发自内心地想要练习它们。密歇根大学的克里斯·彼得森教授是积极心理学的奠基人之一，他坦言自己总是写不出感谢信，虽然他会经常安排他的学生写。他也曾强迫自己去写，但总觉得表达感谢的言语让他很不自在，于是不得不用幽默的语言掩饰内心的尴尬，结果导致信件看起来非常虚假、没诚意。当然，这样做根本不会带给他任何快乐。所以现在他会加上一句："我说的是真心话。"

个性化幸福行动诊断测试

我们知道，选择合适的幸福行动的方法有很多，但要选出合适的行动方案似乎并不容易。那么，怎样才能挑选出最适合自己的行动方案呢？答案很简单。我设计了一个相关的自我诊断测试，这个测试操作方便，它能根据你的弱点、优势、目标、需求和生活方式来判断适合你的行动。选择一个安静的环境（因为测试需要你非常专注），用

15~30 分钟的时间便可以完成这个测试。请务必对这 12 个幸福行动都进行评估，测试的结果对你继续学习本书的其他内容至关重要。必须说明的是，这不是考试，答案没有对错之分。测试的目的只是提供一个机会让你更好地认识自己，因此完成这份测试的先决条件就是真诚并且坦率。

个性化幸福行动适应性诊断测试

说明：表中列出了 12 项幸福行动。思考一下，如果你在一段时期内每周都采取其中一种或几种行动，这是出于什么动机呢？此处提供了 5 个原因，分别是天性、喜欢、重要、愧疚和被迫。请认真评估，从 1 到 7 中选出一个数字，在空格处标出你的答案

每个人都有自己的行事理由。就下面列举的各种理由，为自己可能坚持一个行动的原因进行评估。评估等级如下：

1	2	3	4	5	6	7
根本不			偶尔			大多数时候

天性：我会坚持这项行动，因为这符合我的本性，因此能够坚持到底

喜欢：我会坚持这项行动，因为我喜欢这样做，我发现这个行动很有趣并且充满挑战性

重要：我会坚持这项行动，因为我认为这项行动很有价值。即使我并不喜欢，也能做好

愧疚：我会坚持这项行动，因为如果我不做，就会感到愧疚甚至焦虑，我会强迫自己完成它

被迫：我会坚持这项行动，因为其他人想要我做，或者出于自身的原因我不得不这样做

1. 表达感恩。对自己拥有的一切心怀感恩（对亲密的人表达感恩，或者在日记中表达感恩），对以前你从未表达过谢意的人说出你的感恩之情

　　＿＿＿ 天性 ＿＿＿ 喜欢 ＿＿＿ 重要 ＿＿＿ 愧疚 ＿＿＿ 被迫

2. 培养乐观的心态。想象一个关于未来的最美好的场景，把它写在日记里。不管发生什么，都努力发掘生活美好的一面

　　＿＿＿ 天性 ＿＿＿ 喜欢 ＿＿＿ 重要 ＿＿＿ 愧疚 ＿＿＿ 被迫

个性化幸福行动适应性诊断测试

3. 避免过度思虑，不要攀比。利用行动方案（例如分散注意法）禁止自己胡思乱想，不随便和别人攀比

_____ 天性 _____ 喜欢 _____ 重要 _____ 愧疚 _____ 被迫

4. 多做善事。为别人做一些好事。不管是熟人还是陌生人，也不管是直接提供帮助还是暗中帮助，不管是无意识的还是计划好的，能帮助他人时你都要及时伸出援手

_____ 天性 _____ 喜欢 _____ 重要 _____ 愧疚 _____ 被迫

5. 维护人际关系。找一段需要加强的人际关系，投入时间和精力去修复、培养、巩固这段关系，并享受它

_____ 天性 _____ 喜欢 _____ 重要 _____ 愧疚 _____ 被迫

6. 加强应对策略。寻找各种方法，缓解压力，克服困境并治愈创伤

_____ 天性 _____ 喜欢 _____ 重要 _____ 愧疚 _____ 被迫

7. 学会原谅他人。对那些曾伤害过你或误解过你的人，通过写日记或写信的方法消除怒气，放下怨恨

_____ 天性 _____ 喜欢 _____ 重要 _____ 愧疚 _____ 被迫

8. 做真正让自己感兴趣的活动。不管是在生活还是在工作中，多做一些能让自己沉醉在其中的事情，这非常具有挑战性，也非常有趣（例如心流体验）

_____ 天性 _____ 喜欢 _____ 重要 _____ 愧疚 _____ 被迫

9. 享受生活的快乐。停下脚步，体会生活中快乐和惊喜的瞬间，享受这一刻并细细品味，通过思考、写作、绘画等方式与他人一起分享美妙的时刻

_____ 天性 _____ 喜欢 _____ 重要 _____ 愧疚 _____ 被迫

10. 实现目标。挑选 1~3 个对你来说意义重大的目标，然后投入时间和精力去实现

_____ 天性 _____ 喜欢 _____ 重要 _____ 愧疚 _____ 被迫

11. 从事宗教活动，提高精神修养。经常去教堂、寺庙或者清真寺，多读以净化心灵为主题的书籍

_____ 天性 _____ 喜欢 _____ 重要 _____ 愧疚 _____ 被迫

12. 增强体质，保持身体健康。经常锻炼身体或进行冥想

_____ 天性 _____ 喜欢 _____ 重要 _____ 愧疚 _____ 被迫

个性化幸福行动适应性诊断测试

计分方法以及如何确定最适合自己的活动方案

第一步：计算出 12 项行动中每一项行动的适应得分（天性、喜欢和重要三项得分的总分的平均值，减去愧疚和被迫的总分的平均值）。具体公式如下：

适应值 =（天性 + 喜欢 + 重要）/3 —（愧疚 + 被迫）/2

第二步：请记录适应值最高的 4 项行动：

1）_____　3）_____

2）_____　4）_____

日期 _____

通过个性化幸福行动适应性诊断测试，你将获得 4 个幸福行动，并且可以在制订幸福提升计划时采用。虽然有些人看到测试结果可能会大吃一惊，但这个结果将有助于你进一步了解自己，之后便可以开始采取行动了。一开始你可以只选择一个行动，当然多个行动一起进行也可以。慢慢地，随着你不断地取得进步，你就可以实践更多的行动，甚至可以尝试那些适应值得分比较低的行动。第二部分一共包括 6 章（从第四章到第九章），向大家详细介绍了 12 个幸福行动的优势，描述了该如何正确实施这些行动以及采取这些行动的原因。

个性化幸福行动适应性诊断测试的基本原理是：如果某个特定的幸福提升方案让你感到舒服，能够给你动力，并激发你采取更多的行动，那么就说明这个方案更适合你，你将从中得到享受，而不是被迫或出于压力才实施这项行动，也不是心存愧疚或者渴望取悦谁才去做的。行动的适应值与肯·谢尔登等人所说的自我决定动机的衡量方法有很多相似之处。自我决定动机是指一个人从自身真正的兴趣和内心深处坚持的基本价值观出发,坚定不移地追求某个目标。研究显示,如果你拥有这样的动机,你自然就会付出努力,最终也更有可能成功,获得更多的幸福。

最近我的研究生所做的一项研究证实了个性化行动带来的诸多好处。我们招募了一些参与者,要求他们在表达感恩和培养乐观的心态这两个行动中选择一个。此实验为期两个月,他们也都完成了个性化行动适应性诊断测试。正如我们所预想的,有一些受试者非常幸运,被安排的行动正好是适合自己的,因此他们报告的结果大多显示为"表现自然,而且非常享受此项行动"。即使研究结束后,他们也继续坚持进行这项行动,这项实践行动让他们得到了更多的幸福。由此可知,这个测试的意义多么重大。

我之所以在本书中对这 12 个行动方案都做了详细介绍,原因有以下几点。首先,我选择的这些提升幸福的方法都是有据可依的,而且都经过了科学实验的证明。其次,我尽可能多地介绍这些行动,是希望每个人都能够找到适合自己的方案,这也是幸福行动多达 12 项的原因。尽管如此,也可能因为测试中某个行动的适应值很高,导致效果不明显。如果出现这种情况,你就需要多坚持一段时间,或者尝试换一种行动,甚至多尝试几种行动。研究表明,当人们想要改变自己的生活时,通常需要进行多种努力和尝试。例如,有一个研究召集了数百名减肥成功的人,而且他们在其后 5 年都保持住了减肥效果。其中很多人为了减肥都尝试过很多种节食方法和不同的运动项目,而且经历了多次尝试后才最终成功。这就是为什么本书列举了这么多的行动方案供大家选择。

　　但是，也不要受测试结果限制，不要认为只有这 4 个分值最高的行动才对你有用。我发现人们一旦找到某个特定的适合自己的行动，经常会发现其他适合的行动可以起到补充作用，也就是说某些幸福行动之间可以"互补"。因此，在本书第二部分，我还介绍了两个可能对你有价值的行动，虽然它们不在你得分最高的 4 个行动列表中，但你也可以尝试一下。例如，我介绍的第一个行动是表达感恩。如果这个行动原本就与你高度匹配，那么你一定要尽自己最大努力做好。如果表达感恩的行动适合你，而且效果也很显著，那么还有一个行动你也可以尝试一下，那就是多做善事，学会谅解他人。这样的话，在阅读本书时你可以跳过其他章节，先阅读这部分内容。

　　获得更多的幸福并非易事，需要付出卓绝的努力，并拥有持之以恒的决心。选择一个适合的行动，然后付诸实践，将大大提高你成功的概率。适应性诊断测试的结果有助于防止你半途而废，同时也能帮你选出最适合自己的幸福行动方案。要想获得幸福，你一定要认真阅读这些幸福提升行动是如何起作用的，以及为什么会发挥作用，这对于你取得最后的成功至关重要。

幸福行动

在第二部分，根据前一章个性化行动适应性诊断的结果，你可以选择一个或几个幸福行动进行实践。但在开始行动之前，请完成下面的"牛津幸福感调查表"，确定你的初始幸福指数是非常重要的。你需要定期完成这个问卷，以便了解计划实施的进程，以及你所实践的幸福行动是否有效地提升了幸福感。需要声明的是，你首次完成牛津问卷得出的分数和后来得出的分数反映了你不同时期的幸福指数，而不是你的幸福定位点。我们知道，幸福定位点是天生的，不可更改。相反，根据你的行为和想法，幸福指数有可能升高，也有可能降低。

牛津幸福感调查表

说明：认真阅读以下关于幸福的陈述。请在每个陈述前面的空白处，根据所给的量化数值，填写结果

1	2	3	4	5	6
完全不同意	不同意	有点儿不同意	有点儿同意	比较同意	完全同意

_____1. 我对自己现在的状态非常不满（×）

_____2. 我对其他人有强烈的好感

_____3. 我觉得生活很有价值

_____4. 我对每个人都很亲切

_____5. 我起床后经常觉得没休息好（×）

_____6. 我对未来不是非常乐观（×）

_____7. 我发现大多数事情都很有趣

_____8. 我总是意志坚定，做事投入

_____9. 生活是美好的

_____10. 我认为这个世界不适宜生存了（×）

_____11. 我经常大笑

牛津幸福感调查表

_____12. 我对生活中的一切都非常满意

_____13. 我认为自己没有魅力（×）

_____14. 我现在做的事情并不是我想做的事情（×）

_____15. 我非常幸福

_____16. 我可以在一些事情中看到美好的一面

_____17. 我总是能给其他人带来快乐

_____18. 我能够找到时间完成我想做的每一件事

_____19. 我觉得自己不能很好地掌控生活（×）

_____20. 我觉得自己可以承受任何事情

_____21. 我感觉自己的思维非常敏锐

_____22. 我经常感到快乐和喜悦

_____23. 我发现做出一个决定非常困难（×）

_____24. 我对生活的意义及目标不是很明确（×）

_____25. 我感觉自己精力充沛

_____26. 我对事情的发展经常起到积极作用

_____27. 我觉得和他人在一起没有乐趣（×）

_____28. 我觉得自己的身体状况非常不好（×）

_____29. 我对于过去没有什么特别美好的记忆（×）

计分方法：

第一步：其中有 12 项后面标有（×）的得分需反向取分，即如果你给自己评分是 1 分，那么你的实际得分就是 6 分；同理，2 分改为 5 分；3 分改为 4 分；4 分改为 3 分；5 分改为 2 分；6 分改为 1 分

第二步：把这 12 项改写完的得分加上其余项目的得分就是 29 个问题的总得分

第三步：幸福指数 = 总分数 _____/29=_____

最终幸福指数 _____　日期：_____

最终幸福指数 _____　日期：_____

牛津幸福感调查表

最终幸福指数 _____ 日期： _____

最终幸福指数 _____ 日期： _____

最终幸福指数 _____ 日期： _____

最终幸福指数 _____ 日期： _____

牛津幸福感调查表的最低分是 1 分（如果每一项得分都是 1），最高分是 6 分（如果每一项得分都是 6），平均分约为 4.3 分。

每次完成问卷后，记录下你的幸福指数和日期。随着不断实践幸福行动，你需要定期完成这个调查表（例如，在每月月初或者实现了一个目标后，都要做一遍这个调查表），这样便可以看到自己幸福指数的变化情况。随着幸福行动计划的实施，你的幸福感也会随之提升。

第四章

表达感恩

　　毋庸置疑，你的所思所想比周围的生活环境重要得多。约翰·弥尔顿在《失乐园》中写道："心是自己的殿堂，它能把地狱变成天堂，也能把天堂变成地狱。"本章介绍的三个幸福行动有一个共同目标，即改变我们对生活的思考模式：把地狱变成天堂，发现生活中的快乐，不因琐事而烦恼。

　　本章的三个提升幸福的行动是：表达感恩，培养乐观精神，避免思虑过度。从古至今，无数的哲学家和文学家都对此赞不绝口，或许你也曾从长辈口中听到过类似的劝告——"要乐观一点儿"，"不要想太多"，"多想想别人的优点，你就会开心快乐"。这些观点被一代又一代人传承，是什么让它们在今天依然重要？为什么你会花费宝贵的时间和精力学习这些方法，并使它们成为你的生活习惯呢？我们怎么知道这些习惯可以在后天习得，而不是天生就有呢？如果我们养成了这些习惯，就一定会获得更多的幸福吗？在随后的内容中，我将一一解答这些问题。本书介绍的行动都是我精挑细选并经过科学验证的，绝非个人的主观臆测。利用最新的研究成果，我阐明了这些行动为什么会发挥作用，如何做才能最大限度地发挥它们的作用。我挑选了最核心的幸福行动介绍给大家，力求帮助每个人找到最有效的活动。立刻行动起来吧，你完全能够驾驭那 40% 的幸福，为自己创造更多的幸福。

幸福行动 1：表达感恩

表达感恩是获得幸福的一种基本策略。对于感恩，不同的人有不同的认知。感恩是一个奇迹，是一种欣赏；感恩可以让你在逆境中看到光明，可以让你在富裕中保持清醒；感恩是感谢生命中的某个人，感恩是对上帝的感激；感恩是知足常乐，感恩也是享受。感恩不会把一切都认为理所当然，感恩是一种应对方式，感恩是珍惜现在。感恩是消极情绪的解药，用以化解嫉妒、敌意、焦虑以及愤怒。我们通常会认为在收到一份礼物或者得到他人的帮助时说一声"谢谢"，就是感恩；而我要给大家介绍的感恩之情则更为广泛，也更有意义。

世界上最著名的感恩研究专家是罗伯特·埃蒙斯，他也是一名作家，他把感恩定义为"一种对生活油然而生的惊喜、感谢和欣赏"。当生活一切顺遂时，你应该学会珍惜，对自己所拥有的一切心怀感恩。你可以打电话给自己年迈的导师，感谢他在你人生的十字路口所给予的指引；你也可以珍惜和孩子在一起的每一个时刻，或者回忆人生中的种种美好，这一切都可以让我们心存感恩。显然，表达感恩的一个焦点就是关注当下，感谢今天的生活，感谢你拥有的一切。

当然，表达感恩不仅限于说声"谢谢"。最近，越来越多的研究开始关注感恩带来的多重好处。研究发现，那些心存感恩的人都比较幸福，他们的精力更充沛，大多数人都对未来充满了希望，并且积极乐观。和那些不知感恩的人相比，这些人乐于助人，更富有同情心，更注重精神生活，也更虔诚。进一步讲，一个人越是懂得感恩，他患上抑郁症的可能性就越小，也越不容易出现焦虑、孤独、嫉妒的情绪或者神经过敏的现象。虽然这些研究之间存在关联，但我们无法确定心怀感恩是否可以抑制坏事的发生，也无法确定乐观、善于助人、虔诚的品质是否可以让人心怀感恩。幸运的是，研究人员已经对此做了一些实验，引导更多的人表达感恩之情。

在第一组研究中，研究人员要求实验组成员连续 10 周、每周记录 5 件让他们心怀感恩的事。其他控制组成员则被要求每周记录 5 件让他们烦恼的事。实验结果非常令人兴奋：和控制组相比，被引导经常表达感恩的受试者往往更加乐观，对生活的满意度也更高，甚至变得更健康了（他们报告说一些身体不适的症状，例如头疼、痤疮、咳嗽、恶心等都减轻了，锻炼身体的时间也增多了）。

研究人员还进行了一些让患有慢性疾病的患者表达感恩的实验，也得出了类似的结果。研究表明，这些患者在努力表达感恩的日子里体验到了更多积极的情绪（例如有趣、兴奋、快乐和自豪），他们也更乐于助人，更愿意与他人交往，甚至拥有了高质量的睡眠。

这些调查研究首次表明表达感恩与我们的精神和身体健康之间存在必然的联系。但是，此类研究的目的一直以来就是确定感恩对积极情绪和健康的即时影响；也就是说，心怀感恩时你是否感受到了更多的幸福。相比较而言，在我进行的实验中，我比较感兴趣的是随着时间的推移，人们将如何获得更多的幸福。因此在我们决定进行首次幸福"干预"实验时，首选活动就是表达感恩。基于以往的研究，我们做了一个新的实验。在实验中我们测试了受试者的幸福水平，然后进行干预实验，引导大家表达感恩，实验结束时再次记录下他们的幸福水平。感恩干预和我刚才介绍的方法非常相似。我们指导受试者记录感恩日记，即记录或者思考 5 件让他们感激的事情。指示明确如下："我们生活中发生的事情，大大小小不计其数，其中有很多值得我们感激。回想过去一周发生的事，在下面的横线上写下让你心怀感恩或者想要感恩的事，最多不超过 5 件。"

受试者在 6 周内一直都在做这项幸福练习，其中一半受试者被要求一周做一次（在每周日的晚上），另一半受试者一周做三次（时间定为周二、周四和周日）。受试者所感恩的范围相当广泛，内容五花八门，什么都有。

正如我们所预想的，虽然这项活动很简单，但很有效果；更重要的是，那些学会感恩的人也变得越来越幸福了。和控制组相比，实验组的幸福水平在干预前后有了显著提高。有趣的是，这一结果仅出现在每周日表达感恩之情的受试者身上，而每周做三次感恩练习的受试者并没有从干预实验中获得任何好处。这个结果乍一看可能让人非常不解，我认为其中的主要原因是：如果一个普通人连续每周三次被迫表达自己的感恩之情，那么他们可能会渐渐厌烦这样的练习，觉得这是一种折磨。而每周只做一次练习，受试者可能在很长时间里都会觉得新鲜，认为这件事很有意义，也就更容易坚持下去。在后面的内容中，我们会再次讨论这个现象。这个实验结果对于如何成功地表达感恩具有十分重要的意义，就这一点来说，它对于任何一项提升幸福感的行动都很重要。

感恩有助于提升幸福感

研究清楚地表明，如果心怀感恩，你就会生活得更幸福。我并不是要你盲目地接受这个建议，只是希望你能够明白为什么要表达感恩。感恩之所以能够提升幸福感，是因为以下 8 个因素。

第一，心怀感恩可以让人们更加积极地体验生活，品味人生。若懂得品味和享受生命赐予你的众多恩典，那么你就可以最大限度地从当下的生活中获得幸福和满足。当我的女儿只有几个月大的时候，一次我抱着她外出，这时一个年长的女士走过来对我说："你的孩子真漂亮，珍惜这段时光吧，小孩子很快就会长大。"那个时候我的生活正一团糟，每天都感到压力重重，而且睡眠严重不足。说实话，我并没有体会到孩子出生带来的好处，但这位女士的话起到了意想不到的效果。心存对孩子的感恩之情，用心照顾她，珍惜和她在一起的每一刻，这种心态让我不再觉得日子漫长难熬，心情自然也变好了。

第二，表达感恩有助于提升自我价值，增强自尊。当意识到周围的人为你付出了多少，或者自己实现了多少目标后，你就会变得更加自信，做事也会更有效率。不幸的是，很多人经常把注意力放在令人失望的事情上，或者过度在意他人的轻视和伤害，而心怀感恩可以帮助你戒掉这种坏习惯。心怀感恩有助于你认真思考什么是当下应该珍视的，学会对生命中的幸运与惊喜心存感激。

第三，心怀感恩有助于人们应对压力和心灵上的创伤。每个人在生活中总会遇到各种各样的压力和消极的事情，若能心怀感恩，就能以全新的视角审视生活，以应对人生的各种际遇。实际上，那些心怀感恩的人更容易忘掉生活中的挫折与不快，即使想起，也不会激烈得让人无法承受。而且，当人们遭遇困境时，会本能地表达感恩。例如，"9·11"恐怖袭击事件后，在美国人身上最常见的情感除了同情，排在第二位的就是感恩。

当一个人身处逆境时，心怀感恩有助于让他调整心态，继续前进，重新开始。虽然在困境中寻找值得感恩的事非常具有挑战性，但这一点非常重要。我有一个学生叫布莱恩，他年纪很大，曾因交通事故导致身体严重残疾。一天，我在课堂上让大家讨论一下人生中最快乐的时刻，布莱恩当时说："我最快乐的时刻，是事故后出院回家的那天。尽管我觉得自己什么也做不了，但我想，'哈哈！我还活着！我赢了！'。我不知道自己到底打败了谁，我只是非常感激终于回家了。看上去这似乎微不足道，但在医院住了 4 个月后再次回家，那感觉真是太棒了！"无独有偶，60 岁的英格，在生命垂危的时候这样说道："听着时钟一分一分地流逝，我知道死亡的钟声在任何时刻都有可能被敲响，生命随时都有可能结束。这时，我仿佛看透了一切。毫无疑问，我明白了自己的价值，懂得了生存的意义，对活着的每一分钟都心存感激。"布莱恩和英格对于生命都拥有无限感恩，毋庸置疑，这种能力是相当有益的。

第四，心怀感恩能够激发人们的道德感。正如之前提到的，懂得感恩的人更有可能帮助他人，也不会过度追求物质享受（若你感激所拥有的一切，就不会产生更多欲望）。奥斯维辛集中营的一个幸存者曾经这样描述自己的感悟："他在用整个生命表达感恩。他非常慷慨，因为他永远忘不了那些一无所有的日子。"在一项研究中，人们被引导着就某个特定的行为表达感恩之情，这样他们更容易回报施恩者，甚至陌生人。

第五，心怀感恩有助于加强社会联系，加深朋友之间的感情，拓展新的社交圈子。例如，写感恩日记能够激发与他人联系及交往的渴望。研究表明，如果你对他人心怀感恩，即使你从未直接表达出来，你们的关系也会变得更加亲密、真挚。正如罗伯特·埃蒙斯所说，当你真正意识到朋友和家人的价值时，你就会对他们更好，这种状态将呈现一种"螺旋式上升"的趋势，形成一种良性循环。在这个循环中，良好牢固的人际关系会加强你们之间的联系。另外，懂得感恩的人大都积极乐观，这样的人更受欢迎，也更容易交到朋友。

第六，心怀感恩有助于摒除攀比心态。如果你真正地感激自己拥有的一切，那么你就不会羡慕或嫉妒他人了。

第七，心怀感恩和消极情绪是无法相容的，对他人表达感恩之情实质上就是在消除负面情绪。正如一位精神科医生所认为的："感恩……化解了消极情绪，愤怒和嫉妒在它的怀抱中消融，恐惧和防御之心也会减弱。"实际上，当心怀感恩时，你很难感觉到愧疚、憎恨或者愤怒。我有一个朋友，她经常请朋友和家人帮忙，事后她也不吝于向大家表达自己的感恩之情。她的感恩总是发自内心的、真诚的，这让大家觉得很受用。

最后，也是最重要的一点，感恩之情能够帮助我们战胜享乐适应。之前我曾介绍过一种所有人都具备的非凡能力，即享乐适应，这种能力可以让我们迅速适应新环境和新事物。因此，当你在人生中遇到好事时，例如，拥有浪漫的情侣、和谐的人际关系、从疾病中恢复、购买了崭新的轿车，你的幸福感和满足感会立刻提升。但因为享乐适应的存在，这种提升通常都是非常短暂的。就像我之前提到的，对一切积极事情的适应从本质上来讲都是获得幸福的死敌，获得更多幸福的一个关键因素就是打败享乐适应对你的影响。不要认为生命中的一切好事都是理所应当的，珍惜你拥有的一切美好并心怀感恩，这样才能直接消除享乐适应的影响。

如何表达感恩

通过第三章的测试诊断，如果你发现心怀感恩是最适合你的一种获得幸福的行动，那么你就已经在通往幸福的道路上迈出了第一步。这意味着，你已经有了动力，愿意付出不懈的努力去实践感恩行动。接下来我会介绍几种感恩行动，你可以从中选出一种或者几种，然后开始实施。

感恩日记。如果你喜欢写作，如果你擅长写作，如果你有写作的天分，那么写感恩日记就是一个非常有效的方法。在一天中抽出几分钟的时间，静静地回顾一下自己的生活（可以是早晨起床之后，也可以是在午饭时间或上下班的途中，或者在晚上睡觉前，都可以）。利用这段时间，认真思考 3 到 5 件你认为值得感恩的事。它们可以是一些日常琐事（例如，修好了烘干机，养的花终于盛开了），也可以是一些美妙的事情（例如，孩子学会了走路，仰望美丽的星空等）。还有一个方法就是关注所有你认为真实的事情（例如，你擅长的事情，你喜欢的东西，你已经实现的目标，以及你拥有的优势和机会）。同时，不要忘了你身边的人——那些关心照顾你的人、为你奉献甚至为你做出牺牲的人，以及所有与你的生命相关的人。我在实验中所做的感恩干预研究表明，通常来说，一周记录一次感恩日记最有可能激发人们的幸福感，大家可以尝试一下。但是，这也意味着有些人（可能包括你在内）要想从感恩日记中获益，则需要个性化的时间表——也许有些人每天都要记日记，有些人需要一周记录三次，但有些人可能一个月只需记录两次就可以了。一定要确定一个适合自己的记录频率。

各种表达感恩的方法。感恩的具体方法取决于你的性格、要实现的目标以及自身的需求。若不想写感恩日记，那么你可以每天选择一个固定的时间认真思考值得你感恩的人或物，想想你为什么对此心存感恩。你也可以每天选择一件一直没有机会表达感恩的事情。此外，当想起一件令人不快的事情时，你可以换个角度，从积极的、值得感恩的角度考虑这个问题。

朋友和家人也能够帮助你增强感恩之心。你可以找一个知心好友一起分享你认为值得感恩的事情；当你失去动力或者忘记感恩的时候，他可以提醒你、鼓励你。你还可以找一个人一起参观你喜爱的城市，向他展示你收集的漫画书，或者向他介绍你的家人。这样做有助于通过他人的眼睛，以一种崭新的视角发现生活中的美好，再次以初见般的眼光看待你所拥有的一切。

保持表达方式的新鲜感。如何保持表达感恩这个行动的新鲜感？一个重要的方法就是经常更换表达方式，同时不要过度练习，因为凡事过犹不及。研究表明，变化如同生活的调味剂，是非常重要的。例如，如果每天都用相同的方式表达感恩，那么你很快就会厌烦了，这项行动对你也就不会具有太大的意义了。同时，在某些关键时刻你已经表达感恩之情，便可以暂停这个行动。你可以每隔一段时间就换种方法，例如，写几周感恩日记，和朋友交流最近几周发生的值得感恩的事情，也可以通过各种艺术形式（例如，照片、拼贴画、水彩画等）表达感恩。此外，你还可以在生活的不同领域寻找目标，进而表达你的感恩。不断地变换表达方式有助于让感恩行动变得有意义，只有这样做，才会真正提升幸福感。

直接表达。如果对某个人的感恩之情能够直接表达出来（打电话、写信或者当面表达），效果会更显著。如果某个特定的人对你恩重如山（这个人可能是你的妈妈、一位长辈、老朋友，也可能是以前的一位教练或者老师），那么请大胆地表达出你的感恩之情，现在就写信给他们。如果可能，亲自去拜访他们，当面说出你的感恩之情，讲讲对方都为你做过什么、给过你哪些帮助、给你的生活带来了什么影响，告诉他们你永远不会忘记他们为你所做的一切。研究发现，即使写信给那些自己并不认识但曾给自己的生活带来重大影响的人（某位作家或者政治家），或者给自己的生活带来便利的人（邮递员或公交车司机），也会让自己感到开心振奋。

一位朋友和我分享了他写给 30 年前的高中英语老师的一封信，信中这样写道：

> 我想告诉您，您无疑是迪尔派克中学所有老师中对我影响最大的一位。我非常感激您当时对我的认可，您坚信我具有某方面的才能——当时全校的老师没有几个人这样认为。您或许夸大了对我的能力的评估，但这让我有了自信，而且在之后的

许多年里都让我受益匪浅。

更重要的是，您把我——一个非常不成熟的十七八岁的少年当作成年人来对待。对一个孩子来说，这赋予了我强大的力量。当时是20世纪70年代，人们的想法和现在完全不同。时至今日，我仍会不禁思索："老师，您是怎么想的呢？"

马丁·塞利格曼和他的同事也做了同样的实验，证明了表达感恩之情对提升幸福感的作用。他们设计了一个为期一周的感恩拜访活动。在这个实验中，一组受试者需要在一周之内写一封感谢信，并亲手交给某个曾给过他们巨大帮助但他们从来没有正式感谢过的人。另一组受试者则不需要做这个练习，他们可以自行选择感恩的方式。在研究中，进行感恩拜访的受试者的幸福感得到了最大的提升——在感恩拜访结束后，他们感到很幸福，甚至在拜访后的一周内，他们依然保持着好心情，有的人甚至在之后的一个月内都感觉很幸福。这个结果充分表明，对于那些在你的生命中占据重要位置的人，当面表达感恩之情，将有助于提升你的幸福感。你可以定期安排自己实践这个行动，可以写感谢信，也可以每周写一次感恩日记，或者两个行动一起进行。

但有时候，你可能写了感谢信却没有送达对方。实际上，我最近做的一项研究发现，只要你写了感谢信，即便没有寄出或者没有亲自送达，也可以提升你的幸福感。在这个实验中，受试者需要确定几位在过去几年里一直关心照顾他们的人，然后在之后的8周内，要求受试者每周花费15分钟给这些人写感谢信。研究结果显示，不管是在研究中，还是在研究后，受试者都感受到了更多的幸福。如果受试者想要获得更多的幸福，而且写感谢信这个行动是他们的目标，他们在写感谢信时也投入了很多心力，那么他们的幸福感就会得到显著提升。

在我教授的幸福心理学课堂上，我给学生布置了一项作业，要求他们定期写感谢信。这是他们每年要完成的最有说服力、最感人的一项练习。去年，班上最优秀的一名学生尼克尔跟我讲述了她给母亲写感谢信的经历。

> 我现在幸福得不知说什么好。我注意到我打字的速度非常快，也许是因为长久以来心中充满了对您的感激之情，所以现在表达出来对我来说是一件非常容易的事情。我不停地打字，感觉自己的心跳得越来越快……在即将写完的时候，我回过头又读了一遍自己所写的内容，不禁热泪盈眶，哽咽得说不出话来。我知道自己是被满心的感恩感动了，它让我泪流满面。

尼克尔后来回忆了这封信带给自己的影响：

> 写完感谢信的第三天，我坐在电脑前写一篇论文。由于写得不太顺利，我感觉十分沮丧，于是我打开了写给母亲的那封信，又读了一遍，甚至做了一些修改。这时，我注意到自己脸上露出了微笑，很奇怪我这么快就转换了心情。我当时的反应和写信那天非常相似——读完信后，我产生了一种很幸福的感觉，而且我

感觉压力也变小了。总之，这封感谢信的作用非常神奇，它不仅让我情绪高涨，还让我保持了这份好心情。

总之，表达感恩的方式多种多样，明智的选择是找一个最适合你的方法，只有这样，你才会受益最多。记住，当这个方法失去新鲜感时，不要犹豫，立刻改变你表达感恩的方法、时间以及频率。

自发的感恩

虽然我真心认为表达感恩有很多好处，但我不得不承认，这是最不适合我的一个幸福行动。这没什么大不了的，每个人都会找到适合自己的方法。重要的是，心怀感恩虽然有时会被认为是陈词滥调，但我们不能否认这个行动对于提升幸福感的巨大作用。我认识的很多人都承认，表达感恩改变了他们的生活，让他们感到很幸福。

说到这里，我不得不提到在写本章内容的时候发生的一件事。有一天，在读了很长时间关于幸福研究的文献后，我心血来潮地写了一封电子邮件，感谢我们的系主任曾做过的某件事。没想到他立刻就给我写了回信，说他对此表示由衷感谢。这感觉太棒了。直到后来我才意识到，正是阅读那些有关感恩的文献感染了我，让我主动地写了一封感谢信。

幸福行动 2：培养乐观的心态

培养乐观的心态也有很多方法，例如，看到事情光明的一面，关注生活中的美好，对自己的前途和世界的未来充满信心，相信自己可以安然度过每一天等。培养乐观的心态和培养感恩之心之间有很多共同之处，这两种方法都是让我们努力发现生活积极的一面。保持乐观的心态不仅需要我们乐观地看待现在和过去，还需要对未来充满信心。

在继续讨论之前，我要对有关乐观的一些误解进行辟谣。拥有乐观的心态并不意味着让你相信自己生活在一个"尽善尽美的世界"里，也不是说你的过去、现在和未来都会一帆风顺，没有任何坎坷和挫折。实际上，乐观分为"大乐观"和"小乐观"，这二者之间的差别就在于乐观期望值的大小。例如，"希望我明天的航班会准时到达"就是小乐观，而"我们将走入一个辉煌的时代"就算是大乐观。虽然方式不同，但两者都有利于我们的生活。小乐观有助于我们采取具有建设性的、健康的方式处理具体的事务，而大乐观会让我们坚强、有活力。我要再增加一种乐观，即"微型乐观"。微型乐观是一种信念，能帮助你渡过每一天、每一个月或者每一年的难关。虽然人生有起有落，但一切最终都会结束。对一些人来讲，培养乐观的心态可能意味着在墙上张贴励志的名人名言，或者不停地强调"我很好，我很聪明，大家都喜欢我"；但对另外一些人来说，他们会使用其他方式培养乐观的心态。如果保持乐观的心态完全符合你的生活方式，是你个性的体现，那么你实践起来就会非常熟练。

和表达感恩的方式一样，不同的人对乐观的心态也有不同的理解。例如，大家对于乐观普遍的认知就是：一个人对未来怀有美好的期望，认为美好必将战胜邪恶。显然，某个人认为的美好的、值得期望的事情（例如，嫁给布拉德·皮特，考上医学院），对于另一个人来说很可能就是一场噩梦。而且，同一个人在某件事上可能非常乐观，但在另外一件事上又可能非常悲观。

心理学家对"乐观主义"也给出了不同的定义。一些研究人员认为，乐观主义是对于美好未来的宏观展望，即坚信通过某种方式就能够实现目标的信念。另外一些研究人员认为，乐观主义（与悲观主义相对）是人们对自己获得成果的方式的解释。在面对一件消极的或让人厌烦的事情时，我们不可避免地会问"为什么"。例如，一位女士想要卖掉她的车，但是几经周折仍没有卖出去，这个时候，如果她认为自己的失败是由外部原因造成的，认为失败只是短暂的、是有其特定原因的（"冬季是买方市场"），它不是一种长期的、普遍存在的现象（"我不擅长说服客户"），那么她就是一个乐观主义者。

看待事情的方式非常重要，它会影响我们对周围环境的反应，也决定了我们是否会取得成功，是否深陷于抑郁情绪之中，甚至导致身患疾病。还有一些研究人员认为乐观主义者并非以目标为关注焦点，而是把重点放在自己如何才能获得成功的方法上，强调的是人们实现某个特定目标的决心以及所采取的具体步骤。因此，乐观的心态不仅是指"我一定会成功"的信念，它还包含如何让梦想成真。

最完美的自我

我的朋友劳拉·金是密苏里大学哥伦比亚校区的教授，她首先做出了对乐观进行系统干预的研究。实验相当简单，她请了一些参与者连续 4 天在实验室撰写一篇有关"未来最完美的自我"的文章，写作时间为 20 分钟。这是一个主观想象的练习，受试者需要想象出未来最完美的自己。例如，一个 29 岁的年轻女性可能会这样想象 10 年后的美好生活：和爱人结婚，有两个健康的宝宝，在广告界工作，业余时间在某室内乐团担任小提琴手。这基本上就是她对自己未来生活的幻想。也许"幻想"这个词用在这里不太恰当，因为它意味着一切只是一个虚构的梦。但在做这个练习时，实际上你思考的是对你而言最重要的、源于内心深处的人生目标。劳拉·金教授发现那些连续几天、每天都花 20 分钟写下自己梦想的人，相较于那些写下其他主题的人，他们的幸福感有了很大提升，甚至能够持续几周。有人还报告说在随后的几个月里，他们身体上的不适也减轻了。

实验证明，最完美自我练习有助于提升幸福感，所以我和肯·谢尔登也做了一个类似的实验。我们让受试者在实验室里只完成写作的第一部分，剩余部分回家完成。在实验进行的 4 周内，他们准备写几次"最完美自我"的文章、每次写多长时间，这些都由他们自主决定。同时，研究人员会告诉受试者："你们的任务是在接下来的几周内想象一下，如果一切顺利，未来的自己将会是什么样的人。比如你工作努力，成功实现了所有的生活目标和梦想，发挥出自己最大的潜能，那时你又是什么样呢？"

正如我们所期待的，与那些只记录日常生活琐事的控制组人员相比，"最完美自我"练习的参与者在积极情绪上有了显著提升。此外，认为这个练习"最适合"自己并坚持写作练习的人，他们的幸福感也得到了最大的提升。这也为下面的说法提供了更为直接的实验证据：如果你想通过幸福行动让自己长期拥有良好的心情，那么就需要坚持不懈努力。

为什么"最完美自我"练习会这么有效呢？参与者发现，这个行动具有很强的激励作用，并且和他们当前的生活息息相关。当想到未来的目标都得以实现时，这本身就会给参与者带来很大的享受。这个练习并不只是对未来的空想，它还能激励人们向着未来完美的自我努力奋进，梦想成真。将"最完美自我"的想象付诸笔端，能够让人们清楚地认识到，改变自己、努力实现有价值的生活目标是完全掌握在自己手中的。

"最完美自我"练习的另一个好处是它可以通过写作进行。写作是一种高度结构化、系统化、规则化的行为，在写作过程中，你需要组织、整合、分析自己的思想。如果只是单纯想象，那么将这些想象变成文字则会非常困难。写下未来的目标有助于让你的思想形成一个连贯的思路，从而发现生活的意义。写下梦想的同时也让你有机会了解真正的自己，包括自己的优势、情感、动机、个性、身份以及内心深处真正的梦想。换句话说，"最完美自我"练习有助于你重新审视自己的生活蓝图，找到未来的人生方向。这种理解可以让人找到支配感（"我找到了实现梦想的一种方法"），同时有助于你发现并减少各个目标之间存在的冲突以及前进途中的各种障碍（"怎样才能既不辜负家人的希望，又能实现自己的梦想"）。这一切最终会让你获得更多的幸福。

有一个叫茉莉的年轻女子实践了这个方法，她写信告诉我这个练习是如何让她找到自己真正的人生目标，并且让她意识到这些目标并非遥不可及的。

　　　　在做练习之前，我感到非常紧张，因为我不知道自己将来到底想要做什么，也不知道自己的人生方向在哪里。我本以为自己没什么可写的。但落笔之后，时间似乎过得飞快，我很轻松地就写下了我的人生目标。写完之后，我对自己非常满意，觉得很幸福。我认真思考着我的目标，渐渐地认识到它们并非不现实，经过努力，我完全可以实现它们。这些目标似乎并不太遥远……这个练习让我认识到，若要实现这些目标，我还有很多事情可以做，只要不断努力，我就可以拥有最美好的生活。我过去从来没有认真地思考过这些。现在，什么对我来说是重要的，我能够实现什么样的目标，为实现这些目标我还有多远的路要走——对于这些问题我都有了更深刻的认识。我清楚地认识到，我的梦想就是拥有稳定的生活。我希望拥有一个深爱我的伴侣，成功的事业，与家人及朋友之间和睦相处，居住在海滨城市，尽最大努力让自己过上幸福而充实的生活。这样的未来一定会让我非常幸福，我也相信这些目标一定会实现。

茉莉的经历证明了"最完美自我"练习带来的几个好处。通过这种互动，茉莉深刻理解了自己的人生目标和需求，认识到什么可以给她带来幸福，同时她也更有信心获得自己想要的一切。今天，她正在为实现自己的梦想而加倍努力，她一定会成为一个更加幸福的人。

为什么乐观的心态会提升幸福感

有效培养乐观心态的方法有很多，"最完美自我"练习就是其中之一。不管采用什么方法，都能够让人们对未来充满希望。下面，我们一起来看一下积极乐观的心态具有哪些优势。

第一，如果你对未来非常乐观（例如，对实现自己的人生目标充满自信），你就会付出努力去实现目标。因此，乐观的心态有助于实现自我。即使遇到无法逃避的阻碍，进展缓慢，你也不应该放弃。研究证明，乐观主义者在面对困难时更有可能不断地付出努力，坚持到底，而且他们也会为自己确立更多、更具挑战性的目标。乐观的心态能够激励我们主动采取行动，不轻言放弃。因此乐观主义者在各个方面（专业、学业、运动、社交、健康）更容易获得成功。而且，顽强的毅力、良好的社交技能、充沛的精力、健康的身体，以及成功的事业都有助于提升我们的幸福感。

第二，乐观的心态能激励我们积极有效地采取行动。研究表明，在面对压力时，乐观主义者经常会保持良好的心态。例如，乐观的女性比悲观的女性得产后抑郁症的可能性要低得多；乐观的大学新生在入学三个月后，更有能力应对学业上的压力，不至于心情沮丧。而且，当身处逆境时，乐观主义者更有可能制定应对方案，直接采取行动。即使是在最艰难的时刻，例如，被诊断患有重大疾病后，他们也会勇敢地接受现实，然后努力配合治疗，疾病甚至会让他们获得心灵上的成长。因此，心态乐观的人更健康。

第三，乐观的心态能够增强积极的情感，让人充满活力和斗志。研究表明，乐观主义者的自控力和自尊感更强，出现抑郁、焦虑情绪的情况也较少。如果对未来有所期待，你就会感到精力充沛、动力十足、充满激情，认为自己能够掌控命运。此外，其他人也会更喜欢你。总之，培养乐观心态是一项非常有效的幸福行动。

如何培养乐观心态

如果培养乐观心态是最适合你的幸福行动，那么你可以选择以下方法提升你的幸福指数。

"最完美自我"日记。实验证明,记录"最完美自我"日记是一种非常有效的提升幸福感的方法。写日记前,找一个安静的地方坐下来,花 20 分钟左右的时间认真思考一下:从现在起,一年后、5 年后,或者 10 年后,你分别期望拥有什么样的生活。想象在未来的生活中,所有的梦想都变成了现实:你的潜力得到了充分发挥,工作认真努力,并且实现了所有目标。现在把你想象的内容记录下来。

这个写作练习从某种意义上来讲和锻炼肌肉的过程很相似。在想象自己最有前途的未来时,一开始你并不会感到特别自然,但随着时间的流逝,经过大量的练习,写作过程就会变得越来越顺利,而且能够带来很多意想不到的结果。美国小说家威廉·福克纳曾说:"直到我读到自己写的东西,我才知道我心里到底想的是什么。"当你写下未来的目标时,你将对自己有一个全新的认识,这样做甚至可以培养你的耐心和毅力。

记录长期目标和阶段性目标。在想象未来时,你可以确定自己的长远目标,再确定每个阶段要实现的目标。例如,首先记录下你在 5 年内要实现的目标。接下来,你可以把这个目标分解成多个阶段性目标,即实现这个目标需要采取的步骤(记住,实现目标的步骤和方法有很多)。

如果在实现目标的过程中,你遇到了困难或者产生了悲观的想法,那么就找出问题所在,努力解决,或者寻找替代方案以及其他可行的解决方法。你可以回忆过去,想想你曾经在遇到同样的问题时是如何成功解决的,确定自己所拥有的优势和资源,以此鼓励自己,给自己信心。

确定思想障碍。培养乐观心态的另外一个方法是注意那些悲观的想法。每当产生悲观的想法时，你就往储蓄罐里投入一枚硬币，然后努力用一个积极向上的想法取代悲观的想法。例如，"我真愚蠢，给同事提供了错误的建议，他再也不会邀请我一起做项目了"，或"自从失恋后，我就觉得没人会喜欢我了"——这些消极悲观的想法会阻碍你培养积极乐观的心态。将这些想法写下来，然后换个角度重新审视这些事情，在这个过程中，问问自己：

◎ 这种情形或经历从其他角度还可以怎样理解？

◎ 它能带来什么好处？

◎ 这对我来说是一个机会吗？

◎ 我能从中得到什么教训呢？这对将来有益处吗？

◎ 我是否充分发挥了自己的优势？

在做这个练习时，一定要确保自己心态平和或拥有积极的情绪，然后记录下你的答案。这个方法能够防止你的思维陷入消极、片面的恶性循环。

下面这个实验是针对五年级和六年级的学生进行的乐观训练，实验持续了 12 周，使用的就是上述方法。首先让学生确定自己的悲观想法（"朋友今天没给我打电话，他一定不喜欢我了"），然后对这个想法进行辩证思考（"我有什么证据吗"），最后学习从乐观的角度看待此事（"也许他太忙了"）。在参与这个实验两年后，控制组的孩子很少出现抑郁的情绪，这在某种程度上是因为他们学会了如何培养乐观心态。

养成乐观思考的习惯

所有培养乐观心态的活动都基于一个共同点，即从一个更加积极、充满善意的角度看待并理解这个世界。培养乐观的心态还包括：在黑暗中看到希望的曙光，相信上帝在关上一扇门的同时一定会打开另一扇门。若要让乐观的心态充分发挥效用，就需要付出努力，进行大量的练习，使乐观思考成为你的习惯，这样做一定会给你带来巨大的好处。一些人天生就积极乐观，但大多数人只有通过不断练习，才能够保持积极乐观的心态。

因此，那些天生乐观的人的思考方式并没有什么特别之处，成为一个乐观主义者需要的仅仅是拥有明确的目标，然后为之奋斗。你越多地进行积极乐观的思考，你就越有可能从积极的角度看待这个世界。随着时间的推移，乐观的心态将成为你的习惯，你也会因此发生彻底的改变。记住，在面对压力、危险或感到不安时，若想乐观地进行思考，看待周围的一切，就需要有意识地培养乐观心态，让它成为你的一种习惯。

乐观心态是自欺欺人吗

可能有些人还是心存疑虑，认为"积极思考"或者"凡事要往好处想"这样的话听起来非常幼稚，甚至是一堆废话。也许你天生就是一个现实的人，对自己、对他人、对周围的世界都要求真实。根据这个观点，在遇到消极事件时，如果换个角度用乐观的心态看待事情或者期待光明的未来，就是错误的、不现实的。对于这种反应，我们研究生院的教授李·罗斯给出了很好的反驳意见："乐观的心态不是让你自欺欺人。这个世界也许是一个很可怕、很残酷的地方，但它也是一个神奇、美妙而温暖的地方。这两种情况都是真实的，但二者之间并没有一个折中点。这意味着在人生发展的道路上，你只能选择其一。"

积极乐观的心态是一种世界观，这是由你来选择的。但它并不意味着否定或者避开一切消极事件，也不意味你要做无用功，去掌控你无法控制的事情。研究表明，乐观主义者对风险和危险的警惕性更高（他们不会戴着眼罩看世界）。乐观主义者非常清楚，要想获得成功就必须付出努力，天上不会掉馅饼。当然，做任何事都应该适度，过犹不及，培养乐观的心态也是一样。积极心理学家马丁·塞利格曼建议我们保持"弹性的乐观主义"——当形势需要振作精神时，我们就要积极乐观；当形势明朗时，我们也不要盲目乐观。

幸福行动 3：避免思虑过度，不要攀比

过去的一天结束了，你也尽力了。如果仍出现了错误与遗憾，

那么你一定要尽快忘掉。明天又是崭新的一天，

不要纠结过去的事情，保持平和的心态、

昂扬的斗志，迎接新的开始吧。

——拉尔夫·瓦尔多·爱默生

多年来我一直在研究幸福，我对被心理学家称为"自我反刍"的现象非常感兴趣。我的朋友苏珊·诺伦-霍克西玛在过去的 20 年间一直在研究这个现象，她将这个现象称为"思虑过度"。思虑过度就是

指一个人想得太多了，经常对自己的性格、感受或遇到的问题做出没有必要的、消极的思考，并且过度纠结事情的意义、原因以及将带来的结果。例如，"我为什么这么不幸"，"如果我继续拖延手头的工作，会发生什么"，"我很担心我的头发会变得越来越少"，"他那么说到底是什么意思"，等等。

很多人都相信当自己心情不好时，应该反复思考，分析自己的感受和境遇，这样才能真正醒悟，找到解决问题的方法并且减少负面情绪。但在过去的 20 年间，无数研究表明，思虑过度不仅不能解决问题，还会让事情越来越糟糕：思虑过度不仅不能让人摆脱悲伤，反而会使你更伤心；此外，思虑过度还容易让人滋生消极偏见的想法，削弱你解决问题的能力及采取行动的动机，打击你的积极性，分散你的精力。虽然很多人坚信反复思考能够帮助自己解决问题，但实际上思虑过度往往会将人们对生活的看法变得扭曲、悲观。

最近我收到了泰瑞莎的一封电子邮件。她在邮件中说，很长时间以来，她对什么事情都想得过多："我们姐妹三人，我是最小的一个，也是最多虑的一个。我经常不停地思考、猜测、质疑，最后依然迷惑不解，找不到出路，这让我非常痛苦。"如果泰瑞莎对她的状况感到不开心（例如，在税务申报工作中很难招揽到客户），就会整天发愁怎么办。她这样做不仅无助于问题的解决，不能让心情变好，而且会让事情变得更糟糕。思虑过度再加上心情沮丧，这样的组合对一个人来说无异于一剂毒药。研究表明，在悲伤或焦虑时如果思虑过度，更容易让人产生焦虑、无助、自我否定、悲观、消极、偏激的情绪。泰瑞莎想得越多，就越容易产生一些负面想法，如"我对这项工作没有足够的信心","我再也找不到客户了","这和我没找到工作那年的情况一模一样","也许我应该放弃","我快要破产了"。这些消极的想法让她没有办法集中精力工作，甚至工作中出现的一点儿小困难或者小问题她都解决不了。最后，泰瑞莎消极的猜测和信念会产生一种自我应验的效果：她果真在招揽客户的业务上越来越困难了，她的朋友也会越来越少，同事也会渐渐疏远她。所有的这些因素最终会导致泰瑞莎对自己失去信心，甚至很快就陷入抑郁和焦虑。

大量证据表明，思虑过度将严重危害身体健康。如果不改变这个坏习惯，就不可能获得更多的幸福。甚至可以说，要想获得更多的幸福，其中一个秘密就在于克服思虑过度这种强迫性的行为，客观积极地重新审视自己遇到的挫败。我发现，真正幸福的人在遇到消极的事件时，能很快让自己投入其他活动以分散注意力，避免纠结于悲观的想法而无法自拔。日常生活中不乏各种小的争论、困难和不顺，大多数人都经历过生病、失恋、事业上的失败，甚至严重的心理伤害。我的研究表明，那些对于生活的际遇反应剧烈、无法摆脱困境的人，通常都是最不幸福的人。遇到一点点困难或者稍不如意的事情，他们就会觉得自己非常不幸。获得更多的幸福意味着在面对生活中出现的各种逆境时，不要反应过度，不要对生活中的消极事件死揪着不放。总之，不要让这些消极事件影响你的心情，影响你的生活。

利达是我的好朋友，她的母亲得了不治之症，一直都是她在照顾母亲。利达告诉我，虽然照顾母亲让她很劳累，但她每天依然会在百忙之中抽时间去当地的一家农贸市场逛逛。她去的那个市场生意非常红火，市场里摆满了各色货品，有新鲜的蔬菜、热乎乎的面包、活蹦乱跳的鱼虾。利达说，每天逛市场的那一个多小时，她感觉非常享受。利达当时的处境非常艰难，最亲近的人即将离自己而去，巨额的医药费压得她喘不过气来，而且忙碌导致她没有社交生活，这样的境遇很容易让利达陷入焦虑和绝望的深渊。但她并没有被现实击垮，她忙里偷闲，找到了令自己放松的事情，从而有效地排解了自己的压力。

有关思虑过度的研究

思虑过度的一个显著特点，就是它能消耗一个人的精力。当你遇到不开心的事或听到一个坏消息，再去尝试读一篇文章时，你是否发现自己在反复读着同一个句子？这表明你此时很难集中精力在一件事上，例如学习、工作、谈话，甚至在玩乐时你都会心神不宁。通过实验，我们发现，一些受试者总是放不下过去的不幸，思虑过度让他们无法集中精力做任何事，就连日常的读写都变得困难起来。难怪思虑过度的人总认为自己是世上最不幸的人。

还有一些证据表明，在面对不愉快的事情时（例如，来自上级的批评、社会的排斥、未确诊的疾病等），有一些人总是将其原因归咎到自己身上，认为都是自己的错。他们会因此焦虑、沮丧，反复琢磨到底发生了什么事，又会产生什么影响。在研究中，我们会给一些受试者负面评价，说他们在语言能力测试中的表现非常糟糕，随后就立刻给他们布置一项填词任务。例如，完成下列单词，每个单词所用的时间不能超过 15 秒。

◎ DU_____

- ____SER

- I_____T

- EM_____

有趣的是，和那些被给予积极评价的人相比，被给予负面评价的人（这种经历可能会导致思虑过度）完成的词语大多是"DUMB"（愚蠢）、"LOSER"（失败者）、"IDIOT"（白痴），以及"EMBARRASS"（尴尬）。这些答案暴露了他们内心对自己的消极评价（例如，"我是一个失败者"，"我很愚蠢"）。但正是这些受试者给自己贴上了"不幸福"的标签，而那些乐观的人则能够很快摆脱那些消极想法。

如果你是那种即使一点儿小事也会大惊小怪的人，那么长期的思虑过度很可能会严重影响你的生活。要想解决这个问题，你就需要向乐观的人学习，凡事不要多想，努力避免思虑过度。

社会攀比

攀比的现象无处不在。在日常生活中，我们会不由自主地注意到那些比自己快乐、富有、聪明，或者更有魅力的亲友、同事，甚至影视剧中出现的人物。每当我们问"亲爱的，今天过得怎么样"时，每当我们浏览一本杂志时，每当我们讨论和别人之间的关系时，我们就有可能在进行社会比较。研究表明，此类比较可能有积极的作用，它能够激励我们为实现更伟大的目标而努力，或帮助我们克服自身的弱点。例如，观看一个钢琴天才演奏优美的奏鸣曲，会激励业余钢琴爱好者更加努力地练习。社会比较有时能改善处于逆境中的人们的心态。例如，在新生儿特别护理中心，当父母看到比自己的孩子更弱小的孩子时，心里可能就会感到安慰许多。

但是，观察其他人正在做什么或他们拥有什么，这样做大多是非常有害的。"向上"的比较（如"他的工资比我高"，"她身材比我苗条"）可能会让人自卑、烦恼、没有自信，而"向下"的比较（如"他失业了"，"她的癌细胞扩散了"）可能会让人难过，有时还要应付他人的嫉妒和憎恨，甚至担心自己也遭遇同样的不幸。社会比较越多，你就越容易进行不利的比较，对这种比较也就越发敏感，最后导致产生很多消极有害的结果。实际上，社会比较是非常有害的，因为无论我们多么成功富有，总有一些人比我们更强。我听过的一个故事让我彻底明白了这一点：有一位妇女总是向父亲抱怨其他人比她富有，这位父亲说："看看街上这两栋壮观的豪宅，造价高达数百万美元。但是，路左边的房子是海景房，而路右边的那栋则不是。所以，你认为住在右边房子里的人会不会嫉妒住在左边房里的人呢？"

嫉妒是幸福的天敌。习惯攀比的人通常都容易受到伤害，他们心中充满了恐惧，也没有安全感。有趣的是，作为一名科研人员，我的第一个研究课题就是研究攀比现象。在斯坦福大学读研究生的第一年，我和导师李·罗斯决定对一些人进行详细的采访，这些人既包括被公认为"特别幸福"的人，也包括"极其不幸"的人。我们最初的假设（事后发现当时的想法太天真了）是：幸福的人更善于和那些不如自己的人比较，这样他们就会更有优越感；而不幸的人则倾向于和那些比他们强的人进行比较，这样他们就会认识到自己的不幸。但是，当我们将认真准备好的社会攀比问题向这些参与者提出时，那些幸福的人根本不知道我们在说什么。当然，他们明白"比较"是什么意思——在日常生活中、在和他人的交往中，以及媒体的宣传中，能够引起比较的事情比比皆是。但事实上，当面对这些随处可见并且无法逃避的社会比较时，幸福的人似乎根本不关心这些；相反，他们对于评判自己另有一套标准（例如，他们认为自己非常擅长数学、烹饪以及与他人沟通），他们不会让其他人的行为影响对自己的评价。这些初步的发现引起了我们的兴趣，于是我们决定用更严格的实验证明这些结论。在接下来的几年里，我们发现，幸福的人会为他人的成功感到高兴，也会在他人遭遇不幸时表达关心。但不幸福的人则完全不同：他们不会对同伴获得的成功或取得的成就感到高兴，反而会因此深受打击；当同伴失败或者遭遇困境时，他们不仅不会给予同情，反而会暗自窃喜、幸灾乐祸。

显微镜下的社会攀比

社会比较的研究非常有趣。有一次，我们将幸福的参与者和不幸福的参与者都请进了实验室，让他们和同伴一起做"单词回填字谜"的游戏。在这个研究中，要求参与者和同伴并排坐在一起，实验者（通常是我）坐在他们对面。然后我给每个人发一张卡片，卡片上有三个打乱顺序的单词（例如，A-S-S-B-I、Y-O-N-S-W、N-O-X-T-I），他们的任务就是还原这三个单词。

当小组中有人完成一张卡片时，他就把它交给我，然后我会再给他发一张新的卡片。这个研究的目的很明确，就是让参与者清楚地看到其他人完成的速度。因为两个人在做同样的事情时，你会情不自禁地注意到另外一个人换取卡片的频率，而且所有的卡片都标有连续的编号。如果你是参与者，你交上第一张卡片后，换回的是编号为 5 的卡片，那么你立刻会知道当你紧张地完成第一张卡片时，你的同伴已经解决了第二张、第三张以及第四张卡片，你也知道你落后了。同时我们要求参与者在一个蓝色本子上打草稿，让他们每次开始一个新的单词时就翻到新的一页。哗哗的翻页声将会再次显示出参与者之间的速度差别，所有考过试的人都非常了解这种感觉。

在这个实验中，有一点很关键——参与者并不知道他所谓的"同伴"实际上是我事先安排好的同事，我提前告诉同事控制完成每个单词的速度——比参与者快得多或者慢得多。在这种情况下，这位参与者会有什么样的感受呢？

研究结果非常具有戏剧性。在完成拼字任务后，幸福的人感觉自己更加幸福，也对自己的能力有了更高的评价，同伴完成速度的快慢对他们似乎并没有什么影响。相反，不幸福的人却对同伴的完成速度非常敏感——看到坐在旁边的同伴完成得比自己快，他们就会觉得自己能力差、不如别人，而且他们还会因为同伴的优秀产生了沮丧甚至焦虑的情绪。

之后我们又做了很多相关研究，得到的结论基本相同：一个人越幸福，他就越少关注周围其他人的行为。这个研究再次说明，我们的确可以从幸福的人身上学习他们的优点。实际上，不停地将自己和他人进行比较的行为就是思虑过度的一个表现。

如何摒弃思虑过度以及攀比的陋习

思虑过度具有很强的强制性。当你深陷其中时，它会不断地牵制你，让你感到不想不行，必须把事情弄清楚。但是，我们知道，当一个人心烦意乱、感觉有压力、紧张不安时，反复思考并无帮助，反而会让事情变得更糟。苏珊·诺伦-霍克西玛博士给出了一个建议，有助于那些长期多虑的人克服他们的陋习，这个方法分为以下三步：摆脱束缚，转移注意力，防止再犯。下面我将详细介绍这几个步骤。如果这个行动很适合你，那么就立刻行动起来吧。

摆脱束缚。首先，你需要摆脱思虑过度的束缚，换句话说，你应立刻停止凡事考虑过多的坏习惯，不要总是想着和他人做比较。这里至少有 5 个方法可以帮助你实现这个目标，你可以选择最适合你、对你最有效的方法。这个停止思虑过度的方法很简单，它有着令人难以置信的威力，那就是转移注意力，转移，再转移。你所选择的转移注意力的活动一定要能引起你的兴趣，这样你才不会再次陷入胡思乱想。选择了合适的活动，你将对生活充满好奇，同时也能感受到内心的宁静和快乐，变得更加自信。一旦发现自己又开始多想，欲罢不能，你就应该立刻将自己的注意力转移到其他活动上，例如，阅读、听音乐、约朋友一起喝茶、做一项自己喜欢的运动等。做什么并不重要，只要它能够吸引你，让你无暇胡思乱想，不会产生潜在的危害就好。你只需站起来，离开导致你思虑过度的环境即可。

值得注意的是，虽然转移注意力看上去是一个特别简单的办法，或者说是一种权宜之计，但是它所产生的积极的情绪却能够改变你的思想，同时也能够锻炼你的应变能力和技巧。积极的情绪会让人充满正能量，积极主动地与他人交往，并且在解决问题时更富有创造性。

第二种摆脱思虑过度的方法是对自己说"停"。一旦发现自己对某件事纠结个没完没了，你就要在心里对自己大喊："停！别想了！"（一位理发师告诉我，每当她说这句话的时候，她还会想象出两个红色的感叹号。）发挥你的聪明才智，想想其他事情，例如，你明天的购物清单或下次的度假安排。这个技巧在很多情况下都非常有用，即便你在转移注意力的时候又开始胡思乱想，也可以使用它。有一段时间，我发现自己在跑步时，总是忍不住回想一些事情，后来我强迫自己停止瞎想，将注意力转移到其他事情上。虽然运用这个技巧需要强大的自控力，但效果的确不错。

第三个方法是很久以前我从问答专栏"亲爱的艾比"中学到的。专栏作家艾比建议喜欢阅读的书迷每天抽出 30 分钟，什么也不做，只是思考。相应地，你也可以拿出固定的时间进行思考。如果你发现消极的想法一直困扰着你，那么你可以对自己说："我现在不去想它了，等明天这个时间再想。"每天最好是在你心情比较放松，不那么焦虑或悲伤的时候进行思考。通常情况下，当这个指定的时间到来时，你会发现强迫自己思考是非常困难的，而你之前搁置在一边想要思考的那些问题似乎已经没有那么重要了。

第四个方法是找一个与你合得来的、值得信任的人，谈谈你的想法和你遇到的麻烦。大多数时候，一次面对面的谈心可以立刻缓解你的消极情绪。在交谈中，你会觉得自己的确想多了，事情其实没那么严重。你可能非常嫉妒那些善于教育孩子的同事，但和朋友交谈后，你就会觉得自己的嫉妒毫无意义——其实她和你一样，也有很多烦恼与不足。但是，这种方法也需要注意两点：一是要慎重地选择倾诉的对象，他必须能够客观地进行思考，不会像你一样杞人忧天、胡思乱想。记住，不要让自己的心情在交谈后变得更糟，也不要滥用你的交流机会。如果你总是喋喋不休地对他人倾诉你的消极想法，就可能引起大家的反感，对你避之唯恐不及。

最后一个方法是写作。用一个漂亮的笔记本或者在电脑上把你的想法写下来。写作能够帮助你厘清思路，注意到你以前忽略的细节。同时，写作也是一种很好的发泄方式，能够让你将所有的不快都诉诸笔端，卸掉思想包袱，轻装前进。

采取行动，解决问题。你需要对自己以及自己的生活从整体上有一个全新的认识，最重要的还是彻底解决导致你思虑过度的问题。例如，如果你对遇到的难题和承担的责任感到焦虑，不知该如何着手，那么你可以先尝试迈出很小的一步。这一小步可能是与一位婚姻顾问见面、报名参加理财规划班，或者试着找份工作。这一小步也可以是为一个具体的问题写下所有可行的解决方案，例如，找到改善和他人关系的方法、解决睡眠不好的问题等。然后从自己写下的方法中选出一个付诸实践。不要坐等事情的发生，也不要一心指望他人的帮助，你应该立刻行动起来，因为即使是很小的一个行动，也会让你的心情变好，从而更加自信。

避开思虑过度的刺激源。你需要学会如何避开思虑过度的陷阱。你可以列出一个清单，记录下可能会引起你思虑过度的各种场景（包括时间、地点和人物）。如果可能，避开那些场景，或者想办法改变那些状况。避免思虑过度就和戒烟一样，必须避开那些会让自己"犯烟瘾"的刺激因素，例如，其他烟友、特定的吸烟地点等。避开刺激因素的另一个技巧就是增强自我认同感，努力提升自我价值。这个方法非常重要，你同样可以从小事做起，例如，学习烹饪、远足、园艺、绘画或者养宠物（不要做太难的事情）。这些事情可能很小，但却可以提升你的自信心，而且能让你在不断充实自己的过程中，变得更加自信。

你还可以学习冥想。冥想可以让人放松，有助于你远离烦恼和痛苦，带给你一种积极、幸福的感觉。很多长期进行冥想的人都感到他们的焦虑以及压力症状减轻了。

着眼于大局。除了上述建议，我再给大家介绍一些技巧。无论什么时候，当你思虑过度或与他人比较时，你都应扪心自问：一年后，这件事还那么重要吗？在回答这个问题时，你应该站在更广、更高的视角上看，那些看起来重大紧迫的事情也就变得微不足道了。例如，当我觉得某一天特别难熬或者有人怠慢了我时，我就会提醒自己：没有必要郁闷，一个月或者一年后，我就不会记得这些事了。你也可以想象一下，在你临终前，再回头看看这件事，它还有那么重要吗？

另一个防止思虑过度的方法，是让自己在特定时间和空间背景下考虑问题。如果你是一个天文学爱好者，那么就把自己（包括你的压力、担忧以及苦难）看作地球上极微小的一个点，而地球只是银河系中一个非常微小的星球，银河又是组成宇宙无穷多个小点中的一个。这个练习听起来似乎很愚蠢，但是通过它，无疑会让你认识到自己的问题多么微乎其微。每当我给儿子读那本关于银河、恒星以及行星的书时，我都感到无比平静、祥和。最遥远的星系距离我们有 130 亿光年，而我还在为一点儿生活琐事而烦恼，要知道，宇宙现在依然在向外扩展，和浩瀚的宇宙相比，我的烦恼根本不值一提。以宇宙知识为背景进行思考，效果非常神奇。另外，你还可以想想看，150 年后，今天活着的人都已经不在人世。人生只有短短的几十年，没有哪件事值得你思前想后，没完没了地自寻烦恼。

当然，如果你遇到的问题的确非常重要，并且关乎未来，那么就认真想想你可以从这些经历中学到什么。从遭受到的压力、烦恼以及痛苦中吸取教训，将有助于减轻你遭受的打击。逆境也许会让我们明白什么是耐心、毅力、忠诚和勇气，从而学会豁达、宽恕、慷慨以及自制。心理学家把经历困难后的成长称为"创伤后成长"。生活中的艰难与困苦不可避免，但在困境中学习并吸取经验教训则是人们获得幸福、快速恢复生命力的一个重要途径。

第五章

加强社交投入

如果我不为我自己，谁会为我？如果我只为自己，

我又是谁？如果不是现在，那又是何时？

——《塔木德》

怎么强调社交联系对健康和幸福的重要性都不为过。一位社会心理学家写道："人际关系是人类生存最重要的一个构成因素。"我认为这种说法并不过时。在我们的研究中，一项重大的发现就是：幸福的人比不幸的人拥有更良好的人际关系。因此，要想变得更加幸福，投资社会交往是另一个非常有效的方法。本章介绍的两个幸福行动都和社会交往有关，即多行善事与维护人际关系。

幸福行动 4：多行善事

善良、慷慨、勇于付出被视为人类的美德，这无可争议。《圣经》也告诫我们要"乐善好施"。一个有操守、有道德的人乐于帮助那些

有需要的人，在必要时甚至会为他人牺牲自己的幸福。德国哲学家叔本华也曾写道："同情是一切美德的基础。"我们从小就被教育要与人为善、对他人要富有同情心，当然我们也要身体力行地发扬这些美德。多做善事是正确的，也符合伦理道德标准。很多科学研究已证明这个古老的道德准则——多行善事不仅对受惠者有益，施善者也能大大受益。这听起来也许很讽刺——即使你所做的善事不被接受，或者在做好事时不期望得到回报甚至根本不会得到回报，但这种行为会为你带来很大的益处，因为行善本身就会让人感到幸福、快乐。

人类的善心源于幸福

可以肯定的是，行善使人幸福并不是什么新奇的事情。几个世纪以来，作家、哲学家、思想家都对这个真理大加赞扬。"慈悲能让你幸福"，这是藏传佛教高僧最常说的一句话。印度也有相关的谚语："真正的幸福在于让他人也获得幸福。"苏格兰裔散文作家托马斯·卡莱尔说："没有仁善之心，就不会享受到真正的快乐。"这些思想直到最近才得到了科学方法的系统验证。我的实验室首次完成了这方面的研究，以前的研究只关注到幸福与助人为乐之间的关联，但没有研究两者之间的因果关系。例如，研究表明，越是幸福的人越有可能经常帮助他人，他们在工作中也更乐于做自己职责之外的事情。这些发现非常具有启发意义，但未能说明做好事以及帮助他人是否会让行善者自己感到幸福。

为了解决这个问题，我和同事做了一个幸福干预实验。在实验中，我们将参与者分成两组，让他们每周做 5 件好事，并持续 6 周。

第一组成员每周做好事的时间未做规定，任何时间都可以；第二组成员必须在每周的某一天之内做 5 件好事。下面是这个实验的具体说明。

在日常生活中，每个人都会为他人做一些好事。这些事情有大有小，受惠者可能知道、也可能不知道有人帮助了他们。做好事的行为包括帮助陌生人缴纳停车费、献血、辅导朋友做作业、看望年迈的亲戚，或者写一封感谢信。请在接下来的 6 周内，每周做 5 件好事。受益者可以是同一个人，也可以不是同一个人；对方可能知道你给予他的帮助，也可能不知道。除了以上列举的行为，你还可以选择做其他事。切记，不要做任何可能给自己或者他人带来危险的事情。

每周日，我们的参与者需要上交他们一周的"善行"报告，报告中要写明他们每周为谁、在什么时候做了什么好事。他们做好事的范围非常广泛，例如，"给朋友买冰激凌"，"帮家人洗碗"，"献血"，"朋友初到某地，陪她一起逛街"，"去敬老院慰问老人"，"帮陌生人解决电脑问题"，"周末把自己的车借给妹妹用"，"给一个无家可归的人 20 美元"，以及"对老师的工作表示感谢"等。

实验结果有些令人吃惊。正如我们所期待的，对他人慷慨大方、体贴周到的确会让人感到幸福，也就是说，行善可以提升幸福感。有趣的是，报告显示，只有那些在一天之内完成 5 件好事的参与者的幸福感有了显著提升。和实验前相比，两组参与者都声称自己比以前更加乐于助人，但是必须在非固定时间行善的小组成员，其幸福感并没有得到显著提升。为什么会这样呢？我想，可能是因为在这些参与者所做的好事中，大部分都是一些小事，而且他们还是在 7 天之内分别完成的，所以这些好事的效果也就减弱了，最终很难和参与者的日常行为区分开。毕竟，大多数人都会有助人为乐的行为，只是我们有时都意识不到自己做过这样的好事。

因此，通过这个研究我们看到，要想最大限度地提升幸福，就一定要确保行动的最佳时间。在表达感恩的行动中，我注意到，当我们让参与者经常表达感恩时，只有那些每周表达一次感恩的人的幸福感得到了提升。因此，若想获得最大的幸福，就必须确定幸福行动的方法、时间和进行的频率。行善干预研究的结果表明，和平时相比，你要做更多好事才会得到更多的幸福。

我们的研究首次证明了多行善事是一个非常有效的幸福行动。之后，我们又进行了一系列漫长而深入的研究，旨在弄清楚多行善事或其他提升幸福感的方法是如何发挥作用的，以及为什么会起作用。例如，在另一个实验中，我们不但请参与者做好事，而且在实验结束一个月后继续跟踪调查，以确定他们是否能维持幸福水平。另外，我们规定其中一组参与者可以去做不同类型的好事，而另外一组参与者则必须做已指定的好事，不可更改。在实验开始时，我要求每个人列出一个清单，把他们"在将来更愿意做的事情"以及"每天反复做的事情"写出来。他们所列的事情包括多做一件家务、给家人发电子贺卡、帮别人拿东西、为宠物准备一顿大餐、为男朋友做一顿早饭等。

第一组参与者每周都可以任选三件他们想做的事情；而第二组参与者在连续 10 周内，每周都要做三件相同的好事。

从这个研究中，我们再一次确定经常行善会让人在随后一段时间内依然保持幸福感。但是，变换着花样做好事是否也会对幸福感产生巨大影响呢？实际上，那些被要求重复做三件相同好事的参与者，其幸福感会在研究中期开始下降，并一直下降到他们幸福感的最初水平。也就是说，这种方法不仅不会提升参与者的幸福感，反而会降低他们的幸福感。由此可见，如果想利用一个行动提升你的幸福感，那么一定要保证这个行动的新鲜感及其意义。当然，当你开始实施幸福提升计划时，具体行动是由你的自由意志决定的，而不是因为实验室中某个穿着白大褂的研究人员要求你这么做的。当你选择了一个适合自己的幸福行动时，其实你正是在选择你所重视的、让你快乐的事情，这个过程本身就非常有意义。不过，这个研究也提醒我们，在练习所选择的幸福行动时，不要一成不变，只有通过不同的方式，才能让你的行动充满新鲜感，并且提升幸福感。

为什么行善会让人幸福

心理学的相关理论和研究提供了大量证据，证明行善会让人幸福。与人为善、慷慨大方能让我们更加友善地对待他人，让自己更富有同理心，同时也让我们深刻地了解社会群体之间必须互相依赖、互相帮助。通常，行善也会减轻一个人的负疚感，有助于缓解压力，降低因他人的困境和遭遇所产生的不安。行善会让你意识到自己的幸福，并对此心怀感恩。实际上，帮助或者安慰他人也有利于你转移自己的注意力，不再专注于自己的困难，因为你已将精力用于帮助他人解决困难了。

多行善事的最大好处就是对自我认知的影响。当你在行善时，你就会认为自己是一个乐于助人、富有同情心的人。这种新的自我定位可以增加你的自信，让你变得乐观，并且看到自我价值。助人为乐或者做一件有意义的事能够彰显你的能力、资源以及专业技能，你将拥有一种掌控生活的感觉。而且，在行善的过程中，你也会学到新的技能，开发内在的潜能。一些研究人员甚至认为，行善能够让一个人的生命变得更有意义、更具价值。

最后，可能也是最重要的一点，行善会带来一系列积极的社会效应。助人为乐会让大家喜欢你、欣赏你、感激你，而得到帮助的人也会在你有需要的时候向你伸出援助之手。与他人交往是最基本的人类需求，帮助他人能够满足这种需求，为你赢得微笑、感谢以及珍贵的友谊。实际上，我们做的第二个干预研究已经证明这一点。在为期 10 周的实验中，我们不仅测量了参与者助人为乐的品质以及他们行善后幸福感的提升情况，还测量了他们从接受者身上感受到感激之情。实际上，这种感激之情正是让参与者感到更加幸福的一个主要原因。

对志愿者的调查表明，志愿行为能够减轻志愿者的抑郁症状，提升其幸福感和自我价值，并增强其自制力，这是对志愿者的"最高回报"。虽然这些研究未能明确志愿工作和幸福之间的因果关系，但经过对志愿者的一段时间的研究，大多数证据表明，正是志愿者大公无私的奉献行为提升了他们的幸福感。

有一项研究对 5 名患有多发性硬化症的女性志愿者进行了为期三

年的追踪调查，她们被选中义务为其他 67 名多发性硬化症患者提供精神支持。做志愿工作前，她们接受了培训，学习了耐心倾听、表达同情、鼓励他人的技巧。培训结束后她们需要在每个月给每个病人分别打 15 分钟的电话，倾听他们的烦恼并给予鼓励。结果显示，在这三年间，这 5 位志愿者的生活满足感、自信心以及个人能力都有了很大提升；同时，她们的社交活动增多了，也很少会感到抑郁。这 5 位女性认为她们的人生之所以会发生如此大的变化，是因为她们参加了义务工作。例如，当鼓励病友时，她们转移了自己的注意力，不再总是想着自己的疾病，而是将更多的时间用于照顾和关心他人。这个过程进一步强化了她们的倾听技巧，让她们学会了更加客观地看待疾病，对他人也更加包容。此外，志愿工作还增强了她们的自信心，提升了她们的自我价值感，让她们更有信心面对生活中的逆境。其中一位女性志愿者说："虽然多发性硬化症是不治之症，但无论生活中发生什么事，我现在都能够应对自如。"

更重要的是，这 5 位女性志愿者身上产生的积极变化远远大于她们帮助的病友。研究证明，这些志愿者整体生活的满意度有了很大提高，而且是其病友幸福感的 7 倍。随着时间的推移，这些志愿者获得的好处依然在增加。这真是一个令人难以置信的发现，因为大多数的幸福行动（不管它们多么强大）带来的好处，都会随着时间流逝而逐渐减少。

虽然这个研究的规模很小，只有 5 个参与者，但它很好地阐明了助人为乐所带来的各种回报。志愿行动（或者社区服务）是一种具有特殊性的行为，需要遵循一定的组织制度，而且要求参与者具有很强的责任心，这些特点与自发进行的行善行为之间也有很多的共同之处。

如何行善

我有很多朋友都非常无私、乐于助人。在我的印象中，他们在任何时候都愿意为他人提供帮助。当别人处于困境时，他们总能敏锐地察觉到，并及时伸出援手。我不知道他们是如何做到的，行善似乎已经成为他们的一种习惯性行为。但是，也有很多人在做好事时似乎都需要刻意为之，并不是一种下意识的行为，而这恰恰是我们的优势所在，因为只要我们做的好事比以往多，我们的幸福感就会得到显著提升。

很多书籍、杂志以及网站文章都在鼓励人们多行善事，我感觉这些报道给出的建议大都遥不可及。实际上，如果你决定成为一个慷慨大方、富有同情心、乐善好施的人，你就会知道自己该做些什么。例如，你是否曾主动帮助过一个忙碌的家长照顾孩子？你是否曾看望过一个需要帮助的朋友？你捐过钱吗？你当过志愿者吗？即使在最艰难的时刻，你也会对那些需要微笑的人报以微笑吗？毫无疑问，帮助他人有无数种选择。你只需敞开心扉，以崭新的眼光看待一切，你会发现机会就在你身边。

此外，多行善事不需要任何特殊才能，它没有时间、金钱的限制。这类行为不必很伟大，也不必太过复杂。有时人们会竭尽全力寻找一些特殊的事由并为之努力付出，但往往忽略了自己的配偶、孩子、同事、朋友也需要帮助。我的一位朋友给我讲述了她丈夫的故事。他是一位大提琴演奏家，当他听说社区有一个音乐志愿者活动时，便每月都去敬老院慰问老人。尽管繁忙的工作已经让他没有什么时间陪伴自己的妻儿，但他还是每个月抽出好几个小时的时间参加这项活动。他原本是一片好心，想要帮助别人，但他的妻子却很伤心，她说："他有时间为陌生人表演，怎么就没有一点儿时间陪陪自己的女儿？"所以，谨慎选择你要做的善事，因为你的行为可能产生意想不到的后果。

把握时机。多行善事的第一步是选择你要做的事情，确定行善的频率以及做到什么程度。实验表明，这是一个非常重要的决策点。如果好事做得不够，你的幸福感就不会得到提升；但是，如果好事做得太多了，它就会成为一种负担，让你感到力不从心，产生焦躁和疲倦感。我建议大家可以仿照我在第一项干预实验中采取的模式去做，这样可以最大限度地提升你的幸福感：每周选一天做一件较大的好事，或者做 3~5 件较小的好事。这些好事不管大小，都应该是你从未做过的、新颖的好事。要想获得幸福，你所做的好事一定是你在日常生活中不会做的事情。记住，要想提升幸福感，你一定要选择去做一些从未做过的好事。

变化增添乐趣。善行研究带给我们的第二个启示，就是要不断变化所行善事的种类。变化是生活的调味剂，能够增添生活乐趣。例如，帮助他人缴纳停车费或者帮家人多做几件家务，这在一开始会让你心情愉快，但是当这些行为成为你的新习惯后，它们就不会再像以前一样带给你同样的幸福感了（当然这并不意味着你没有必要再做好事，只是你必须再做一些其他的好事）。和他人经常保持沟通的善行（例如，辅导一个中学生做功课、拜访一个生病的邻居、筹集善款等），不仅不会让你出现同等程度的适应，还会继续给你及他人带来多种好处，例如提升幸福感、增强自尊、拓展资源、提高技能等。

经常变着花样做好事需要付出很多努力，同时也需要很大的创造力。这里有一些建议，希望对你有帮助。第一，如果你没有多少钱或者其他资源，那么请善用你的时间。你可以帮别人修理东西、给花园除草、带孩子去操场玩，或者帮人核对税单。第二，给他人准备各种惊喜，比如亲手做一顿美味家常菜、计划一次短途旅行、送给他人一件礼物、写一封信，或者打一个电话等。第三，每周多做一些平时不太擅长的好事。对我来说，这样的好事就是在接听销售人员的电话时，礼貌地对待他们。你可以对一个陌生人或者便利店的收银员微笑，对他们说声"你好"或者"谢谢"，也可以认真倾听（伴有眼神交流）朋友的倾诉。第四，具有同情心，即对他人的境遇表示同情，设身处地为他人着想。这听起来像是老生常谈，但真正做到换位思考、站在他人的立场看待问题并不容易。想象一下，如果你遇到下面的事情，会有什么感觉呢？例如，你付不起账单、被解雇了、照顾一个残疾的孩子，或者身体虚弱到连一个灯泡都换不了。主动对处于困境的人伸出援手，不仅能够让你珍惜现有的一切，也会让你更具同情心。第五，一周至少做一件不为人知、不求回报的好事。不要无所事事、什么也不做，也不要总想着别人为什么不如你有爱心。这个方法会让你明白，你并不是为了获得他人的认可和赞赏才做好事的，因为多行善事的确能让我们的生活变得更有价值、更有意义。

善行的连锁效应。有一次，我在超市的收银机旁边，无意中听到前面一个 20 多岁的小伙子尴尬地告诉收银员，他的钱不够了，还差一美元。当时我立刻把钱给了他。他一开始有些惊讶，随后便一个劲儿地对我表示感谢。这个经历让我感到非常振奋和幸福。一美元微不足道，重要的是那个小伙子对我表达的真诚谢意。就在我走出超市的时候，我看到他在帮助一位坐轮椅的妇女提东西。

记住，与人为善通常会产生连锁效应，因为爱是会传递的。被帮助的人可能会因此心情愉快并得到安慰，同时，你的善行也会激励对方去帮助其他人，把爱传递下去。换句话说，一个善意的举动可以带动一系列善举。行善带来的另一个积极的社会效应是，仅是看见或者听见好人好事就会让人们感到振奋，充满温暖、感动和敬畏，并且带动更多的人去做善事。例如，"9·11"恐怖袭击事件发生后，很多人在电视上看到纽约市的消防员及救援人员的英勇表现后，都纷纷去献血，献血人数比平时多了 2~5 倍。

最后的忠告。 以上给出的这些建议是为了帮助你在行善的过程中最大限度地提升你的幸福感。有时为了多做善事，可能会让你无法做其他事情，或者不得不停止正在做的事情。我要强调的是，大多数人的行善之举并不是为了自身的利益，而是为了其他人，都是出于他们所坚守的道德责任。那么，你又该如何做呢？偶尔行善可能牺牲你的私人时间，但我觉得，如果你做的事情新颖并且有助于提升你的幸福感，那么你就应该果断地伸出援助之手。

行善也可能有害处

人人都知道行善可以带来幸福，但这种行为也是有一些重要的限制条件的。首先，某些助人为乐的行为实际上并不利于身心健康。研究人员认为，最严重的情况就是全天候照顾一个长期患病或者瘫痪的亲友。很多研究显示，如果夫妻一方患有老年痴呆症，那么长期照顾配偶的一方，其抑郁水平将比普通人高三倍。如果配偶患有脊髓损伤症，那么照料者身心承受的压力会很大，他不仅容易感到劳累、精神不济、易怒、易抱怨，而且这些照料者比所照顾的病人的抑郁程度还严重。照顾病患是一项耗时长又很艰苦的工作，陪着病人一起等待死亡的来临，这对照顾者来讲是非常痛苦的。当然，这并不意味着我们应该放弃照料他人，但你在行善时也一定要考虑各种不利因素，这样才能够充分做好准备，尽自己所能找出最佳方法。实际上，当一种行善的行为成了你的负担，阻碍你实现自己的目标，干扰你日常生活的正常运行，给你带来巨大的痛苦时，那么即使做了这样的好事，也不会让你获得幸福。

还需要告诉大家的一点是，行善一定是一种主动的、自发的行为，而不应该是被迫的，这样才能最大限度地提升幸福感。如果你被迫帮助他人，即使你仍会认为自己是一个乐于助人的人、仍会获得对方的感激，你的心中也可能充满怨恨，有一种被利用的感觉，这样做反而得不偿失。

最后，并不是所有人都会欢迎你的善举。有时帮助他人会让对方处于一种尴尬的境地，让他意识到自己属于弱势群体，从而产生自卑感，还觉得欠了你的人情。其结果就是，你不仅不会得到接受者的感激，反而可能招来憎恨和敌意。但如果你的态度和方法正确，也许可以消除或者弱化这些潜在的消极情绪。因此，当你做好事时，不要表现得理直气壮，也不要自认为高人一等；不要夸大自己的能力及拥有的资源，也不要看低你要帮助的人。

善行和财富

正如我在第二章介绍的，大量证据显示，金钱并不能让人幸福，或者说，金钱并不像人们认为的那样能够带来很多幸福。如果我告诉你，成为一个慷慨大方、富有同情心而且乐善好施的人，就会让你获得更多的幸福，你相信吗？我不会武断地得出这个结论，因为还没有相关研究对行善和财富之间进行直接比较，但是有很多事实可以说明这一点。在我看来，最具说服力的例子就是比尔·盖茨。2008 年，他宣布辞去微软总裁的职务，然后把更多的精力投入慈善事业。根据《福布斯》榜单，他是世界上最富有的人，但是他花了大量的时间和精力做慈善，并且捐出了自己的大部分财产。自 2000 年开始，比尔和梅琳达·盖茨基金会已经捐赠了 60 亿美元用以改善发展中国家人民的健康状况，将其中的数亿美元用于儿童接种疫苗以及相关的医学研究，有 25 亿美元被用来发展贫困地区的教育。他为什么这么做？"慈善事业让我快乐，但同时也意味着巨大的责任。"比尔·盖茨对此这样解释道，"当然，我在微软的工作同样充满了快乐，也需要承担巨大的责任。为人父母也是如此，生命中很多重要的事情都是一样，不然我们每天早晨起床是为了什么？"

另一个经典的例子是关于雪莉·兰辛的，她曾是好莱坞派拉蒙影业公司总裁，但她后来放弃了权力、名誉和财富，全身心投入慈善事业。她的同事和朋友对此都非常震惊，但只有她自己懂得什么才会带给她真正持久的幸福。目前，兰辛正在为建立一个非营利性的基金组织而努力，以资助癌症研究并发展教育；同时，她还大力倡导干细胞研究，积极为人权事业筹集资金。不难想象，在兰辛看来，这些事情比 7 位数的薪酬更能给她带来幸福和满足感。

幸福行动 5：维护人际关系

在本书介绍的内容中，一个重要的原则就是，要想获得更多的幸福，我们就必须向幸福的人学习，并模仿他们的生活习惯。幸福的人非常擅长维系与他人之间的亲情、友情及爱情。一个人越幸福，他的朋友就越多，两性关系也会更加浪漫，社交圈也会更广。一个人越幸福，他就越容易找到人生至爱，越容易维持幸福持久的婚姻。一个人越幸福，就越容易对家庭生活和社会活动感到满意，感情生活也会更加稳定，并且更容易从朋友、上级或者同事那里得到支持和帮助。

社交关系和幸福之间的因果关系显然是相辅相成的。拥有浪漫的伴侣及真诚的朋友会让人感到幸福；同时，幸福的人也更容易找到浪漫的爱人，并交到志趣相投的朋友——通过大量的研究，我和同事得出了这个令人振奋的结论。这说明，如果你从今天开始改善并培养与他人之间的关系，那么你将收获积极美好的情感。此外，幸福感的提升也有助于你与更多的人建立高质量的人际关系，从而让你更加幸福。如此便能形成良性循环，让你体验到心理学家所谓的积极情绪的"螺旋式上升"。

人际关系的奇妙之处

为什么社会交往对于提升幸福感这么重要？这是因为良好的人际关系能够满足一个人的多重需求。

来自达尔文的经验教训。一篇名为"归属需求"的文章一直被社会心理学家奉为经典，现在我明白了其中的原因。作者列举了一个非常有说服力的案例，以证明人类内心存在一个强大的内驱力，激励我们努力寻找并维系强大、稳固、积极的人际关系。不管是哪种关系的终结——恋人也好，友谊也好，人们都会强烈抵抗。缺乏归属感会给我们的身心健康带来各种不良后果。这没有什么值得惊讶的，因为绝大多数科学家都认为，渴望形成并维系社会联系是人类进化的结果。没有这种渴望，人类就无法生存，也无法繁衍生息。人类形成社会群体，一起打猎，分享食物，共同抵御敌人；成年男女结合后生下孩子，保护他们的孩子免受野兽或者大自然灾害的伤害，抚养他们长大成人。"没有人是一座孤岛"，英国 17 世纪玄学诗人约翰·多恩如是说，因为人人都有"归属感的需要"。

社会支持。社会联系最重要的一个功能，就是当一个人感觉有压力、陷入困境或者痛苦时，他人可以提供社会支持。我得到的第一手资料表明，解决这个问题最好的应对机制就是向亲友倾诉或者与他们讨论这个问题。社会支持可以是实实在在的帮助（开车送患者去医院），也可以是情感支持或信息支持（倾听、安慰他人，或提供不同的相关建议等）。实际上，拥有强大社会支持的人相对更健康、更长寿。有一项针对三个长寿社区的居民进行的研究非常有趣，包括意大利的撒丁岛人、日本冲绳岛居民以及加利福尼亚州罗马林达基督复临派的教友。这项研究显示，这些社区中的长寿者都有 5 个共同之处，其中位于前两位的分别是"以家庭为重"和"积极参与社交活动"。

你所需要的就是爱。我 4 岁的儿子每天睡觉前都让我教他一个新单词。一天晚上，我告诉他："你今晚要学的单词是'爱'。"他立刻说："我知道爱！我爱你，妈妈。"我问他："但是，你爱我是什么意思呢？"他是这样回答我的："我爱你就是我非常想亲吻你，我想永远和你在一起。"也许10年后他可能会为说过这样的话感到可笑，但我认为这个关于爱的定义非常完美。每个人在一生中都无时无刻不处于和他人的联系中。正是在人际交往中，大多数人第一次体验到了"爱"这种情感，它能够最大限度地激发幸福感，也能够让我们发现生活的意义和目标。爱是让人感到幸福的主要因素之一。

减少享乐适应的作用。正如幸福饼图所描绘的，我们的生活环境（健康、财富、年龄、职位、种族、住所、生活事件等）只会对我们的幸福感产生很小的影响，这是因为无论生活环境发生什么变化，我们都能很快适应。例如，如果得到了期望的薪金或者日常消费品（例如，一些有趣的小东西、电脑、汽车、住宅等），那么我们的欲望也会随之增长，这就会让我们陷入享乐适应症的状态。有一项耗时36年的研究，调查一个四口之家需要多少收入才能维持生存。结果发现，收入越高，这个四口之家维持生存所需要的钱就越多。显然，"维持生存"所需的花费几乎是随着收入的提高而增加的，这表明你拥有的越多，你认为自己"需要"的物质也就越多。

那么我们的友谊、家庭关系以及其他亲密关系又会如何呢？如果我们能够很快适应物质享受，那么就意味着我们也会迅速、轻易地适应这些关系吗？答案是否定的。有一位经济学家指出，那些渴望幸福的婚姻、希望结婚生子甚至望子成龙的人在他们成功地拥有了这一切之后，他们的欲望并不会改变。换句话说，人际关系蕴含了一些特殊的、独一无二的内容，我们需要不断地维系与他人之间的关系，才能够真正享受幸福。

改善人际关系的方法

全世界有 90% 的人会结婚，因此我的建议大多是关于如何巩固婚姻的。但是，以下建议同样适合人们巩固其他类型的亲密关系，例如，与好友以及家人之间的关系。

华盛顿大学的心理学博士约翰·戈特曼专门研究婚姻关系，他利用心理学的方法对数百对已婚夫妇进行了详细分析。他著有《幸福婚姻七法则》一书，我向很多朋友推荐过这本书——不管是婚姻幸福的夫妇，还是希望获得幸福婚姻的单身人士。即使你的婚姻幸福美满，也总会有需要改善的地方，而这本书能够让你从中获得很多启示。在研究中，戈特曼为那些已婚夫妇录像，系统地观察他们的相处模式以及他们的对话方式。通过观察，他又对这些夫妻的婚姻存续状况进行了预测——哪些人会离婚，哪些人不会。随后的追踪调查结果显示，他的预测与实际情况的吻合率高达 91%。我必须说，这种预测的精准度在心理学的研究领域是前所未有的。

投入时间。那么，成功的婚姻有什么秘诀吗？当然有。第一个秘诀就是配偶之间应该经常交流。婚姻幸福的夫妻每周至少会花 5 个小时进行交流。因此，每周多拿出一些时间给你的爱人（也许一开始只有一个小时），然后逐渐增加两人相处的时间。你也可以每天花 5 分钟的时间就对方的某个特定行为表达你的欣赏或者感激（哪怕只是简单地说一句"谢谢你付了这个月的账单"）。另外，在早上离家前，留心对方当天会做的一件事情。当你们晚上回到家时，在一个轻松的环境中聊天，在聊天过程中要注意用心倾听。我的家庭是一个双职工家庭，我和丈夫都要上班，而且还有两个孩子要照顾，我深知"经常交流"说起来容易做起来难。所以，充分发挥你的创意吧。你可以提前 15 分钟回家，孩子到家后允许其看 15 分钟的电视或者玩 15 分钟的电子游戏（从一个专业人士的角度来看，其好处远远超过了电视或游戏所带来的不利影响）。如果没有孩子，那么你可以每天找一个固定的时间和爱人待在一起，一起散散步或坐在沙发上小酌。不管做什么，这都对婚姻有好处。这些事情什么时候都可以做，不一定非要从你迈进家门的那一刻开始。我的丈夫曾是一个非常刻板的人，他回家后总是先要处理好自己的事情，比如四处转转或者翻翻报纸，然后才能想起来问我一句"今天过得怎样"。后来，孩子们的出生改变了他的这个习惯，孩子们的需求成了他到家后最紧迫的事。

为爱人留出共处的时间有很多种方法。首先，每周腾出几个小时与对方共处，然后把这个时间固定下来。在这段时间里，你们可以说说话或者默默地一起做某件事，享受彼此的陪伴。理想的状况是，两个人共同做一件事，比如一起开车兜风、一起做顿饭、一起看场电影等。

其次，你可以在家里开辟一个空间，远离各种媒体的干扰，只用来进行两人之间的交流。如果你们的共同爱好是听音乐或看电视，那就坚持下去。你们可以一起欢笑，互相讨论，分享快乐。但是对大多数人来讲，看电视和上网这样的行为会剥夺夫妻二人共处的时间，破坏彼此的亲密感，这一现象值得注意。很多夫妻强调，忙碌的生活让他们根本没有时间共处，但是如果问问他们一周都有多少时间花在了电视上，答案一定会让你感到吃惊。

是否应该从工作或家务中抽出一些时间用以维系夫妻感情？答案

是肯定的。大量资料显示，孤独的人或婚姻不幸的人更容易受各种负面情绪影响（例如，抑郁、焦虑），甚至会损害身体健康。因此，如果你与伴侣的关系紧张，彼此充满了敌意，缺乏幸福感，那么这将影响你的工作状态及孩子的健康成长。

表达你的赞赏、感激和情感。研究者在对婚姻进行了长达 20 年的研究后，得出了很多重要的结论，其中一个就是，在幸福的婚姻中，夫妻之间出现积极情绪和消极情绪的比例是 5：1。这意味着每一个消极的观点和行为（如批评、抱怨、指责等），都至少伴有 5 个积极的观点和行为。因此，为了婚姻的幸福，你可以每周制定一个目标，努力提高积极情绪的比例。第一，你应该经常向对方表达你的情感。你可以用语言表达，也可以身体力行（这个就无须解释了），或者通过其他一些行为来表达。一位婚姻专家曾说："在做家务时，一个自然的亲吻会带来意想不到的效果。"

第二，直接表达你的赞赏和感谢。关于这一点，大多数人通常都做得不够。之前介绍的一项研究表明，人们适应婚姻生活带来的美好平均只需要两年时间，两年之后他们便进入适应期，于是我们开始把对方的一切以及彼此之间的关系都当作理所当然的事情。真心赞美爱人不仅会让对方感到幸福，而且会让对方更有动力去奋斗，从而获得更大的成功。实际上，在大多数幸福的婚姻中，夫妻双方都能够激发出对方最好的一面，这种现象被称为"米开朗琪罗效应"。我们知道米开朗琪罗借助工具把一块大理石雕刻成自己理想伴侣的形状，夫妻之间也是一样，应彼此给予支持，帮助对方实现理想。

第三，为了增加对爱人的尊重与重视，你可以每周有计划地做一些事情。下面介绍一个为期 4 周的计划。第一周，列出一个清单，记录下你的爱人最初吸引你或者现在依然值得你欣赏的优点，对于每一个优点至少想出一个具体的事例进行说明。例如，有一对夫妻，妻子是一个聪明、性情温和的女人，她曾经是一个模特；她的丈夫性格外向、风趣幽默。他们告诉我，他们婚姻幸福的秘密就是都认为对方是最好的伴侣、是自己的理想爱人。如果你也有同样的想法，又会怎么样呢？第二周，记录下婚姻中一段幸福的时光。例如，你们第一次见面的经历；你的伴侣曾给予你的大力支持；你们一起共患难的日子。第三周，你可以想想对方曾做过的让你生气或者失望的事情，然后试着从善意的角度对其行为给出几个解释（虽然这很难），也就是说，为对方的行为寻找外在的理由，证明并非是其有意为之的。第四周，写下你和爱人之间共同的目标、价值观或者信仰。

随喜。当你的朋友、家人、伴侣获得成功或收获意外惊喜时，应该为他们感到高兴。社会心理学家已经证明，衡量人际关系好坏的标准不是看自己在对方失望或者不幸时如何反应，而是要看当对方遇到好事时，我们会如何反应。回忆一下你上次经历的真正意义上的好事，也许是你升职了，也许是参加了一次特别之旅，或者得到了一张花钱都买不到的演出门票。当你向自己的爱人透露这个好消息时，对方是什么反应？对方会为你激动、为你由衷地感到高兴吗？还是觉得无所谓，甚至嘲讽你的好运？当爱人和你分享其好事时，你又是如何反应的呢？个人的成就或者幸运可能会给亲近的人造成威胁，也可能会激起对方的嫉妒（"我想了一辈子都没去成，他怎么就能去欧洲"）、愤恨（"她只关心老板是怎么想的，根本不在乎我的想法"），或者焦虑（"这是否意味着我们又要搬家了"）。因此，得到爱人的认可，看到其真心为你感到高兴，这意味着对方尊重你的梦想、看重你们之间的关系。所以，当你遇到好事时，你的好友或者爱人真的为你感到高兴、支持你、理解你，那就说明你们之间的关系非常亲密。

从今天开始，下定决心，每当好友或爱人有好事发生的时候，都要积极并有建设性地予以回应，投入关注和热情。研究显示，如果坚持每天这样做，那么仅仅在一周之内，你就会变得更加幸福，心情也会更好。如果你的爱人非常兴奋地告诉你某件事情，一定要给予关注，多问一些问题，和他一起回顾这件事，并且让他知道你为他感到高兴。如果可以，庆祝一下，或者转告其他人这个好消息。研究人员发现，在听到他人的好消息时，那些"默默给予支持"的人其实和那些对此漠不关心的人一样，他们很难和他人融洽相处，也很难与他人建立相互信任的关系。

应对冲突。通过对数百对夫妻的观察发现，不幸福的夫妻在处理冲突时都有其特殊的模式：一遇到分歧就立刻动怒（比如开始指责或挖苦对方），然后批评（全盘否定对方）、鄙视（通过冷笑、瞪眼、骂人或者侮辱等方式表达厌恶），或者进行冷战（采取无视、分开甚至离开房间的方式）。当然，幸福的夫妻也会吵架，但他们处理的方法则完全不同。

如果在你的婚姻中经常出现上述冲突行为，那么解决这个问题可真是一个艰巨的任务。但是我相信，大多数人本能地知道应该如何避开这些情况。比如，正在吵架，当爱人发出信号想要和好时；当对方只是在抱怨（"怎么没打电话"），而不是批评（"你从来记不住任何事")时；当对方做出微小的举动（如眼神交流、身体碰触），想要保持交流时。这时，只要给彼此一个机会停止争吵，事情就会好转（而不是变得更糟）。幸福的夫妻在处理矛盾时都有一个强大但操作简单的秘诀，那就是在吵架中发出一些小信号以缓解紧张的关系，减少负面情绪，缓和怒气。其中最常见的一个行为就是友好的（而不是充满敌意的）幽默（像一个两岁的小孩一样做鬼脸），另一个方法就是表达你的情感或者直接说一句"我明白你的意思了"。你以前一定听过这样的话——最幸福的夫妻通常也是最好的朋友。

但是，我在这里不得不提个醒：有时，不管你做什么，你们的关系都不会得到改善，这时你就需要做出一些决定了，虽然这很艰难。如果你们的关系已经伤害了你的自尊、侮辱了你的人格、让你受到虐待，那么你必须寻求专家的帮助；如果还是无法改善，你就应该考虑和对方分手了。

分享内心的体验。即使你和爱人在以上几个方面都做得非常好，这也不意味着你们的婚姻就会幸福美满。实际上，幸福的夫妻能够在更深的层次上产生共鸣，包括拥有共同的生活习惯、梦想和目标，这些才是创造良好关系的基础。正是这些因素将你们紧密地联系起来，创造了一个只属于你们的内心世界，让你们一起成长，共同探索人生的方向，迎接各种挑战，并承担家庭责任。

每周至少为你的爱人做一件事，或者帮助对方实现一个梦想。这表明即使你们拥有不同的目标，也会尊重彼此的选择和梦想。

若没有浪漫爱情，会不会幸福

科学研究表明，人际关系对于幸福十分重要。但我认为，这种关系不一定非得是浪漫的爱情关系。虽然几乎每一项研究都表明，已婚人士比离异、分居、丧偶或者单身的人幸福，但这并不意味着只有金婚的夫妻才拥有幸福。深厚、持久的友谊对于幸福同样重要，其他重要的关系也是一样（其中也包括人和宠物之间的关系）。实际上，单身人士（尤其是单身的女性）通常都与他人保持着亲密、积极、持久的关系，尤其是与亲友之间。研究发现，相对已婚人士来说，单身人士和朋友的关系更亲密。心理学家曾提出过这样的说法："性爱关系是唯一真正重要的伙伴关系。"现在很多人对这个假设提出了挑战，因为其他形式的同伴关系也很重要。记住，加强社交投入不仅仅是指加大对爱人的情感投入，也包括用心经营其他各种重要的人际关系，只有这样，你才会获得更多的幸福。

获得友谊的方法

友谊不会自发产生，友谊也需要培养。一位杰出的心理学家建议，真正的朋友有三个就足够了。如何才能交到三个真心的朋友呢？如何能保证你们之间的感情经久不衰、永远真挚呢？下面给大家一些建议，你可以选择其中一种方法，然后立刻开始行动。

投入时间（再强调一次）。你需要经常和朋友聚会，定期联系。例如，每周约朋友去体育馆或读书俱乐部，出去吃饭，一起去度假，或者互发邮件。这样，朋友就会和你越来越亲密。但是在与朋友的交往中，不要什么都由你说了算，不要过分干预朋友的个人生活；当朋友需要独处时，给他们独处的空间。

和朋友交流。表达自己的情感对于某些人来说非常困难，但这对维系友谊来说却是至关重要的，尤其是对女性之间的友谊。这是因为真诚、适度的自我表露会让彼此更交心、更加亲密。同样，朋友也会向你吐露心声。当对方在倾诉时，一定要认真倾听，保持眼神交流，集中注意力，并适时地给予回应。如果对方没有提出要求，就不要随便给出意见，也不要把话题转移到自己身上，只讲自己的事情。要经常对朋友表达你的感情及欣赏。例如，"假期时我非常想你"，"我们在一起时总是非常快乐"，"你怀孕了，真为你开心"，"谢谢你的到来"。人们其实都很高兴听到这样的话语，所谓"好话一句三春暖"。

给予朋友支持，对朋友忠诚。当朋友有需要的时候，你应该主动伸出援手，给予支持；当朋友获得成功时，你应给予肯定，为他们高兴。当朋友遭遇挫折时，你依然要支持他们；还要为朋友保守秘密，不贬低其他朋友，对朋友的关心予以回报。用英国大文豪莎士比亚的话来说："让朋友成为你生命中重要的组成部分。"

最后，拥抱朋友。很多杂志和网站都鼓励人们经常和他人拥抱，拥抱被看作提升幸福感、保持身体健康、促进与他人交流的有效方法。这个结论也得到了很多科学研究的证实。在一项独特的研究中，宾夕法尼亚州立大学的学生被分成了两组。第一组学生要在连续 4 周的时间里，每天至少拥抱他人 5 次或者接受他人的 5 次拥抱，然后记录下细节。实验要求拥抱必须是面对面的，用双臂拥抱对方，但是拥抱的时间、所用的力量，以及双手的位置则由他们自己决定。另外，这些人不能只拥抱自己的恋人，他们必须和不同的人拥抱。第二组学生作为控制组，他们只是要在这 4 周内记录自己每天的阅读情况。

研究显示，第一组学生（在整个研究中每个人平均拥抱了 49 次）变得更加幸福了，而控制组学生（只是记录自己每天阅读情况的学生，他们用于读书的时间并不少，平均每天 1.6 个小时）的幸福感没有发生任何改变。由此可见，拥抱是一种加强亲密关系的有效方法。研究的设计者告诉我，一些学生（尤其是男孩）一开始拥抱他人的时候很不自在，但后来却体验到了拥抱的力量（例如，在球场上获胜后拥抱队友）。我相信，你也会发现拥抱可以缓解压力，拉近你和某个人之间的距离，甚至会减轻疼痛。

第六章

应对压力、困境和创伤

就是在患难中也是欢欢喜喜的，因为知道患难生忍耐，

忍耐生老练，老练生盼望；盼望不至于羞耻。

——《圣经·新约·罗马书》5:3~5:5

没有谁能够避免人生中的压力、逆境或者危机。不幸的表现形式有无数种可能性：亲人离世、罹患致命疾病、遭遇车祸、上当受骗、自然灾害、恐怖袭击、家庭暴力、贫穷、遭受侮辱、离婚、失业等。接近半数的美国人在一生中都会经历一场严重的创伤性事件。人们在遭遇这些严峻的挑战后，往往会变得抑郁，心中充满恐惧且不知所措。他们会发现自己很难集中注意力处理生活琐事，经常寝食难安。一些人在遭遇创伤后，由于长期处于压抑、焦虑的状态，几个月甚至几年内都无法恢复到以前的正常状态。

有人问我："在我能够处理生活中出现的各种难题之前，我怎么可能去思考如何获得更多的幸福？"对这个问题我无法简单地给出答

案。成为一个更加幸福的人意味着你要克服幸福定位点的影响，让幸福水平高于定位点的数值。如果生活中的挫败或者一个长期得不到解决的问题不断困扰着你，消耗了你全部的资源和心力，那么你首先要做的就是解决它们。幸运的是，绝大多数提升幸福的方法都能帮助你应对生活中的逆境，例如表达感恩、培养乐观精神、维护人际关系、享受生活等。而且，积极应对以及学会谅解他人这两种方法可以帮助你直面生活中的严重创伤，处理日常生活中遇到的各种挑战和困难，激发自己的主观能动性，拥有那 40% 的幸福。

不管生命给予了你什么样的伤害、压力或苦难，你的行为和思想都将最终决定你能够获得多少幸福。

幸福行动 6：积极应对

我们相信，幸福的人在生活中学会了忍受苦难，并战胜苦难。

——尤维纳利斯　古罗马诗人

积极应对是指当面对消极事件或环境时，人们采取行动以减轻伤害、缓解压力及痛苦的做法，心理学家也称之为"应对压力需求"。那么，当身处逆境时，你通常会如何应对？

问题焦点因应法与情绪焦点因应法

宠物死了、工作压力巨大、孩子需要动手术、车子撞毁了但没有上保险等，这些情况都会让人倍感压力，甚至会带来心灵上的创伤。

面对这些情况，我们该如何处理呢？心理学通常把应对方法分成两类：一是问题焦点因应法，二是情绪焦点因应法。有些人会倾向于寻找解决办法，努力弄清事情的前因后果，积极解决问题，消除不良后果。当然，我们并非在任何时候都能消除不良后果。例如，亲人逝世就是无法改变的事实，这时你唯一能够做的就是调整自己的心态，控制自己的情绪。如果你为此感到痛不欲生，那么一定要采取相应的措施减轻痛苦。例如，你可以接受心理治疗，也可以多花些时间和家人在一起，或者做一件有意义的事转移自己的注意力。如果做一些有建设性的事情可以解决问题，那么人们就会选择问题焦点因应法；如果痛苦无法被消除，只能默默承受，人们就会选择情绪焦点因应法。

问题焦点因应法。问题焦点因应法从根本上来讲就是解决问题。例如，如果工作让你感觉压力很大，那么你必须找出相应的解决办法，权衡各种方法的利弊，立刻采取行动。例如，你可以和主管进行协商，在职责上做出调整，制定一个可行的工作时间表；当然，你也可以换一份新的工作。不论是在压力事件发生时，还是在事件解决后，运用问题焦点因应法的人通常都不会出现严重的抑郁症状。

下面介绍一些有关问题焦点因应法的具体方式。

- ◎ 集中精力处理和问题有关的事务。
- ◎ 厘清必须做的事情，一步步去完成。
- ◎ 努力想办法解决问题。
- ◎ 制订一个行动计划。
- ◎ 集中精力解决这个问题，先把其他事情放到一边。
- ◎ 虚心向他人请教如何解决问题。

○ 向那些能够提供具体帮助的人求助。

简单来讲，这就是问题焦点因应法的几种方式。

情绪焦点因应法。上面的方法听起来都不错，但如果你所面对的是无法控制的事情，或者你遭受的打击过大，让你悲痛欲绝，根本没有能力采取任何行动，那么情绪焦点因应法就非常合适了。

有关情绪焦点因应法的方式有很多，包括行为策略和认知策略（涉及不同的思考方法）。行为策略包括转移注意力、进行体育锻炼、向亲近的人倾诉、寻求情感支持等。从根本上来讲，就是做一些令自己放松、愉悦的事情，这样才有力量采取行动应对各种困难。认知策略则指以乐观的心态重新看待人生的不幸（努力从困境中吸取教训，寻找积极的一面），学会接受现实（正视已经发生的事情），或者在宗教信仰中寻求支持和安慰。

交替使用两种应对方法。显然，这两种应对方法都非常有价值，不同的人在不同的情况下也会采取不同的方法。实际上，研究人员一直建议人们交替使用这两种应对方式。在一项研究中，一些参与者在丧偶后极度痛苦，他们参加了 7 次咨询辅导，学习如何应对痛苦。报告显示，参与者在学习后，其痛苦都有所缓解，但情绪焦点因应法对于失去妻子的男性更有效，而丧夫的女性则从问题焦点因应法中受益更多。这意味着男性更多地通过调节情绪来减轻伤痛；而女性则相反，她们大多通过解决问题来减轻自己的痛苦。

还有研究表明，当你处理一个长期存在的问题时，这两种方法缺一不可。例如，一组长期患有不孕症的女性参加了为期 6 周的培训，学习如何利用这两种应对方法。通过学习情绪焦点因应法，这些女性不再那么焦虑了（追踪调查表明这些女性在研究结束后依然保持了较好的心情），而问题焦点因应法则帮助她们解决了实际问题（绝大多数女性在学习了这个方法后都成功怀孕）。

在创伤中成长

想象一下，你是 4 个孩子的母亲，你的丈夫患了卢伽雷氏病（肌萎缩侧索硬化），你不得不看着病魔一点点吞噬他的生命。渐渐地，他无法再和孩子们一起玩耍，生活也不能自理，甚至不能说话、无法微笑。你该怎么办呢？林恩就面临过这样令人绝望的情形。当时，她感觉"有一辆列车正在向她驶来"。

但是，林恩非常珍惜和丈夫在一起的最后时光，她这样说道：

> 我不是一个盲目乐观的人，但是我和这个男人一起度过了 20 年的美好时光。有人可能从未体会过我所拥有的幸福。丈夫去世后，我花了 6 个月的时间才认识到那种感情永远不会消逝——它好似一条大峡谷，峡谷里有一个巨大的洞，它让我犹如置身地狱般痛苦，但峡谷中的景色也美好得令人难忘。

我的一个同事也经历过这样的情况——他最亲密的朋友兼合伙人因癌症去世了。他们曾有过长达 27 年的合作关系。"我认为自己是幸运的，"他在一场悼念他朋友的活动中说道，"我曾和他有过一段愉快的合作关系，我希望在座的各位都能如我这般幸运。"

所以，你要学会在创伤中成长，在痛苦中发现人生的意义，在黑暗中找到那一线曙光。你要学会换一个角度看待生活，感悟更具价值的人生，获得身心的成长。在遭受重大创伤的过程中寻找生命的意义和价值，乍一看非常艰难，但心理学家已经通过大量研究看到苦难带给人们的好处。研究结果显示，有70%~80%的人在痛失亲人后都对人生有了更深的感悟。

曾有一项研究是针对女性乳腺癌患者展开的。研究证明，在确认患有乳腺癌之后，这些女性的生活发生了巨大改变，大多数人的生活都朝着积极的方向转变了。这些女性参与者都认为患有此病给她们敲响了警钟，让她们开始重新思考生活，也认识到生命中什么对她们来讲是最重要的（一个最普遍的认知就是家庭比工作更重要），而且她们准备投入更多的时间和精力经营那些重要的人际关系。

有意思的是，大部分女性患者对疾病都持有一种盲目乐观的态度。例如，她们认为自己可以控制病情的发展（通过进食营养品或者加强锻炼来阻止癌症的复发），但医学证据清楚地表明，这种心态并没有阻止病情恶化。当一些人坚信自己已经痊愈时，事实是她们的病症已经发展到了晚期。在接受采访的72名女性乳腺癌患者中，有70名患者认为自己和一般人相比，她们能够更好地应对病情（当然，从统计数据来看这不可能）。那么，这样的心态有用吗？实验证据表明，拥有乐观心态的女性，不管是肿瘤专家、心理学专家还是患者本人，都认为她们的心理十分健康、适应性很强。此外，即使癌症复发，乐观的她们也不会因此而沮丧。这种在苦难中表现出来的强大的心理能力也会在其他疾病的患者身上体现出来，很多重症患者都在积极地和病魔进行斗争。

总之，从消极的生活事件中寻求收获，在失去亲人的痛苦和创伤中寻找人生价值，这是一个非常有效的应对方法。很多人都承认，在经历了痛苦和创伤后，他们的人际关系有了很大改善；和创伤前相比，他们的生活也变得更有意义、更有价值了，他们对生活的理解也更深刻了。在旧金山湾区，研究者对照顾临终老人的受试者进行了调查，那些近期痛失亲人的受试者说，"在亲人去世前，我得到了大家无私的支持和真挚的帮助"，"我也看到了人性的闪光之处"。还有一些长期照顾患者的人，在亲友去世后，他们收获的是内心的坦然和平静。

很多人都认为自己在经历重大创伤后也得到了巨大的成长，并且挖掘出自己性格中成熟坚强的一面，这是他们之前没想到的。还有人认为苦难能够让他们"勇敢并充分地表达自己的情感，坚持自己的权利"。在经历了长期的痛苦后，人们普遍会以一个崭新的、更加积极的视角看待世界，重新体会到生命的可贵，认识到应当充分珍惜当下的生活。例如，一个受试者在失去亲人后说："我懂得了拥有健康的身体、充实的生活才是真正的幸福。我感激自己拥有的一切，我看到了人性中善良、美好的一面。"一个在飞机失事中幸存下来的女性这样描述她的经历："当飞机落地时，我感到天空更蓝了，我竟然注意到了人行道上美丽的花纹，一切都像在电影中一样。"

从消极的事件中吸取教训、寻找收获，不仅有助于你保持身心健康，也有助于提升幸福感，这一点强有力地证明了精神对身体的巨大影响。在一项研究中，一群患有心脏病的男士接受了调查，他们的年龄介于 30 岁到 60 岁之间。在确诊疾病的 7 周后，能够从病痛中寻求收获的人（例如，相信疾病能让自己获得成长、心智变得更加成熟，并且开始重视家庭，重新规划生活，不再将全部精力放在工作上），其疾病复发的可能性变小了，而且这些人在 8 年后也更有可能保持健康状态。

创伤后的转变

我们都很熟悉这句话："不能摧毁我的，必将让我更强大。"这是德国哲学家尼采的名言。痛苦、失去、经历创伤，实际上都能让我们变得更坚强，也能让我们认识到，我们比自己所认为的更加坚强、更加明智。一个女性的父亲在 83 岁时因癌症去世，在这之前一直是她在照顾父亲，她这样描述了自己的经历：

> 有时，我只有竭尽全力、调动所有资源，才能克服困难，这让我发现了自己具有果断的行动力。我是一个厌恶冲突的人，但我必须站出来，要求疗养院的人员按规定细心地照顾我的父亲，这是我必须做的事情。照顾父亲让我感到自己的行动力提高了，内心也变得更坚强，而且懂得了感恩……我成熟了。

一些心理学家认为在创伤中寻找收获、发现人生价值，代表了一个人真正的成长。有时，至亲的离世会让你进入一个崭新的生活角色。例如，一个刚刚失去丈夫的女性曾经凡事都依赖自己的丈夫。丈夫去世后，为了生活，她不得不学习很多新的生活技能。她惊讶地发现，原来自己也可以处理好很多事情，完成很多她以前认为自己不可能完成的事情（比如，卖掉二手车，和儿子玩传球游戏，或者单独参加聚会等）。这些事情能够让她重塑自我，真正成熟起来。

当人生中的灾难或创伤过于严重时，就会彻底改变一个人，迫使他重新审视自己的优势、重新发掘人生的意义、重新定位自己。这样的经历会让他们变得更加成熟、更加坚强，遇事也更加从容。研究人员研究了人们对于各种灾难的反应，比如身患绝症、自然灾害、离婚、成为战争俘虏、遭受性侵犯、诞下体重过轻的早产儿等。报告称，有过上述经历的人通常会发生如下转变。

◎ 觉得自己的忍耐力和优势都加强了。

◎ 人际关系得到了改善。灾难能让人看清谁是真正可以依赖的朋友，而谁没有经受住考验。

◎ 能够更自然地和他人做出亲密行为，更容易对他人遭受的困难给予同情。

◎ 对人生的认识变得更加深刻，更注重生活的意义和价值，也更容易满足。

人们只有在面对死亡时才能体会到最后一点。在生死攸关的时刻，我们通常会考虑：生活的意义是什么？我们为什么会经受这样的灾难？还有什么理由继续活下去吗？当然，我们很难得到既简单又令人满意的答案，但是研究显示，此类思考往往会让人对生命拥有更深刻的认识。

对于那些处于困境和危机中的人来讲，创伤后成长的研究结果解决了他们的迫切需求。灾难过后，人们不仅能够幸存下来，还能够逐渐恢复，甚至获得成长，变得更加成熟。在研究中，我见过的曲线图有几百个，其中一个曲线图给我留下了深刻印象。下图就是这个曲线图，它表明一个人在面对重大挑战时会选择的三条潜在路线：幸存曲线，恢复曲线，成长曲线。幸存曲线是指一个人在遭受重创后只是幸存下来，他可能再也无法感受到幸福，对生活、工作乃至休闲娱乐都失去了兴趣。恢复曲线指一个人在遭受重创之后，也许会暂时降低工作效率或者一度不愿与他人交往，无法和周围的人和谐相处，但是他最终会恢复正常，回到最初的状态。成长曲线指一个人在遭受重创后，不仅恢复了正常，而且各个方面都得到了加强，完成了一次个人的自我成长与转变的过程。

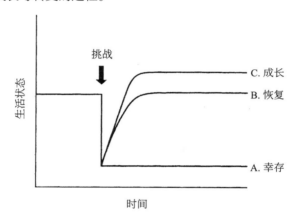

想想看，你是如何迎接挑战的？心理学家给出了许多真实案例，其中一个是关于一位患有癌症的女教授的故事。患病后，她接受了各种治疗，包括手术、放射疗法、骨髓移植、化疗，但她仍然充满活力地生活、教学、做实验、出席会议、出差，甚至去滑雪、潜水。为她治疗的肿瘤专家非常困惑——她的癌细胞既没有扩散，也没有减少。专家认为"癌症的症状不应该是这样的，不应该这么长时间都没有变化"。她大笑着回答说："我正在和它赛跑，不过它追不上我了。"当然，她也承认自己经历过痛苦、恐惧和不安，但是她的生活变得更有意义了，而且她的病友也有类似的看法。患病后，她的自信心增强了，性格更加随和，也更幸福了，她说，乐观的心态让她度过了人生最困难的时期，并且获得了成长。现在她相信，人生中的每一件事不管是积极的还是消极的，都是一次自我救赎的机会，都能帮助她成长。

但是，一个人要想在重大灾难后获得成长，会遇到巨大的阻碍，需要付出艰苦的努力，只有通过各种极具创意的方法才能实现。例如，一个女性在二战集中营中幸免于难，当她谈及自己是如何活下来的时，她说为了能够活命，她对自己的记忆进行了"类似精神分裂式的分割……将集中营的那部分记忆和后来的正常生活分隔开来"。当人们面对各种各样的灾难时，这种区分的确是一种非常有效的解决方法。

我希望这些真实的故事能够鼓舞大家。在应对创伤时，你定的目标越高，得到的也就越多。苦难过后能够恢复到正常状态已经非常棒了，但若能获得成长、让自己变得更加强大，那就更好了。但是，创伤后的成长并不意味着一路都是快乐的、没有烦恼的；实际上，大多数幸存者都认为自己在获得成长的同时，也经历了无数痛苦。不经历风雨怎能见彩虹，要想获得更加幸福的生活，就要在前进的途中克服各种艰难险阻。痛苦和创伤本身没有任何好处，但是我们在积极应对、与之斗争的过程中却可以收获更多有价值的东西。

社会支持

研究发现，当一只母狒狒因意外失去它的孩子时，它会向同伴寻求安慰和支持。丧亲之痛会导致一种名为"糖皮质激素"的压力激素水平的升高，但良好的社会交往可以降低这种激素的分泌。通过对狒狒以及人类的研究，科学家已经证实这一现象。

人类在面临压力、灾难或者创伤时，也会向他人寻求安慰和帮助，而寻求社会支持正是现存的最有效的应对方法之一。社会支持不仅能减轻我们的焦虑感，还能让我们保持身体健康，让我们感到更加幸福。在一项研究中，研究人员调查了一些在一年前其配偶因意外去世的人。他们发现，配偶的突然死亡和这些人身体健康的急速下滑有一定关系。但是在不幸发生后，那些能够向亲友倾诉痛苦以获得帮助的人，他们较少会出现健康问题，因为他们找到了宣泄痛苦的渠道。

另一项实验着重研究了一些女性癌症患者，致命的疾病带给她们很大的压力。研究发现，手术后，积极寻求社会支持的女性的免疫细胞的活性更大。显然，这个发现表明社会支持可能促使这些女性的免疫系统更加积极地对抗癌症细胞。此外，那些每周都参加癌症帮助中心活动的女性癌症患者，其平均寿命延长了 18 个月。

总之，社会支持有着令人难以置信的神奇作用，这是因为朋友、配偶等人能让你找到归属感，与你分享悲喜等情感，让你明白当困难来临时你并不是在孤军奋战。和他人谈论自己的创伤经历，不仅能够帮助你从崭新的视角看待、处理问题，还能加深你们彼此之间的关系。当你因为某件事焦虑不安、一筹莫展时，如果能和知心好友聊一聊，你就会感到豁然开朗。在面对压力和创伤时，女性尤其需要他人给予的社会支持，他人的安慰和关心是帮助女性面对灾难、获得成长的关键。从幼年开始，女孩就被鼓励要学会重视自己、定位自我；长大后，那些早期建立的人际关系也会让她们受益无穷。

但是，所有的社会支持都是有益的吗？当然不可能。并不是每一个听你倾诉的对象都会给予你帮助，有些人甚至会落井下石。如果对方心中充满了敌意并贬低你，那么倾诉就会让你感觉更加痛苦、焦虑；此外，若是对方和你一样困扰，那么倾诉只会添乱，这时你应该找一个能够真正提供帮助的朋友。很多研究都表明，社会支持的质量与寻求社会支持同样重要。如果人们在和他人的交往中充斥着各种矛盾和伤害，那么他们的身心健康必然会受到很大影响。

寻找人生的意义

所有人生中的创伤性事件（例如，身患重病、亲人去世、降职、失业，或者遭受身体伤害），都有可能动摇你对生活的期待。你可能会问："为什么是我？"或者问："上帝怎么会允许发生这样的事情？"心理学家认为创伤性事件是对个人所设想的生活的威胁，而在创伤发生后你是否能够从中有所感悟并认识到它的意义则至关重要。在西方文化中，人们往往认为他们的世界是可控的、可以被预测的，坏事永远不会降临到好人身上，他们所得到的一切都是应得的。多数人坚信这个世界是公平的，所有事情的发生都有其因果关系，不是随意的。因此，当一个好人遭遇不幸时，人们对世界公正、仁善的信念就被打破了。而且，创伤事件还会让一个人对自己的自我价值产生怀疑（无辜的暴力受害者可能会把责任归咎于自己），或者对未来失去希望（失去孩子的母亲会悲观地认为自己将来不会再有孩子了）。

因此，应对不幸可能需要你再次思考自己的假设和信仰，在苦难和创伤中寻找人生的意义。这个过程非常艰难，还会伴随心理上的剧痛。那么，一个人如何才能从看起来毫无意义的苦难中寻找到一线光明呢？研究发现，理解苦难的方法有很多种。例如，死亡让人们认识到生命是短暂脆弱的，有的人会把悲剧归结为上帝的旨意，有的人会从已逝者的某些行为中寻找原因。从悲剧中寻找意义的方法还包括接受现实，或者在人生悲剧中寻找积极的一面（例如，亲人的去世也是一种解脱，从此不必再忍受病痛的折磨）。这也会让你对人生拥有更深刻的认识，甚至激发自己多行善事。还有一些人认为苦难和创伤是生活传达给他们的重要信号，迫使他们做出某种改变。

毫无疑问，在创伤性事件中寻找人生意义并获得收获是极其困难的，因为所有的悲剧看起来似乎没有任何益处，都是偶然出现的。但是，那些能够从中寻找到人生意义的人通常都具有很好的应对能力。一项研究跟踪调查了痛失亲人的人。研究显示，在失去亲人一年后，那些在痛苦中有所感悟和收获的人不仅较少出现抑郁的情况，其身体状况也较好。在另一项研究中，研究对象是患有艾滋病的男性，虽然他们的朋友或伴侣已因艾滋病去世，但他们也从中悟出了很多人生意义。研究结果显示，他们的免疫系统功能增强了，寿命也延长了两三年，并且能够以崭新的视角看待自己的生活（例如，多和亲友相处，勇于承担更多的风险），得到了心灵上真正的成长。

积极应对的方法

如果积极应对是你希望采取的幸福行动，那么你可以从下面的三条建议中选择一个。

通过表达性写作寻找人生的价值。大约 20 年前，心理学家詹姆斯·彭内贝克开始了一项研究，旨在确定记录创伤性经历是否会对人们的健康和幸福产生影响。这项研究至今仍被很多研究人员采用，也包括我。在彭内贝克的实验中，实验组的参与者在得到严守其秘密的承诺后，他们需要写下一件此生最悲伤、最痛苦的经历。参与者需要详细记录这一经历发生的过程、自己当时的反应，以及深层次的情感状况。按规定，每次的写作时间是 15~30 分钟，写作过程将持续 3~5天；而控制组的参与者则被要求记录一些日常的生活事件。

越来越多的研究结果表明，详细记录已发生的创伤性经历有很多益处。和控制组相比，连续三天在写作中抒发自己对痛苦经历或创伤事件的想法和情感的参与者，在写作结束后的几个月里看病的次数减少了，其免疫系统的功能提高了，思想上的压力减小了，心情也变好了。他们不仅取得了更好的工作业绩，而且在失业后也更容易找到新工作。表达性写作带来的积极影响已经得到广泛验证，任何人都可以在写作中受益。

研究人员认为，创伤事件的表达性写作之所以起作用，是因为它能够让人宣泄内心的情感。也就是说，写作让我们不再压抑创伤带来的痛苦，它为我们找到了一个情绪宣泄口。这种假设引起了广泛的质疑。写作本身似乎是关键，它能帮助我们理解自己的遭遇，学会接受现实，并从中找到人生意义。若能在苦难中发现意义、获得感悟，就会减少各种消极思想对我们的侵扰和影响。

我一直在思考是什么让写作如此有效。为什么记录痛苦经历以及由此产生的消极想法，就能够改变我们对这件事的看法？想象一下，如果你曾心碎，如果你曾遭受惨无人道的身体攻击，那么你会发现自己无时无刻不在担心、害怕这件事，根本没办法集中精力做其他事情；而写作可以帮助你把这些想法和记忆组织起来，形成完整、连贯的表述，因为语言本身就具有高度的结构性。实际上，正是记录下的这些语句促使你思考其间存在的因果关系（例如，A 导致了 B，B 又导致了 C），这有助于你分析、理解发生的不幸事件，并发现其中的意义。当你看清了苦难的真相，不再陷于充满痛苦的混乱状态时，困难似乎也变得容易解决了。彭内贝克和他的同事发现，在记录悲惨事件的过程中，人们使用的表达因果关系的词语（"因为""可以得知""导致"等）和理解性的词语（"明白""意识到""了解"等）越多，他们的身心健康得到改善的可能性也就越大。

如果写作能帮助人们在创伤中得到收获、找到解决办法，那么他们就能够更好地控制自己对这件事的情绪反应，从而减少负面思想的干扰。而且，写作以一种外在的形式披露了你的内心世界，能够让你对自己吐露心声，记录自己的情感、思想和记忆，帮助你从过去的痛苦中走出来。

因此，要想积极应对生活中的不幸，第一个方法就是取出笔记本或电脑，然后根据彭内贝克给出的指示，行动起来。

在接下来的 4 天里，请写下人生中最悲惨的经历以及你们的真实想法和情感。在写作时，我希望你们能够坦诚地表达自己最真实的想法和情感。写作主题可以是你和其他人的关系，也可以是关于你的过去、现在、将来的一切。你还可以在这 4 天内写下相同的事情或者经历，或者每天都写一个不同的创伤经历。

请注意，每天写作的时间不要少于 15 分钟，一旦开始记录就要连续坚持几天，你甚至可以为此开一个博客。只要坚持下去，就一定会有收获。

通过写作或交谈，找到创伤中的意义。正如你看到的，表达性写作是没有限制的，只要你能真诚、充分地表达你的情感，记录任何你想写的内容。我要介绍的第二个应对方法也涉及写作，但要遵循一个引导模式——如果你不想写作，也可以找一个善解人意、能够提供支持的好友聊天。这个练习一共包括三个步骤，最终目的都是在痛苦经历中寻找人生意义。

第一，不管是写作还是聊天，首先要承认这段经历确实给自己带来了痛苦和折磨。然后回想一下，为了应对痛苦你都做了哪些值得骄傲的事情，付出过什么样的努力。例如，某位家人去世了，那么当他还在世的时候，你是否想尽了一切办法，尽可能地让他在最后这段日子里过得舒心？如果你曾经历婚姻破裂，一度陷入抑郁，那么你是否能够勇敢地面对现实，重新振作起来？

第二，认真思考一下，苦难是否让你得到了成长？你是否对生活有了新的认识（即使是消极的）？你是否认为自己更富有同情心、更懂得感恩、更容易感动、更有耐心、更加宽容了？你的思想是否更加开明了？

第三，认真思考一下，这段经历给你的人际关系带来了哪些积极的影响。你和他人的关系是否因此加强了？你和他人的关系是否变得更加亲密了？是否有人为你雪中送炭，及时给予帮助和支持？

通过思想辩论，积极应对。最后介绍的这个方法源于抑郁症的认知疗法，这个方法需要驳斥并挑战悲观的想法。当不幸发生时，我们的大脑通常会被各种负面情绪和悲观想法占据，其结果就是越多虑，越厘不清，最终陷入恶性循环。"我永远也不会有男朋友了""我一点儿也没有吸引力""孩子太不听话了""晚上的约会非常糟糕，都是我的错""我随时都有可能丢掉工作"，这些自发出现的想法通常都属于悲观的负面想法。下面介绍的方法可以有效地消除这些想法，它包括"ABCDE"五个步骤：A 代表灾难（Adversity），B 代表看法（Belief），C 代表后果（Consequence），D 代表辩论（Disputation），E 代表奋力而为（Energize）。

- ◎ A. 描述问题。例如，"我最好的朋友三个月没给我打电话了"。

- ◎ B. 确定与问题相关的负面想法。例如，"她一定很恨我"，或者"她可能认为我是个乏味的人"。

- ◎ C. 记录这个问题产生的后果，你有什么感觉，又采取了什么行动。例如，"我感到很痛苦、很孤独"，"我从来就不擅长交朋友"。

- ◎ D. 对产生的负面想法进行辩论并驳斥它，为存在的问题寻找其他可能的理由。例如，"也许我的朋友非常忙，我记得她提过正准备签一个大合同"，"也许她的心情不好，正等着我给她打电话呢"。

- ◎ E. 为自己的问题想出更多积极乐观的解释，这样能够激励自己，减少焦虑，唤起心中的希望。

ABCDE 法就是要驳倒那些过度悲观的负面想法，不让这些想法控制你。你可能已经注意到这 5 个部分（从 A 到 E）是紧密联系的。

我们对不幸的反应很大一部分是由我们对事情的看法和解释决定的：这些事为什么会发生，它对我们又意味着什么。如果能够从更加乐观、积极、善意的角度看待消极的事情，就会改变我们对不幸的反应和看法，从而激发摆脱困境的勇气和力量。

当然，其中最难的部分是与负面想法的辩论。若想消除自动出现的负面思想，你就必须像一个侦探一样，寻找证据以证明你最初的想法是不成立的。例如，你遇到的问题是"我丈夫最近和我越来越疏远了"，而你最初的想法可能是"他不喜欢我了"。那么，让我们先来看看下面的问题，思考一下，然后在你心情平静的时候写下答案。

- 我这样想有什么具体的证据吗？
- 他最近这样做有什么其他原因吗？
- 即使我的想法是对的，又会产生什么后果？换句话说，可能发生的最坏的结果是什么？发生这种最坏的结果的可能性有多大？
- 可能发生的最好结果又是什么？发生最好结果的可能性有多大？
- 我内心觉得哪种结果最有可能发生？
- 我这样想有用吗？我又能从中得到什么？
- 最后，我打算如何解决这个问题？

幸福行动 7：学会谅解

我在斯坦福大学读博士时，听说了艾米·贝赫尔的故事。这个年仅 26 岁的女孩，在南非开普敦附近的一个小镇被一伙暴徒从车里拖了出来，遇刺身亡。艾米在大学读的是国际关系学专业，获得过富布赖特科学奖学金。当时她正在南非研究如何维护妇女权益，以对抗种族隔离政策。灾难就发生在她即将离开南非的时候，两天之后她就会回到加利福尼亚，和家人以及交往多年的男友相聚。她还不知道，她的男友正打算向她求婚。这无疑是一个悲剧，这个故事让我周围的很多朋友感到震惊，尤其是那些有着和她同龄子女的父母，他们无法想象自己遇到这样的事会有多么痛苦。两年后，艾米的父母来到了她被刺身亡的那个南非小镇，去安慰凶手的家人。

安慰那些凶手的家人？

4 名杀害艾米的年轻人被判刑 18 年。艾米的父母在和解委员会成员面前陈述了他们的证词，4 名年轻人也进行了忏悔，并祈求赦免。贝赫尔夫妇同意了他们的请求，并埋藏起自己的愤怒与悲伤。

在这次南非之行后不久，艾米的父亲就去世了，艾米的妈妈再次来到南非，这一次是为了拯救凶手中一个叫作贝尼的年轻人。他出生于一个贫困家庭，因种族隔离只能住在南非的一个小镇里，从小就被灌输了"白人是敌人"的思想。艾米的妈妈不仅谅解了他，还帮他找了一份工作——对这个年轻人来讲，工作就意味着未来。在艾米·贝赫尔基金会，这个年轻人担任了艾滋病防范项目的指导者，这个基金会还在开普敦郊外的城镇开展了很多项目。贝尼和艾米的妈妈一起到世界各地做报告，讲述关于宽恕与和解的故事。艾米的妈妈说，现在贝尼已经成为他们家的一员。

乍一看，这似乎是一个非常极端的例子，因为很少有人会像艾米的妈妈那样宽宏大量，能够谅解杀死自己女儿的人。但是研究表明，我们的确可以向她学习。

谅解是什么

在本章中，我一直在告诉大家如何应对生活中出现的各种逆境。在众多苦难中，有一种痛苦非常特殊，它源于他人对自己的冤枉、伤害或人身攻击。这种伤害或侮辱包括身体侵害、性侵害，也有可能是精神上的伤害。伤害和侮辱的方式包括辱骂、攻击、背叛和遗弃等。显然，面对这样的伤害，人们一开始会本能地产生消极情绪，心存怨恨。除此之外，也有人可能想躲避施暴者，或选择复仇。这些消极的想法和行为必然会滋生负面的结果。一心想要远离那个给你带来伤害的人，甚至想要打击报复那个人，最终只会让你自己不幸福，让你们之间的关系彻底破裂，甚者有可能危害社会。从古至今，报复心理已经带来了数不清的罪行和恐怖的后果：谋杀、强奸、抢劫，甚至战争、恐怖主义以及种族灭绝性屠杀。

不过本书关注的焦点是个人，是你。那么，谅解究竟意味着什么？它值得我们学习并付诸实践吗？当我们被伤害后整天想着逃避或者报复时，能够帮助我们远离这种思维的方法就是谅解。世界上很多宗教都提倡谅解的心理（一个最普遍的说法就是，我们都应该学着谅解他人，因为上帝谅解了人类）。谅解可以抑制逃避或者报复的心理，以免滋生愤怒、失望以及敌意。理想的做法是：用更加积极友善的态度、情感和行为取代逃避和报复心理。值得注意的是，我们所说的谅解是指谅解他人；而谅解自己则指一个增强自我价值的过程，而不是指克制逃避或报复的心理。

研究谅解课题的心理学家给谅解下的定义和普通人对谅解的理解

略有不同。心理学家认为谅解不是和解，也就是说，不一定非要和侵害者恢复关系才算谅解。谅解同样不等于赦免——赦免是法律术语，通常指在司法体制内部才可实施的行为。谅解也不是宽恕，宽恕就是为伤害辩护、淡化伤害、默许伤害，这样也就不需要谅解了。实际上，谅解并不意味着给伤害找借口，提供一个情有可原的"好理由"；谅解也不意味着否定伤害（弗洛伊德所说的压抑心理），拒绝接受已经发生的事实。最后要注意的是，"谅解与忘记"是一个误称，因为谅解并不意味着忘记曾有的伤害。实际上，当你真心谅解了一个伤害你的人，那么一定是经过认真思考才做出的决定，而假装忘记伤害只会让谅解的过程变得更加困难。

那么，你如何知道自己是否谅解了某个人呢？当你的思想发生了转变，减少了伤害对方的想法，甚至想要为他做些好事（或者改善你们之间的关系），那么就意味着你正在谅解伤害过你的那个人。下面这些陈述来自一个谅解测量表，请认真思考一下，看看哪些说法是你心中所想的。

- 我要让他付出代价。
- 我想看到他受到伤害，痛苦不已。
- 我就当他不存在。
- 我要和他保持距离，越远越好。

在这 4 个陈述中，前两个是关于报复心理的，后两个是关于回避心理的。在这些陈述中，你赞同的说法越多，说明你遭遇伤害后越容易产生消极心理，若要做到真正谅解，你需要付出的努力也就越多。

为什么要谅解他人

不管是科学研究还是生活实例，都告诉我们应该谅解那些曾经伤害、侮辱、冒犯我们的人。在开始介绍这些强大的证据之前，我必须强调的是：谅解是为你自己，而不是为了那些伤害过你的人。当然，什么时候应该谅解，什么时候不适合，哪些行为可以谅解，哪些行为不可以谅解，以及一些关于公正和道德的尖锐问题，不同的人会持有不同的看法。如果你有充分的理由不去谅解，那么你的理由就应该受到尊重。但是，如果你发现自己正在认真地阅读本书的这部分内容，就说明你已经认同谅解将是一个非常适合你的方法，而且谅解一定会给你带来更多的幸福。记住，谅解并不意味着你一定要恢复与伤害你的人之间的关系，也不意味着为对方造成的伤害寻找借口，因为有些行为确实无法获得谅解。

有很多和谅解有关的谚语都告诉了我们如下的道理，比如"紧抓着痛苦和仇恨不放，你所受到的伤害要远远大于你憎恨的对象受到的伤害""心怀愤怒犹如手抓热炭，欲扔给他人，灼伤的反倒是自己"等。懂得谅解他人的人，心中不太可能出现憎恨、沮丧、敌意、焦虑、愤怒，紧张等负面情绪，这一点已经得到很多研究的证实。懂得谅解的人更容易获得幸福，拥有健康的身体与平静祥和的心态；他们也更容易同情他人，能够找到心灵的寄托。心胸宽广、不记仇的人即使在交往中受到伤害，也能够修复亲近的人际关系。此外，如果一个人的心中充满仇恨，整天胡思乱想、思虑过度，那么他必然不知道应该如何谅解他人。懂得谅解他人、心胸宽广的人不会纠结于过去，他们更愿意向前看，也更容易取得进步。

幸运的是，已经有大量干预实验验证了经常谅解他人的确有益于身心健康。其中一项研究是针对年龄在 65 岁以上的妇女进行的，她们都曾在某段人际交往中受到过重大伤害。这些妇女被随机分成了两组，实验组接受 8 周的谅解训练，控制组进行讨论。研究结果显示，与讨论小组的成员相比，接受谅解训练的女性不仅学会了谅解的技巧，她们的焦虑水平也降低了，还增强了自信心。另一项干预实验选择的参与者则都经历了程度不同的伤害（例如，因爱人私自流产而受伤的男性、遭受侵犯的女性、遭遇情感背叛的人、感觉被父母忽视的青少年等）。在这些研究中，不管谅解训练是以小组的形式开展还是一对一进行，在干预实验过后，接受了谅解训练的人都学会了谅解的技巧，同时他们的消极情绪减少了、自尊心增强了，也变得对未来充满希望了，甚至在几个月后他们仍保持着这种良好的心态。在这些研究中，人们进行思考、学习谅解技巧的时间越长，他们得到的好处就越多。同时，女性从中得到的好处似乎比男性更多，因为比起女性，男性更难忘记所受到的伤害，更不容易放下心中的仇恨。

由此可见，学习谅解非常重要。从长远来看，我们心中的成见、敌视、憎恨只会给自己的身心带来伤害。从社区和社会等更大的范畴来看，谅解让我们更具爱心，还能加强人与人之间的联系，扩大人际交往的圈子。研究表明，学会谅解，能够促使你进入"我们"的思维框架，并且感到自己和他人的关系更亲密了，从而更渴望帮助他人。

如何谅解他人

在本书介绍的所有提升幸福感的方法中，我认为谅解是最难执行的一种。但是，"一分耕耘，一分收获"，只要你行动起来，就一定会收获颇丰。如果谅解这个方法符合你的性格、目标，能够满足你的需要，那么从以下的技巧中选择一个，尽量谅解那些伤害过你的人吧。

感谢他人的谅解。在你真正做到谅解他人之前，首先要学会感谢他人对你的谅解。回忆一下你曾对他人造成的伤害，也许是对父母的怨恨、对爱人的背叛，或者对一个朋友的冷落。如果这些人都谅解了你，那么他们是通过什么方式告诉你的？你的反应又是什么？什么使你相信他们谅解了你？你觉得他们在谅解你的过程中受益了吗？这对你和他们的关系有好处吗？他们的谅解让你学到了什么，或者给你带来了什么改变？认真思考这些问题，将帮助你深刻理解谅解的好处，并且能为你树立一个榜样，学会如何谅解他人。

另一个感谢他人谅解的方法是亲自寻求他人的谅解。不管是针对你过去犯下的错误，还是现在所犯的错误，真诚地向你伤害的人写一封道歉信，表达你的歉意。承认并接受自己也曾伤害过他人的事实或许有助于理解那些曾经对你造成伤害的人。在这封信中，写出你曾做过的事情，承认自己的错误。你可以直接表达歉意，也可以向对方保证一定会改变自己的行为，并为对方提供某种"补偿"，或者询问对方应如何和解。

你是否要送出这封道歉信完全取决于你自己。有时，你们可能已经失去联系，这封信也就不可能送出去了；而且有时把信送出去可能是一种不明智的行为，甚至会带来麻烦。

想象谅解。在一项有趣的研究中，参与者需要在想象中谅解他人。首先，确定特定人选，找到一个曾经伤害过你的人。其次，开始想象。在想象的过程中，试着体会侵犯者当时的情绪，想象自己已经谅解他。你可以努力站在对方的立场评判当时的情况，重新审视这个人，而不只是根据他对你做出的伤害行为来评判他。谅解并不是为侵犯者的行为寻找借口或者一味容忍他的行为，但这确实需要你放下曾受到的伤害，平息自己心中的怒气和敌意，试着从善意的角度看待这一切。在想象时，你应认真思考谅解的相关细节。例如，当你想象自己谅解了父亲遗弃你的行为时，你会对他说些什么？你会有什么感觉？你的情绪有多么强烈？你当时的面部表情是什么样的？你的身体出现了什么反应？

研究证明，移情和谅解训练（与心怀怨恨和痛苦的记忆相比）能够增强对思维的控制力，减少悲伤和愤怒，而且对压力的生理反应也会减轻（例如，心率减缓、血压下降等）。

写一封谅解信。这个练习要求你给伤害过你或者冤枉过你的人写一封信，原谅对方的行为，释放心中的愤怒、痛苦和怨恨。写完后，你不必把这封信寄给对方。你可以坐下来，认真回想一下那些曾经伤害过你而你还没有谅解的人（其中有些人已经不再和你联系，有些人甚至已经去世）。你是否经常想起这个伤害过你的人，想起他对你的伤害？是否一想起这些就让你心神不宁？这些伤害是否已经影响你的幸福，而你又无力摆脱？如果你的答案是肯定的，那么你应该努力学会谅解。

解决这个问题的最佳方法就是写一封谅解信，详细写下对方给你的身心带来的伤害，清楚地告诉他这件事给你造成了什么影响，以及你是如何深受其害的；还要告诉他，你真心希望他没有做过这样的事。在信的最后，明确表达你的谅解和理解（例如，"也许你当时已经尽了最大的努力避免对我的伤害，我原谅你"）。以下是一些真实的案例，他们都成功地做到了谅解他人。

- 我谅解了爸爸的酗酒行为。
- 我谅解了在大一时说我不会写作的那位老师。
- 我谅解了在我心情不好时没有及时陪伴我的男友。
- 我谅解了那个驾车撞上了我的车的司机。
- 我谅解了妻子出轨。
- 我谅解了弟弟对我的当众羞辱。
- 我谅解了朋友利用我的行为。

其中第二个例子是我的亲身经历。

给伤害你的人写一封谅解信，这对你来说可能非常困难。或许你认为那个人不值得被谅解，因为它给你带来的伤害太大，你甚至想要报复他。如果是这种情况，那么先不要写这封信，几天或几周后你再尝试一下。另外一个方法就是再去找一件事情（或者另外一个伤害过你的人）进行谅解训练，确保它不会让你感觉这么痛苦。谅解是一种需要付出巨大努力的行为。大家最好从一些简单的事情开始，然后慢慢地去谅解那些给你带来更大伤害的人。

你还可以向那些已成功谅解他人的人学习。在你所认识的人中，一定有心胸宽广、不计前嫌的人，写信或者给他们打电话，向他们请教是如何做到谅解他人的。你也可以阅读一些名人传记，学习他们豁达、大度的人生态度（例如，圣雄甘地、南非前总统纳尔逊·曼德拉、大主教德斯蒙德·图图、美国民权运动领袖小马丁·路德·金等）。

移情。移情是指设身处地去体会、理解另外一个人的情感和思想。移情通常会让你对另一个人心生同情，关心他，怜悯他，甚至给予他温暖。学会移情非常重要，研究发现，移情和谅解密切相关。如果你能够设身处地站在对方的立场看待事情，思考问题，尽可能理解对方，那么你就越有可能谅解他。

在日常生活中，每当有人做了让你无法理解的事情时，你都应注意观察，仔细思考，试着理解他做事时的想法、情感以及意图。如果可能，亲自问问他，你也会有所收获。这是一种有效练习移情的方法。

想想对方好的一面。除了移情，你还可以从积极善意的角度理解那个曾伤害你的人。要做到这一点，你可以为自己写一封你期望从他那里收到的道歉信，那么他会如何解释他的行为呢？你想想看，如果你是他，什么因素能驱使你做出那样的事情？你希望得到对方的谅解吗？你会接受自己给出的解释吗？你认为这个解释合理、充分吗？你会假定他是无辜的吗？换位思考会让你以一种崭新的视角看待伤害过自己的人。

为什么道歉容易得到谅解呢？因为道歉会产生移情，让人变得更加通情达理。人们在道歉时通常会解释自己为什么那么做，也许他只是犯了一个很大的错误，也许他没有想到自己的行为会带给你这么大的伤害，也许他只是好心办坏事，等等。不管这份道歉给出的理由是什么，你或多或少都会从他的立场看待当时的情形，那么谅解对方也就没那么难了。

尽量不要回想过去的伤害。在第四章，我已经讨论思虑过度带来的不利后果。如果你总想着那些让自己伤心、焦虑的事情，那么你就无法释怀，这样的你也势必不会幸福，而且很容易出现焦虑、不安、悲观的情绪。研究表明，思虑过度是谅解他人的巨大障碍。如果一个人总是对受到的伤害念念不忘、抱着伤痛不放，谅解他人也就变得更加困难了。如果反复回想受到的伤害，你就会越想越生气，越来越痛恨那个曾经伤害你的人，也有可能更想报复对方。

　　一些人认为，就算无法在现实中回击，那么在心里想象出各种方法报复伤害自己的人，也能够让自己舒服一些，就像捶打沙袋一样，可以宣泄怒气，释放压力。心理学家经过长时间研究发现，这种被称为"宣泄论"的说法是完全错误的。幻想通过某些行为或言辞报复伤害你的人，只会让你感到暂时解气，但实际上它能加深你对伤害者的敌意。这是因为你每想起一次曾受过的伤害，就会再一次体会过去的痛苦、憎恨、敌意和愤怒。

　　如果总也忘不了自己曾经受到的伤害，而且这种状态已经妨碍你的日常生活，那么你就应该想办法尽快解决了。你可以借鉴第四章介绍的方法，转移注意力或者让自己停止胡思乱想。虽然暂停胡思乱想不能让你立刻谅解他人，但这也是关键的一步。

　　建立联系。之前我曾经提到，有时即使你写了谅解信，也最好不要寄出去。但有些时候，把信寄给对方不仅是非常合适的做法，还有助于你的身心健康，让你获得更多的幸福。采取谅解行为本身就是为了你自己。从长远来看，谅解他人会让你更加幸福。与伤害过你的人谈论曾经的伤害行为（如果可以），不仅可以让他明白你已不计前嫌，也能加深你们之间的关系。当然这样做也可能适得其反，所以要做好心理准备。但是，如果你的谅解行动最终让你们和好如初，那么你获得的幸福感会远远超出你的想象。

写了谅解信后，是否应该寄给对方，其实只有你自己知道。还有一点一定要记住，即使你没有把谅解信送出去，也有一种方法可以表明你谅解对方了，那就是友好地对待你已经谅解的那个人。

经常提醒自己。有一个关于谅解的故事非常具有启发意义，美国前总统比尔·克林顿曾问纳尔逊·曼德拉，他是如何看待被囚禁多年这件事的。曼德拉回答说："当我走出监狱大门的那一刻，我就告诉自己，如果我继续憎恨这些人，那么我就等于还在监狱里。"克林顿很赞同曼德拉的话。这句话对曼德拉而言就像一段祈祷文，他也一直提醒自己。

如果你已经将谅解他人作为你的幸福行动，那么即使这条路非常艰难，它也会是一条最有意义、最有价值的路。当你发现自己又回想起过去的愤恨和痛苦时，一定要提醒自己，让谅解成为一种习惯。

第七章

活在当下

《纽约客》杂志上有一个非常具有哲理性的漫画故事，一共由三幅漫画组成。第一幅，一个男人坐在桌前正做着白日梦，想象自己正在打高尔夫球。第二幅，这个男人一边打高尔夫球，一边幻想着有艳遇发生。第三幅，还是这个男人，他正和一个女人躺在床上，但心里却在想着工作。你是不是觉得这个人的行为很眼熟？是的，我们经常习惯性地忽视自己当下拥有的快乐与美好，心里总是想着其他事情。

但是，如果你能认真地思考一下，就会发现，只有当下这一刻才是我们能够真正掌握的。在本章中，我将介绍两种方法，它们将有助于你克服基因和生活环境的局限性，发挥主观能动性，拥有那 40% 的幸福。

幸福行动 8：增加心流体验

当你正在做某件事时（例如，画画、写作、交谈、下象棋、做木工活、祈祷，或者上网），你有过全身心投入的体验吗？当全神贯注地做某件事时，你会忘记时间的流逝，既感觉不到饥饿，也感觉不到久坐导致的背痛，甚者忘记去卫生间。此时此刻，其他事情都变得无关紧要，你的眼中只有正在做的事情。如果你有过这样的体验，那么恭喜你，你进入了一种叫作"心流"的状态。心流的概念由美国著名心理学家米哈里·契克森米哈赖提出，指的是一种对正在做的事情全身心投入的状态。此时的你完全沉浸在所做的事情当中，达到了忘我的境界。这也意味着，这件事非常吸引你，并且充满了挑战性，还能够提高你的技能。处于心流状态的人会感到自己的精力高度集中，自制力更强，做事更有效率，能力也得到了充分发挥。

20世纪60年代，契克森米哈赖在研究创造力的过程中首次提出心流的概念。当时他采访了很多醉心于艺术创作的画家，并对他们进行了观察。当他看到这些艺术家在进行创作时都废寝忘食、不知疲倦，进入了浑然忘我的境界时，他惊呆了。他同时发现，一旦完成自己的作品，这些艺术家就立刻对创作失去了兴趣。而且，他们在描述绘画的感受时，都会形容自己"犹如置身于一道洪流，随波前进"。这就是心流体验。

拥有心流体验的关键就是找到技能和挑战之间的平衡点。不管你是在攀岩、做手术，还是在高速公路上开车，一旦情况不为你所掌控，超出了你现有的技能或者专业知识，你就会感到焦虑、沮丧。另外，如果这项活动没有任何难度，你又会觉得无聊、没意思。而心流体验是一种处于焦虑和无聊之间的最佳状态，它既不会让你感到烦躁，也不会让你感到无聊。一旦找到这个完美的平衡点，你就会获得更多的幸福。因此，行动起来吧，设法从你正在做的事情中获得心流体验。

实际上，不管多么单调乏味的事情（比如等公共汽车、给孩子换尿布、操作生产线上的机械、聆听演讲等），我们都可以从中感受到心流体验。我在分析研究资料时，就经常有这样的体会。有时明明 5 个小时过去了，我却感觉只过了 5 分钟。但是，有些人即使正在从事一些很有趣的事情，也不会产生心流体验（反而感觉无聊或焦虑）。通过自我训练，从更多的事情中找到心流体验，我们就会变得更加幸福。

心流体验的好处

心流体验有什么好处？首先，心流体验是一种发自内心的快乐和满足，此时你获得的享受不仅更多，也非常持久。你在心流体验中感受到的是一种自然的快乐，不是假装的或者纯享乐式的快乐。心流体验是一种积极、高效、可控的经历，在这种体验中，你不会觉得愧疚、羞耻，也不会对个人或者社会造成危害。

其次，心流体验本身就能带来幸福和快乐，我们自然想一遍又一遍地重复它。但是，这其中似乎存在矛盾。当掌握了新技术时（例如，滑冰、写作、演讲、园艺等），我们的心流体验会减少，因为技术一经掌握，其挑战性就降低了，也就不那么吸引人了。因此，要想拥有更多的心流体验，我们必须不断地挑战自己，充分发挥心智和体能方面的优势，提高各种技能并寻找新的机会运用这些技能。这意味着我们在不断地努力、不断地成长、不断地学习，从而成为一个更有能力、更专业、更成熟的人。有一项历时 4 年的研究追踪调查了一批天才少年，这些少年在 13 岁时就找到了他们的特长（音乐、数学、足球等）。如果他们在进行自己擅长的活动时经常产生心流体验，那么他们成年后就更有可能继续从事该项活动，继续发挥他们的特长，提高自己的能力与技能。

本书的一个基本主题，就是不要把幸福归结到外部环境上，因为我们会很快适应所经历的每一件事，然后又对自己提出更高的期待。得到的越多，我们想要的就会越多。契克森米哈赖对这种两难境地给出了一个解决办法："只要能够享受奋斗的过程，那么不管我们的目标有多高，就不会有问题。"但是，如果我们只是在追求目标本身（比如获得学位、养大孩子、重新装修房子等），那么我们就享受不到这个过程带来的快乐，也享受不到当下的幸福。

心流体验能让我们参与生活，享受奋斗的过程，掌控生活，肯定自我。所有这些因素综合起来，我们的生活就会充满意义，人生也会变得多姿多彩。当然，我们也会更加幸福。

如何增加心流体验

我在 1990 年读研二的时候初次了解到心流体验的概念，当时我正在读契克森米哈赖的经典著作《心流》[①]。这本书让我看到了一个完全不同的世界，那里充满了无数机会和可能性。若想拥有心流体验，就需要不断地拓展你的思维，突破身体的极限，迎接挑战，不断进行新的尝试，追求更困难、更有价值的目标。这样，在前进的过程中，你每时每刻都能有所收获、找到生命的意义。以下是关于如何增加心流体验的建议，你可以选择其中的一些方法尝试一下。

控制注意力。 若想在日常生活中增加心流体验的频率并延长心流体验的时间，你就需要全身心地投入到所做的事情中。不论是写信、

---

① 《心流》于 2017 年由中信出版集团出版。

打电话、玩棋盘游戏，还是打一场球，你都要寻找能够发挥你的技能、展现你的专业水平的事情，其中的秘密就在于注意力。美国心理学之父威廉·詹姆斯曾说过："我的经历就是我想要关注的事情。"这个想法具有非凡的意义。你所关注的事情就是你的经历，这就是你的生活。但一个人能够投入的注意力只有那么多，因此，如何集中注意力、在什么地方投入注意力就成了关键。若要感受心流体验，就必须把全部注意力集中到当前正在做的事情上。当你做某件事时，一定要全神贯注、一心一意，不要分散注意力去想其他事情。

保持心流状态的同时也需要控制你的注意力。如果事情的难度过小，你就会觉得无聊，容易失去兴趣，导致精力不集中。反过来，如果挑战过大，你就会觉得紧张、有压力，会将注意力转移到自己的不足之处，导致你缺乏自信。因此，你的目标就是将注意力集中到你正在做的事情上，并且应时刻将注意力放在你所关注的事情上。虽然这样做非常困难，但是从长远来看，它有助于你掌控自己的人生、主宰你的生活。因此，增加并保持心流体验同样需要付出巨大的努力，并发挥你的创造力。

接受新事物。即使是在物质财富匮乏的情况下，幸福的人也有能力享受生活。他们是怎么做到的？下面是他们通常做的一些事情：（1）勇于尝试新事物；（2）活到老学到老。当一个小孩子开始学习新东西时（例如，行走、跳跃、玩拼图游戏、认单词等），或者刚开始了解事物内在的运作规律时，他们的表情通常都非常专注。小孩子做事很容易投入，心流体验对他们来说是一件非常自然的事情，而成年人要想拥有心流体验则需要付出一定的努力。

了解什么会带给你心流体验。在一项研究中，研究人员发给一组工人每人一个传呼机。实验开始后，研究人员会按照事先设定好的时间间隔呼叫他们。每次的呼叫都是在提醒工人思考他们当时的行为，并回答如下问题：在那一刻，他们将多少注意力放在了正在做的事情上？他们还想继续做手头的事情吗？他们在那一刻感觉幸福吗？正在做的这件事是自己擅长的吗？能够发挥自己的创造力吗？有趣的是，研究结果并未出乎大家的意料。在工作时，这些工人都倾向于做一些难度较大、技术含量较高的工作（这样更容易让自己进入心流状态）；而在家里或者休闲娱乐时，他们更倾向于做一些不需要什么技术含量、简单且易操作的事情。因此，在工作中，他们更容易找到自信心和自我价值，而在家里他们更容易产生无聊感。但是进一步探究时，这些参与者无一例外地回答说，工作时他们并不想工作，只想去做其他事情；但在休闲娱乐时，他们却希望能够一直持续下去。

这个研究结果表明，参与者对工作和休闲娱乐的看法和他们的实际经历之间是脱节的（工作是他们的职责，不得不做，而休闲娱乐是他们自己的选择）。实际上，他们在工作中的真实经历有着更加积极、更加强大的作用。同样，很多人在进入心流体验时，他们根本没有意识到这一点。因此，要想拥有心流体验，第一步就是要确定在什么时间、有哪些活动会让你产生心流体验，然后行动起来，创造属于自己的心流体验。

变换日常活动的形式。即使那些看起来非常无聊、乏味的活动（例如，等公共汽车、听一场枯燥的演讲、刷牙、使用吸尘器打扫卫生等），都可以变得非常有新意，带给你兴奋感。你需要做的就是给自己确立一些具体的目标和规则，让事情变得更有趣，以便享受心流体验。例如，你可以在脑海里猜灯谜、画卡通人物、跟着喜欢的歌曲打拍子，或者创作诙谐的打油诗等。当在医院等待就诊时，你可以画一个复杂的设计图案以消磨时间。画的时候给自己定一个规则，比如将所有的线条都画成对称的。德国人菲利普向我复述了他在一次堵车中获得心流体验的方法。

> 我开车时喜欢听各种音乐，包括舞曲、电子流行乐、动漫音乐等。大多数音乐的低音和旋律都非常优美，韵律感十足，甚至有鼓乐和吉他伴奏……我通常会选择一段特殊的节奏，例如，舞曲的低音部（也就是舞曲的一个"鼓点"部分），或者动漫摇滚乐的一段贝斯即兴演奏，然后用手指和脚跟着音乐击打节拍，全身心地沉浸在音乐的旋律中……我可以跟着曲调的变化敲打出不同的旋律……在高速公路上长时间开车时，我经常会这样做。而且每次等红灯时，我也会这样做。不管我开车去哪里，我都会听音乐，然后和着音乐打节拍，不一会儿我就会忘了所有烦恼，全身心地沉浸在音乐之中……我发现，在这种心流体验中，我不仅能够稳稳地开车，还能够享受音乐之美。

菲利普的这个方法很特别，也带给了他享受。不管你选择的活动是独特的还是普通的，都没有关系；只要活动具有挑战性，能够引起你的兴趣，能够让你的生活变得丰富多彩、不再充满压力就好。

交流中的心流体验。你的工作性质和生活方式决定了你与他人交流的时间。当你和其他人谈话时,你是否会沉浸其中,产生心流体验?你是否会对交谈的内容兴趣十足,仿佛置身于另一个世界,完全感觉不到时间的流逝?如果你的回答是否定的,那么下面的练习能帮助你增加交流中的心流体验。下次与他人交谈时,你应尽自己最大的努力集中注意力,倾听对方所说的内容,对他的话做出积极回应。同时应注意,你回应的速度不要太快,尽量给对方留出空间,让他充分表达他的想法,你还可以问一些简单的问题鼓励他说下去。

一个保持对话过程顺畅的方法就是给自己确立一个目标,更多地了解与你交流的人。例如,对方心中正在想什么?他经历了什么?你是否对他有了更深入的了解?如果你更擅长倾诉而不是倾听,那么这个练习一开始对你来说可能很困难,你会因为不太适应而得不到任何心流体验,但是随着时间的推移,你会越来越顺手。

休闲不是虚度光阴。很多人认为休闲时间是非常宝贵的,所以我们会把休闲时间用在某些特殊的、能够给我们带来快乐的事情上。真的是这样吗?想一下,一天中你有几个小时可以不用考虑任何责任和义务,自由地选择自己想做的事情?有多少休闲活动能让你真正地投入并且发挥你的能力?如果这样的活动很少,那说明大部分的休闲活动都没有带给你心流体验。

当然,在漫长而忙碌的一天后,读读晚报,看看肥皂剧,或者浏览一下娱乐网站,这可能就是你理想的休闲生活。减压放松是非常必要的,但坦白说,减压到底需要多长时间?其实 40 分钟就足够了,40 分钟之后,你就不是休闲放松而是虚度光阴了。直到你从沙发上站起来，准备上床睡觉，可能还会感到奇怪：一个晚上怎么什么也没干就过去了。为什么会有这样的感觉呢？

用心工作。一天，正在上幼儿园的女儿在晚饭前对我说："我们正在玩上班的游戏。"她和三岁的弟弟玩得正开心。弟弟坐在他的邦尼玩具笔记本电脑前。"我必须查一下我的邮件。"他说。他的小姐姐正在一边记录，一边认真地打电话："我一会儿给你回电话。"的确，工作可以给你带来回报、满足感，甚至让你从中获得享受。

有一项研究非常有趣。该研究发现人们对于工作的看法通常分为以下三种：任务，职业，事业。那些把工作视为任务的人认为工作是不得已而为之的，是一种实现最终目标的手段，而不是一件积极或有价值的事情。因此，这些人之所以努力劳作是为了获得金钱，然后享受下班后的时光。相比之下，把工作当作职业的人并不是在单纯地完成任务，他们希望在职场中得到晋升。研究显示，把工作视为职业的人也不会把工作看作生活中最重要的组成部分，但是他们希望有升职的机会。他们在工作中投入了大量的时间和精力，目的是创造更多的机会、获得更高的社会地位、更大的权力、更多的尊重。但是，那些视工作为事业的人则认为工作本身就是一种享受，工作可以带给他们成就感，而且也对社会有益。工作不是为了物质利益或晋升，而是因为他们想要这么做，工作已成为他们人生中不可分割的一部分。

你可能会好奇某些职业是否更容易发展成为事业，也许是这样。例如，艺术家、教师、科学家、神经外科医生相对更容易从工作中获得享受，因为他们的工作可以让世界变得更加美好，但绝不是只有这些职业才被称为"事业"。实际上，研究发现，很多人都擅长精心安排自己的工作，以便从中获得最大的保障和意义。例如，通过对 28 名医院清洁人员的采访发现，他们当中有些人不喜欢清洁工作，觉得没什么技术含量，总是停留在完成即可的程度；相反，另一些人则把这份工作看成一件有意义的事情，这些人认为他们的工作改善了患者以及医务工作者的工作环境，他们还积极地与医院里的其他人进行交往。他们喜欢自己的工作，也在工作中拥有心流体验。他们对自己提出了各种挑战，例如，如何高效率地完成工作、如何让病人感到舒适以便尽快康复等。在职责之外，他们还做了很多额外的工作，例如，重新布置医院墙上的画或者摘一些野花作为装饰等。他们视自己为整个医院服务体系的一部分，全身心地协助改善医院的环境，而不只是单纯地做些保洁工作。同样，从事其他工作的人（理发师、工程师、电脑技术人员、厨师等）为了获得最大的心流体验和意义，也会精益求精地对自己的工作进行改善。现在，你可以思考一下，应该如何改进自己的工作，从而让自己全身心地投入。

努力获得超级心流体验。你完全沉浸在音乐之中，或者用心感受大自然的美丽，或者与人交流忘记了时间，这时，你就是在享受心流体验。有时，你可能会有更加神奇的体验，这就是心流体验的升华，我们称之为"超级心流体验"。此时，你不仅会完全沉浸其中，还会达到忘我的境界。我就有过这样的体验。在一个周六的上午，我的儿子正在思考如何解一道数学题，我和他一起做。我俩都极度兴奋，不停地演算。不知不觉，两个小时一下子就过去了。还有一次，我和一个同事的交谈也带给了我这样的体验。我们坐在拥挤、嘈杂的吧台区，一直不停地说话，甚至忘记了演讲，也错过了会议。我们当时太投入了，根本没有留意到周围的环境，也没有感到焦虑。这两次经历带给我很强的幸福感，并且增强了我的归属感和自信心。任何时候，只要有可能，你就应努力达到这种超级心流状态。

告诫。如果你发现了一些特别的、能够真正带给你心流体验的活动，这就说明你非常幸运。但是一定要注意，即使是那些大家普遍认为具有建设性的活动（例如，在慈善机构做志愿者、和孩子一起玩耍，或者在办公室拟定合同等），也能够让你上瘾。当你意识到自己忽视了最亲近的人的需要时，这就是一个警示信号。所有人都知道，玩电子游戏这样的爱好容易使人上瘾，导致逃避或者无视自己的责任。而且，即使被社会认可的活动，也有可能产生相同的后果。有一段时间，我和女儿每天都废寝忘食地读《哈利·波特》，什么也不想干，完全忘了还有很多紧迫的事情等着我去做，直到丈夫点醒了我。我也是在那个时候才明白了上述道理。

幸福行动 9：享受生活

我的建议是，不要问为什么，也不要问它从哪来，
当冰激凌在盘子里时，你只管享用就好了。

——桑顿·怀尔德

父母总是告诉他们的孩子要听话，这样他们才能成长为一个有道德感、负责任的好公民。老师告诉他们的学生要努力学习，这样才能得高分、考入好大学、找到体面的工作。老板告诉他的员工要努力工作、取得更高的业绩，这样才有可能加薪升职。老年朋友告诉那些仍在工作的朋友，退休后的黄金时刻很快就到了。如果你也和我一样，那么即使目前的生活非常精彩，你也无法感受全然的快乐和幸福，因为你总想等将来再来回忆这些美好。这说明，我们很少生活在当下，也很少细细品味现在的生活，我们总认为明天会更好。

懂得品味当下生活的美好才是获得更多幸福的重要因素。很多人在战胜了病魔之后、在与死亡擦肩而过之后，或者在受到了重大惊吓之后，才会真正明白活在当下的重要意义。如果你长期饱受严重过敏症状的困扰，当它突然消失时，你会一下子轻松起来。有了与死亡擦肩而过的经历，或者在医生给出了令人担忧的诊断之后，你也许就能够真正珍惜并享受当下美好的生活（至少暂时如此）。所以，应努力过好每一天，把每一天都当作你生命中的最后一天来过。

你可以把享受生活分成三部分：回忆过去，享受当下，憧憬未来。回忆可以给你带来幸福。怀念曾经拥有的美好时光（你的初恋、你的婚礼、收到大学录取通知书、接到入职电话、浪漫的夏日之旅等），能让你感到幸福。但享受当下意味着活在当下，珍惜当前拥有的一切，不管是和同事一起吃午饭、听奶奶讲故事、打篮球，还是专心地看一本书、听一首歌，或者完成一项工作，都要用心去做、好好珍惜。珍惜当下既要全身心投入、经历心流体验，也要心怀感恩。憧憬未来，即对未来充满希望，这也是乐观心态的重要表现之一。不管是怀念过去，还是憧憬未来，都有助于提升我们的幸福感，有助于我们找到持久的幸福。也就是说，有了过去的美好记忆以及对未来的美好期望，我们就能够真正享受当下。

　　研究人员认为，任何能够"产生强烈、持久的幸福"的思想和行为都可以叫作"享受"。当你路过玫瑰花丛，能够停下脚步，闻一闻玫瑰的清香，而不是漠不关心地匆匆走过，那就是在享受生活。当你沐浴着温暖的阳光，为朋友取得的成就而骄傲时，也是在享受生活。当你摆脱了令人疲惫不堪、心烦意乱的状态，意识到生活的无限美好时，仍是在享受生活。享受生活和心流体验之间有些细微的差别：享受生活要求跳出当下的情境，再次体味当时的美好；而心流体验则是指完全沉浸在当下的状态之中。当然，为了更好地享受生活，最好不要过于频繁地从正在做的事情中分神。如果你经常问自己："我在享受生活吗？"那么最终的结果就是幸福和快乐会离你越来越远。

　　不管你关注的是过去、现在还是未来，研究表明，享受生活可以让一个人的幸福感更强、更持久。同时，享受生活还和很多积极的性格特征有关。例如，研究发现，懂得享受生活的人更加自信、外向、容易满足，他们很少会出现无助或紧张的情绪。而且，那些注重享受当下生活的人，与享受过去和未来生活的人所获得的益处明显不同。享受当下生活的人很少会有抑郁、紧张、负疚或羞愧的情绪；而那些憧憬未来、对未来充满期待的人，通常都拥有积极乐观的心态。相比之下，经常缅怀过去的人擅长缓解压力。研究人员相信，那些悲伤的、缺乏成就感的人一定可以从下面这段话中学到些什么："不要坐等好事的来临——人们应该学会主动享受生活，积极地展望未来，用心体会当下的快乐，回忆过去的美好，重温曾有的快乐。"

　　当然，说起来容易，做起来难。首先，和所有提升幸福感的方法一样，要想真正享受生活，努力和动力缺一不可。我们的注意力经常被各种思绪占据（包括过去的、现在的以及未来的），因此我们需要付出努力，将注意力集中到当前积极的事情上。其次，我们已经知道，享乐适应的过程会让我们对最初带来兴奋感的经历逐渐失去兴趣。随着时间的流逝，美景、美妙的乐曲、美食都渐渐失去了原有的魅力。接下来我将介绍一些具体建议，希望对大家有所帮助。

享受生活的方法

如果享受生活的快乐是一个适合你的幸福行动，那么你只需从以下提供的方法中选出一个，然后立即行动起来。

享受平凡的快乐。你面临的第一个挑战就是，要学会从平凡的日常生活中感受快乐、获取幸福。在最近的一项研究中，要求参与者做一些日常事务，其目的是研究享受生活能够给人们带来多大好处。其中一组参与者都是心情抑郁的人，他们按要求每天抽出几分钟的时间慢慢做一件事（例如，吃饭、洗澡、完成工作或者等地铁），并好好体会。在平时，他们都是匆匆忙忙完成这些事的。实验结束后，他们要和之前匆忙完成时进行比较，看看有什么不同的感受。在另一项研究中，参与者是身体健康的学生和社区成员，他们需要每天细细体会两件快乐的事情，每件事都要认真体会两三分钟，努力让这种快乐变得持久且强烈。实验表明，参与者在定期进行享受生活的练习后，其幸福感都有了很大提升，一些人的抑郁症状也明显减轻了。

从明天开始，仔细思考你每天的日常活动和习惯。你是否静下心来细细享受过这一切，还是匆匆忙忙地完成而已？如果是后者，那么你就要注意了。你一定要及时抓住这些快乐的时光，充分享受。早餐的馅饼、下午茶的点心，都值得你慢慢品尝，体会食物的香甜和美味（不要狼吞虎咽地吃完）。用心感受，生活中的一点一滴都会带给你幸福。不管是在家里还是在办公室，做完一件事后，出去晒晒太阳，休息一下，不要匆忙地开始下一个任务。享受生活中的平淡小事，当你有一天回忆起来时，你会发现它们都是大事。

与家人或朋友一起回忆往事。有时和他人一起分享某个美好的经历，更有助于享受生活。不管是一起参观日式花园、去山间远足，还是在篝火旁听爵士乐，只要和志同道合的朋友或家人一起分享，那么你所得到的幸福和快乐就会加倍。找一个人一起感受当下生活的点点滴滴，一定会有更多的惊喜出现。拿出一个小时、一个下午或一整天的时间，和朋友或家人一起享受美好的时刻。

此外，与他人分享也会增强美好的回忆。例如，和他人一起回忆参加过的某个聚会、某次旅行、合作过的一项工作，或者共同交往的一个朋友；你们也可以一起故地重游，一起翻阅纪念册，一起听一首老歌。研究表明，通过特殊的手段唤起或者加强一个人对过去的记忆，那段记忆会显得更生动、更美好。例如，你可以利用影像引导法，在大脑中生动地重现当时的每一个细节，这会让你和朋友或家人再次重温那些快乐时光。

与他人一起回忆往事有很多益处，这一点已经得到证实。研究人员发现，共同的回忆可以带来很多积极的情绪，例如兴奋、成就感、快乐、满足和自豪等。对于年长的人来说尤其如此，因为老年人怀念的美好越多，他们看待事情就会越积极，精力也会越充沛。这些研究表明，每个人（尤其是阅历丰富的老年人）都能够从过去的经历中获得正面、积极的感受。

时光隧道。追溯美好的记忆能够自由地把你送到一个不同的时间和地点，这种方法也能够带给你幸福感和安慰。我认识的一个女士，每当她感觉有压力、心情低落或烦躁不安时，就会在脑海中想象自己骑着山地车的情境。这种想象技能可以通过练习来加强。下面介绍一项研究，该研究成功地教会了人们如何通过美好的想象，从而实现调整心态的目的。实验中，参加者要列出一个清单，记录下自己的幸福记忆以及和这些记忆有关的物品（例如照片、礼物）。研究人员要求他们在一周之内每天做两次。具体要求如下：

> 首先，翻开你的美好记忆列表，选择一项开始回忆。坐下来，深呼吸，放松，闭上眼睛，开始回忆。让你的思维自由发挥，尽量回忆每一个细节。

正如研究人员所预测的，那些定期回忆美好往事的人，其幸福感有了很大的提升。他们回忆的影像越形象生动，幸福感就增加得越多。

美好的回忆可以在很多方面提升幸福感。过去的美好会让你增强自信，加强自我认同感，有助于你实现理想和梦想。例如，当回想过去的经历时，你就会认识到现在正是过去的延续，从而更深刻地了解自己，学会欣赏自己独特的个性。此外，从积极的角度重温过去的经历可以增强你的自尊心，促使你树立积极的自我形象。美好的回忆本身就可以带来快乐和享受，回想有趣的事情会让你哈哈大笑，让你沉醉。在艰难痛苦的时候，美好的回忆能帮助你缓解压力，给你安慰。

最近一项研究支持了上述观点。该研究发现，通过回忆美好的过去，有 29% 的参与者认为自己对当前的问题有了新的认识和领悟，19% 的参与者表示自己产生了积极情绪，18% 的参与者认为自己"逃离了现实"，只有 2% 的参与者表示这种方式对他们没有任何影响。最重要的是，参与者认为对过去幸福回忆的时间越久，他们就越发明白应该珍惜并享受现在拥有的一切。下面是一个女性参与者的体会：

> 回忆过去美好的时光，让我更懂得应该享受当下的生活，珍惜拥有的一切。我在回忆中更深入地了解了过去的我、现在的我以及未来的我。这些回忆也给了我自信，因为同样的事情，我以前做到过，那么现在也一定能做到。面对眼前的问题，我会通过自己的记忆寻找解决办法，而不是因事情本身而纠结。

总之，如果你能掌握这个方法，即使你已离开巴黎几十年，也会有种"永远在巴黎"的感觉。

再现幸福时光。在最近的一项研究中，我和我的研究生发现，再现过去美好时光能够延长并加强积极情绪的享受，给你带来更多的幸福。回想一下过去快乐的日子——参加毕业典礼，第一次听到爱人说"我爱你"，欧洲旅行的第一天，你把小狗带进家里的那天……在大脑中重现一下当时的情境，就好像正在播放录影带一样。想想那天发生的事情，尽可能回忆所有的细节：你（或者其他人）都做了些什么？说了些什么？当时你都想了些什么？有怎样的情感？不要进行分析，只需在脑海中再现当时的情境，慢慢品味就可以了。我们发现，如果一个人连续 3 天、每天做 8 分钟这项练习，那么他在 4 周内都能感受到这种强烈的积极情绪。

分享好消息。在第五章，我介绍了与家人及朋友分享好消息的研究。实验证明，和其他人分享成功与喜悦可以让你的身体更健康。因此，当你或你的爱人、兄弟姐妹、好友获得荣誉时，你要恭喜他（包括你自己），并为此庆祝，尽情享受这份幸福。传递并分享好消息，不仅可以让你品味那一刻的喜悦，还有助于加强你与他人之间的关系。

敞开心扉，接受一切美好。这个方法要求你真心欣赏美好的事物、出色的才华、天才的表现和崇高的品德，努力感受那种崇敬和欣赏之情。你应该敞开心扉接受周围的美好和优秀，这样更容易体会到快乐，找到人生的意义以及生命中更为深刻的联结。在日常生活中，心生敬畏似乎是一件很难做到的事情，但这种能力值得我们用心培养。不要戴着有色眼镜看待生活中那些感人、美好、正直、高尚的事情，我们应该向著名诗人沃尔特·惠特曼学习，他最喜欢的活动就是"独自一个人在户外散步，欣赏花草树木、天空、一天中光线的变化，聆听鸟儿和蟋蟀的叫声，倾听一切来自大自然的声音"。下面是一位评论家对他的一段描述：

显然，这些事情给了他无尽的快乐，远远超过了普通人所能感受到的。直到我了解了这个人，我才明白任何人都可以从这些事情中获得这么纯粹的幸福……也许，从没有人像惠特曼那样，喜欢的东西这么多，而讨厌的东西又那么少。大自然的一切都令他着迷，所有的景色和声音都让他感到幸福。不管他见到的是男人、女人还是孩子，他似乎都非常喜欢（我相信他的确如此）。

正念。正念是指把注意力集中到当下并排除一切干扰的能力。哲学和宗教一直在强调，正念的培养是获得幸福的一个关键因素。佛教强调要清除杂念，让自己专注于当下。生活中有大量实例证明了正念的诸多好处，心理学家也开始在实验室研究正念。美国罗彻斯特大学进行了一系列实验，集中研究了那些培养正念的人。研究发现，他们更容易集中注意力于当下，对周围环境的感知更敏锐，而且这样的人都是心理健康的楷模。相对于普通人来讲，他们更容易获得幸福，更乐观、更自信，也更容易满足；他们很少有抑郁、愤怒、焦虑、憎恨、羞耻、冲动、紧张等负面情绪。而且，这样的人会习惯性地关注当下的事情，他们更容易体验到强烈、积极的情感，也更容易找到自信，发挥自己的能力，与他人建立和谐的关系。而那些无法集中精力关注当下的人则更容易感到心情郁闷，患上各种生理疾病。

威廉·詹姆斯说："与我们应该享受的生活相比，我们实际上正处于半梦半醒间。"那么，一个人如何才能从当下的生活中获得享受呢？研究人员已经开始训练人们培养正念的习惯。实验表明，为期8周的正念干预训练不仅能提升人们的幸福感，还可减轻心理压力、缓解痛苦、减少疾病。干预训练教授了一些具体的技巧，例如，如何放松自己，如何在伸展运动中集中注意力，如何慢慢注意身体的感觉，如何留意自己的想法和情绪。这些技巧大多也出现在冥想训练中，第九章将对冥想做进一步介绍。

注重感官享受。注重感官上的快乐体验是提高生活享受的重要方法之一，要学会关注并感受身边的快乐、美好和神奇，比如成熟杧果的香甜、烘焙面包的香气、阳光的温暖等。认真观察周围的一切，因为它们都会让你沉醉。无论是暴风雨后清凉、新鲜的空气，印象派画作笔法的奇妙，还是交响乐高潮部分的震撼，都会让你拥有美好的体验。研究表明，人们在吃巧克力时，如果集中精力在感官享受上，那么相对于那些一边吃一边想其他事情的人来说，他们获得的快乐会更多。这意味着应将进食变成一种仪式：找一个安静舒服的环境，排除一切干扰，只是安静地享用食物。当需要加强某种感官刺激时，你要集中注意力在这些感官上，尽量淡化其他感官的享受。例如，在聆听音乐或者享受按摩时，你可以闭上双眼，专心感受；在博物馆参观时，你可以戴上降噪耳机。专注于当下，进入心流体验状态，排除一切杂念，不想任何事情，只是去感受当下的一切。

关于这个方法，有一个特别的例子。二战期间，那些被关在集中营的战俘经常聚在一起幻想大家共进晚宴的情景，他们想到了所有的细节，如房间的灯光、笔挺的服装、美味的食物。

> 我的一个法国画家朋友是秘密抵抗运动的战士，因此被纳粹抓进了集中营。在漫长的监禁期间，每个晚上他都会和另外两三个狱友……仅仅通过对话和各种姿势……假装一起参加宴会。他

们想象自己穿上了洁白无瑕的衬衫，戴着装饰有珍珠或者红宝石的袖扣，有时还会故意表现出不自然的样子，因为衬衫因浆洗变得硬挺……在宴会中他们"享用"了两种不同的法国葡萄酒，饭后还"吃"了甜点。

显然，即使在被残酷地剥夺了一切之后，这些人依然能够感受"心灵的快乐"。通过大量的练习，不管周围环境多么无聊乏味，我们都能够学会通过自己的感官穿越时空，享受生活。

幸福相册。不管什么时候，只要我出差，即使只有一天，我都会带一本小相册，里面是孩子成长的照片（我丈夫的照片被放到了后面）。我经常拿出这个相册来看，在飞机上、在旅馆房间里、在会场上。每当看到这些照片，就能带给我很大的幸福感。你也可以创建一个这样的幸福相册，里面可以放上你最喜欢的照片，也可以放一些记载了你和亲友之间美好回忆的照片，甚至包括世界名画等。相册里也可以装上其他可以激发幸福感或者美妙感受的东西，比如你的大学录取通知书、一封情书、一张最喜欢的菜谱、侄女画的一幅画，或者一篇有关你最喜欢的男演员的报道（我的一个朋友就随身带着她的家乡巴塞罗那的全景图）。经常翻翻这个相册，但是不要太频繁，以防产生适应效应，减少乐趣。就像你放在床头柜或者电脑屏幕上的某张照片，时间一长，它就根本不会引起你的多少注意了。幸福相册能够有效地珍藏并体味过去的美好记忆。在你心情不佳的时候，看看这些照片是非常有帮助的。

用镜头记录美好的瞬间。让相机成为记录幸福的工具。出去旅游或者在发生具有重大意义的事件时，许多人都喜欢拍照留念，但是充当摄影师的人可能无法真正体会那一刻的快乐。我认识的一个朋友在他的儿子出生时，不停地给孩子拍各种照片，记录了很多精彩的瞬间，但后来他感到非常遗憾，因为他觉得镜头后面的他成为现场的一个观察者，而不是体验者。不要为了拍照而拍照，用镜头记录周围的美好和有意义的事物，是为了延续幸福体验，但拍照的同时也要感受当下的美好，不要只顾着拍照。挑出你最喜欢的照片冲洗出来，装裱珍藏。这样，你会更加珍惜自己的经历，也会从中获得更多的幸福。

体会人生百味。苦乐参半的人生蕴含的情感非常复杂，通常都是有喜有悲。这种经历都会很快结束，例如一次度假、一段友谊、生命中的一个阶段、在某个地方短暂逗留。因为这些事稍纵即逝，所以我们更应该珍惜剩余的时光，而不是把一切都视为理所当然。

在实验室中，研究人员引导参与者明白美好的经历都是短暂的，也会有遗憾。他们召集了一些即将毕业的大学生参与实验，要求他们连续两周、每周记录两次他们的大学生活。实验中，实验组的学生被要求重点关注即将毕业的事实（例如，"只剩下 1 200 个小时就毕业了"），而控制组的学生则被要求从相反的角度关注毕业前的学校生活（离毕业还早呢）。研究结果证明，和控制组相比，实验组的成员都感受到了面临毕业所带来的喜与悲，他们更珍惜现在，更容易体会到幸福，并且更加积极主动地享受仅剩的大学时光。

因此，对那些让你欢喜或忧愁的经历，不要逃避。人生本来就有苦有甜，所有的美好都会结束。承认这个事实有助于让你停下忙碌的脚步，享受生活。

加强怀旧情感。 虽然有人把怀旧和乡愁联系在一起，但实际上这是一种积极的、带有一些感伤的情感。当你怀念起生命中曾经拥有的一段时光、一个亲密的朋友、一个常去的海滩时，你可能会感受到一种久违的快乐，重新体验到曾有的幸福和感动，同时又伴有一丝丝伤感和心酸，因为一切都已远去。不时地培养这样的怀旧情绪，会让你感受到过去的温馨，勾起那些珍贵的回忆，再次体会到彼时的美好、快乐和爱。不要把过去和现在做比较，只是单纯地回忆过去，想想那些丰富了你的人生、塑造了今日的你的一切。幸福的人在回忆往昔最精彩的时刻时，往往会把这些记忆储存到自己的"心理账户"（也称"记忆宝藏"）中。也就是说，这些回忆让他们发掘出更多的人生意义，而不是一心想着为什么现在不如过去美好。"怀旧是一种消除了痛苦的记忆"。研究表明，怀旧能够让人产生积极的情绪，增强我们被爱和被保护的感觉，甚至还能增强我们的自尊心。

怀旧情绪既可以自然而然地产生（例如，通过和一个老朋友的谈话、一次生日聚会、一张照片、一封邮件产生），也可以通过回忆主动产生。怀旧让我们感到温暖，因为它不仅勾起了记忆中美好的一切，还加强了自我认同感（例如，把过去的零星片段融合为一个连贯的整体），让我们再次体会到生活的意义，并加强了社会联系。

关于写作。 一些心理学家建议通过写作来享受生活。比如，记录过去值得珍藏的经历或那些振奋人心的时刻。对此我并不赞同。当培养感恩之心时，写作是一个非常有价值的工具；然而对于享受生活而言，写作反而会产生相反的效果。从相关的研究来看，写作本身是一个结构化的过程，写作的人需要组织、整合自己的思想，认真思考其中的因果关系，完整、连贯地记叙自己的经历，找到系统的解决方法和步骤。正如我们在第六章所看到的，当一个人面对过去的创伤时，写作是一个非常有效的方法，因为写作能够帮助他更深刻地理解那些经历，然后让那些创伤就此"过去"。但是，你并不希望一件有意义的事情就这么"过去"。在谈及生命中最美好的经历时，正是因为不停地重放、一遍又一遍地回味，当时的美好感觉才会不断涌现，让我们体会到更多的幸福。相比之下，在详细地记录下一件美好的事情后，你就会系统地进行分析，把快乐的事件分解成一个个部分，这必然会削减曾有的幸福和快乐，甚者会产生消极情绪（例如愧疚和担心）。因此，不要通过写作享受生活，回忆与分享才是好办法。

有人可能会过分关注当下的生活，其实，美好的生活还包括对未来的思考和规划，以及从过去的错误中吸取经验或教训。研究发现，无家可归的人只想着今天该怎么办，老年痴呆症患者似乎也是如此。无视过去和将来，只想着当下的人，并不善于延长幸福感和满足感，他们更容易做出一些冒险的事情。所以，我们应该在沉浸当下和追求目标的过程中间找到一个平衡点。一位著名的政治家在与死神擦肩而过后，这样描述了自己人生观的改变——"我努力以一种有趣的、更具建设性的方法思考我的未来，但同时也要好好享受现在的生活"。

第八章

找到人生目标

生活的目标是唯一值得寻找的财富。

——罗伯特·路易斯·史蒂文森

1932 年，澳大利亚精神病医生贝兰·沃尔夫的很多病人都因没有生活目标而感到痛苦，这让沃尔夫感到心情异常沉重。他这样总结了自己的人生观："如果你观察一个真正幸福的人，你会发现，他可能正在建造一艘小船、创作一首交响乐、耐心教育他的孩子、在花园里种植两棵大丽花，或者在戈壁沙漠中寻找恐龙蛋化石。"他说的没错。为目标而奋斗的人和那些没有明确梦想和志向的人相比，要幸福得多。

一些人把自己奉献给工作，视工作为自己的人生目标；还有一些人则致力于改善自己的家庭、社会交往或者精神生活。事实证明，为了目标而努力，参加有价值、有挑战性的活动，这和目标的实现一样，都能够带给人幸福。实际上，无数事实证明，很多人在实现了为之奋斗多年的目标后，通常都会有一种巨大的失落感。著名指挥家埃萨·佩卡·萨洛尼是洛杉矶爱乐乐团的音乐总监，在该乐团迪士尼音乐厅建造的十多年间，他付出了无数心血。当音乐厅落成时，他坦言自己非常高兴，但同时也感觉到一种"无法摆脱的悲伤"，因为"最不可能的梦想已经实现，如何寻找下一个伟大的目标，还有什么可以超越它"。虽然大多数人不是大师，但是我们也明白一个简单的道理，那就是要想获得更持久的幸福，一个重要的方法就是确立一个有意义的生活目标并为之奋斗。

幸福行动 10：努力实现目标

努力追求目标、为目标坚持不懈地奋斗，这个方法不同于本书中的其他 11 个幸福行动。因为不管我们是否幸福、是否满足，每个人都有各种不同的目标，而且我们的目标也因各种因素不断地发生变化。那么，针对自己的具体情况，你又是如何追求目标的呢？也许你有很多目标，但你可能缺少实现目标的动机。因此，你应该首先找回失去的热情和动力。当然，也许一直以来你选择的目标都是错误的，你可能受周围环境影响，随波逐流，将目标设定为："赚钱！买房子！变漂亮！"虽然为这些事情努力奋斗并没有什么不对，但这会大大降低你追求真正持久的幸福的可能性。那么，在这种情况下，你要学会辨明哪些目标会给你带来持久的幸福感，然后立即行动，为目标而努力奋斗。

为目标奋斗的六大好处

第一，我们要弄清楚为什么要将为目标奋斗放在首位？为什么奋斗的过程对于提升幸福感如此重要？想想看，当一个人没有任何梦想或目标时，会发生什么？这样的人必定非常迷茫，他既没有行动的热情，也没有生活的信念。另外，为目标奋斗的过程让我们拥有了使命感，能够感受到生活是由我们自己掌控的。不管我们的目标是成为一个音乐家，还是组建一个家庭，这都给了我们奋斗的动力，也给了我们期待。用英国作家切斯特顿的话来说就是，"若有一种信念能给任何事物增添光彩，那就是对目标即将实现的信念"。

第二，有意义的目标可以提升我们的自尊心，增强我们的自信，提高办事效率。在奋斗的过程中，每一个阶段性目标的实现都会让我们心情愉悦、充满希望，我们也会因此获得更多快乐和骄傲，体会到更多的幸福感，激励自己继续努力奋斗。想想你认识的那些不幸福的人，他们大多都非常冷漠、无趣、动机不明、没有理想，不管是对于换工作还是换衣柜之类的事情，他们都没什么热情。在追求目标的过程中，有时你会感到非常单调乏味，有时则需要付出艰苦的努力，但从中获得的成长和激励会让我们觉得一切付出都是值得的。

第三，追求目标可以让我们的日常生活变得有条理、有意义。不管是学习新技术还是和他人交往，目标让我们懂得了承担责任、安排计划、抓住机会的重要性。制定目标对每个人来说都非常重要，尤其是对那些退休的老年人尤其重要（退休会让他们失去目标，找不到生活的意义），对那些身患残疾或者健康有问题的人也很重要。如果你也有上述情况，那么就要为自己在社交、文化或者政治活动等方面制定一个目标，例如加强和亲友的联系、参加文化活动、参加在线培训课程等，这些行动都有可能给你带来心理上的满足。

第四，努力实现目标有助于合理利用我们的时间。首先你要确定一个高级目标（例如，去各大洲旅行），然后把这个高级目标分解成多个阶段性的目标（例如，先去南美洲），并为实现目标制订一个计划。这个方法有利于简化并改善你的生活。如果你的计划不完善、条理不清晰，就很难实施，生活也会受到影响。

有一些人可能会好奇，在危急时刻，我们还能继续为了目标努力奋斗吗？研究表明，我们不仅能够坚持，而且奋斗有助于我们更好地应对问题。这就是努力追求目标带来的第五大好处。当然，有时重大的创伤和困难可能会迫使我们放弃原来的目标，这时，如果我们能够找到新的梦想，也许会更幸福。

最后，为目标努力奋斗的过程中不可避免地会和他人产生联系（老师、客户、朋友、同事或合作者），和他们交往本身就是一件非常幸福的事情。正如我在第五章讨论的，人类有着很强的"归属感"，参与人际交往、社会交往或者进行网络社交，不仅可以给我们带来幸福，而且有助于我们继续为实现目标而奋斗。

你应该追求什么样的目标

已有大量证据表明，追求梦想是幸福生活必不可少的关键因素。但梦想重要吗？如何追求梦想重要吗？毋庸置疑，非常重要。你追求的目标或有价值的人生使命，决定了你在追求的过程中能否感受到幸福。想想看，你的生活目标和梦想是否具有如下特点。

内在目标

显然，和那些随机选择的目标相比，为了个人目标而努力将给自己带来更多的幸福。心理学研究表明，不论在哪种文化中，只有首要目标反映了其内在需求和价值的人，才会获得更多的幸福感和满足感。追求内在目标不仅能给你带来幸福和有价值的人生，还有助于你的成长和成熟，实现外在与内在的统一发展。例如，追求内在目标最常见的一个方法就是设定度假目标。越来越多的人选择在假期完成一些有价值的任务。例如，去罗马学习建筑、做慈善活动、参加三项全能训练等。你做这些事情不仅因为感兴趣，还因为它们会给你带来快乐和意义。

相比之下，外在目标则更多地反映了他人对你的认可和期望。例如，追求目标只是出于一些肤浅的原因（赚大钱、提升自我形象、追求权力和名誉），或者来自外界及同伴的压力。通常，人们追求外在目标只是达成目标的一种手段。例如，努力工作是为了获取报酬（财富或社会认可），或者逃避惩罚（防止收入减少）。

虽然我对金钱、美貌以及名誉的追求似乎带了点儿价值判断的味道，但我的观点是建立在坚实的研究基础之上的。研究表明，追求内在目标会让我们得到更多幸福：一是内在目标能够给我们更多的鼓励和快乐，让我们更愿意投入精力，坚持不懈地为成功而奋斗；二是源于内心深处的目标可以直接满足我们最基本的心理需求，这里指的不是食物和性，内在目标满足的是我们的自治需求（感到自己就是人生的掌控者）、胜任感（感觉处理各种事情都很有效率）、相属需求（对人际交往感到满意）。研究人员发现，追求内在的目标更容易满足一个人的心理需求。假设你的内在目标是让自己获得波士顿马拉松比赛的资格。那么，你明知马拉松的训练非常艰苦，但是你依然能够坚持下来，同时也会享受奔跑的愉悦。奔跑能让你感到独立、拥有控制感，而且也能加强你和其他队友之间的联系，这种心态还会感染你的爱人。因此，你现在不是一石二鸟，而是"一石数鸟"。由此可见，追求内在目标的好处是不可估量的。

那么，这是否意味着外在目标就毫无可取之处了呢？不一定。我们追求外在目标（例如物质财富）是为了获得资源和机会，从而能够实现自己的梦想或内在目标。例如，我认识一位实业家，他辛苦工作就是为了赚更多的钱。他说，有了钱他就可以远离工作（他不是很喜欢他的工作），写小说（他真正的爱好），种花养草（他的第二大爱好），花更多的时间陪伴孩子们（他心中的最爱）。而且，有时我们也需要外部的激励（奖品、金钱或社会认可），这样在面对重要而棘手的目标时，我们就能坚持不懈、勇往直前。

真实的目标

你的目标是你真正重视的，并且是你自己选择的吗？还是这些目标只是你的父母、爱人或者邻居喜欢的？很多大学生的目标都属于后一类，比如，他们之所以念医学院是因为父母希望他们成为医生。在过去的 10 年间，肯·谢尔登和德鲁·埃利奥特把大部分时间都用在了研究真实目标（自主决定目标）上。真实目标是指符合一个人内心的永久兴趣以及核心价值观的目标。研究发现，当人们在追求自己的真实目标时，他们会感到更幸福、更健康，也更愿意为之付出努力，而且在实现真实目标后，他们的幸福感也会大幅提升。实现真实目标能够体现我们真正的价值，满足我们的内在需求，最大化地收获情感益处。如果你曾遇到一个快乐的医学院预科生，那么他很可能是真心渴望治病救人，成为一名医生正是他内心的真实目标。

制定真实目标的一个方法就是为自己选择合适的任务。如果在完成任务的过程中感觉良好，我们获得的幸福感就会增多，也就更容易坚持下去。这个目标越符合你的性格，你在实现目标的过程中就越容易收获价值、获得快乐、提升幸福感。例如，如果你是一个性格外向的人，你可能会非常善于处理和他人之间的关系，那么你可以追求与人际交往有关的目标。如果你有很强的控制欲，那么你可能希望通过领导某项活动来发挥自己的才能。如果你生来就温柔体贴，那么可以将照顾他人作为你的目标。如果你争强好胜，渴望取得成功，那么可以找一些能够满足你成功欲望的事情努力奋斗。若想知道哪个目标最适合自己，则要对自己有正确的了解，并且具有较高的情商。如果你真正了解自己的价值导向，清楚地知道自己的喜好和期望，那么你很快就会找到适合自己的工作和使命。如果你还不太了解自己，那么就认真思考一下，你在追求某个特定目标时，是否感觉到"真实"。比如在创作一首歌曲时、和孩子玩耍时、讲笑话时、了解全球变暖的情况时，你是觉得离理想中的自己更近了，还是更远了？

趋近目标

想想你目前正在为之奋斗的最重要的、最有意义的一个目标（不管大小），这个目标是否正在让你一步步实现你的梦想（例如，寻找新奇刺激的经历，重新装修房子，或者结交新朋友）。还是正好相反，这个目标只是为了回避某些不良后果（例如，减轻愧疚感，避免和女朋友争吵）。有意思的是，同一个目标既可以是一个趋近性目标（养成健康饮食的习惯），也可以成为一个回避性目标（防止长胖）。越来越多的研究表明，经常追求回避性目标的人的幸福感通常都不强，而且容易产生焦虑、抑郁的情绪、健康状况也不太好；而那些追求趋近性目标的人则呈现出健康、积极的状态。所以，不管拥有回避性目标的人追求的是什么目标，他们的表现相对都很糟糕。对于一个趋近性目标，人们很容易就能确定一条明确的实现路径（保证一日三餐健康饮食）；相反，对于一个回避性目标，通常需要很多条件才能实现（不吃甜点，避开各种美食的诱惑）。而且，回避性目标容易让人产生负面情绪，消极地看待事情，甚至会对恐惧及失败过度敏感。有时，你越害怕什么就越有可能遇到什么。你不想心怀愧疚，但愧疚感却总是追随你，久而久之，你就真的心怀愧疚了。

保证各个目标和谐一致

显然，你拥有的多个目标应该是和谐的、相辅相成的。如果同时追求的两个目标互相矛盾（既想创建自己的事业，又想参加户外活动），那么在努力实现目标的过程中，你不仅会感到烦恼、失去信心、压力重重，还会导致两个目标半途而废。为解决相互矛盾、冲突的目标，恰当的方法就是改变其中一个目标，或者对两个目标都做出调整，让它们能够和谐共处。当然，这一点永远是说起来容易做起来难。如果很难协调，那么你最好放弃其中一个目标，这样总比两个目标都被牺牲要好。

灵活的目标与合理的目标

随着年龄的增长，我们追求目标的机会也会随之发生变化，有时机会越来越多，有时越来越少。例如，孩子长大后，老两口可以去旅游、培养新爱好。又如，患上慢性疾病可能会促使我们重新看待自己，重新安排自己的生活，迎接新的挑战。另外，我们的文化（国家、种族或宗教）"期待"我们在人生的每个阶段完成不同的使命——完成学业、结婚、买房、取得事业成功、生儿育女、退休等。如果我们制定的目标灵活、符合在"合适的时间做正确的事"，我们就会获得最大的幸福。当然，如果无法完成所设定的目标，也并不意味着我们就是失败的，但是我们必须根据实际情况调整自己的目标。

随着年龄的增长，那些所谓的"重要的事"也会发生改变。我们在 20 多岁时为自己制定的目标肯定和 40 岁或 60 岁时不同。研究显示，年轻人的目标更倾向于获取新信息、学习新知识、体验新事物。相较而言，随着年龄的增长，人们更看中精神上的满足——将积极情绪最大化，避免负面情绪。总之，我们优先考虑的目标会随着时间发生改变，但是不管这些目标是什么，我们都必须明白：与放弃目标相比，追求目标能够带给我们更多的幸福感。

行动目标

你准备努力改善周边的环境还是开始一项新活动？哪个目标能给你带来更多的幸福？研究表明，当你为了改善生活环境而努力时（例如，购买高清电视、搬家、找一个爱干净的室友），在目标实现后，你当然会感到幸福，但同时也会面临享乐适应的风险。换句话说，你可能很快就适应了新环境，产生了更大的欲望（例如，买一台更大的高清电视机，拥有一套海景房，找一个爱干净、不播放嘈杂音乐的室友等），而即使实现了这些目标，你也仅仅是在重复享乐适应的过程。但是，如果你的目标是一项行动（例如，参加一个荒野俱乐部、义务献血、学习艺术），那么在努力实现目标的过程中，你会不断地遇到挑战和新的机会，获得各种各样的体验。因此，尝试从事一项新活动、一项你重视的行动，会让你获得持久的幸福，带给你更多的快乐。

为此我和肯·谢尔登做了一个实验，要求参与者描述两个他们最近实现的目标，一个与生活环境的改善有关（例如，搬进一栋更好的公寓或者得到一笔意外收入），另一个与开始一项新活动有关（例如，为了考研而努力学习或者成为一个更虔诚的信徒）。参与者明确地诉我们，他们很快就习惯了环境改善带来的快乐，而有意义的新活动带来的快乐则持久得多。也就是说，在实现目标后6周内，从事新活动和环境的改善都让参加者感受到了更多的幸福；但是在12周后，他们所能感受到的就只有新活动带来的幸福感了，并且已经适应环境改善带来的幸福感。我相信，尽管环境改善带来的影响比新活动的影响更大，但是参加者很快就适应了环境的变化，因此无法再产生更多的幸福感；然而，追求新活动的过程能够不断地为人们注入积极的情绪和经历，所以幸福感会源源不断地增加。

几点建议

在追求幸福的人生路上，你应该选择一个或者几个意义非凡的重要目标，投入时间、精力和热情，为实现目标而努力奋斗。显然，实现目标的方法多种多样，但研究表明，成功的奋斗者具有几个共同的特点。对此我提出以下建议，希望帮助大家制订计划、选准目标并实现目标。

明智的选择

一起来回顾一下前面的内容：如果人们追求的是内在目标、真实目标、趋近性目标、活动目标、灵活目标以及合理目标，并保证多个目标之间的和谐，就会获得更多的幸福。而追求外在的目标、不真实的目标、回避目标，或者追求的目标之间存在冲突，又或者你一心想要改善环境，而且在追求目标的过程中不知变通，那么获得的幸福感就会相对较少。因此，你首先需要考虑一下自己的真实目标和追求。

最重要的目标

说明：请认真思考当前或最近对你来说最重要的目标。这里的"目标"包括打算、预期、期望和目的。请列出 1~8 个重大目标

_____

_____

_____

_____

日期：_____

认真分析你写下的目标。看看哪些属于下表左栏的描述，哪些属于右栏的描述

选择目标特征	选择目标特征
___ 内在目标	___ 外在目标
___ 真实目标	___ 非真实目标
___ 趋近性目标	___ 回避性目标
___ 目标和谐一致	___ 目标彼此冲突
___ 活动目标	___ 以环境为基础的目标
___ 灵活 / 合理的目标	___ 古板 / 不合理的目标

如果你的目标有任何一条符合右栏的描述，那么你可以修改目标或者做出调整，不要把它当作重要的人生目标。例如，如果你发现自己的工作目标通常源于外在动机，它并不是你真心想要的，那么就换个角度思考一下，想想你的工作都有什么意义，然后记录下来。在一项有 1 018 名职业女性参与的研究中，研究人员发现，除了睡觉，她们将几乎 50% 的时间都花在了工作上。当你将 50% 的时间花在工作上，并且发自内心地感到快乐（至少是安心）而非遗憾和愧疚时，那就证明你成功了。

总之，那些从长远来看具有重大意义的目标更容易让你坚持下来，并取得最后的胜利。因此，一定要确保这些目标对你来说是有意义的。例如，如果你想成为一个画家，那么是因为你喜欢绘画，还是因为绘画可以让你找到人生目标呢？仅仅出于寻求快乐，并不足以让人们对一件事保持持久的兴趣，也很难让人坚持下去。有价值、有意义的人生目标才是最重要的。

要是你读了上述内容，沮丧地发现自己竟然没有人生目标，该怎么办呢？如果你并不确定哪些目标对自己有意义，又该怎么办呢？不要失望，有很多方法可以帮你找到有意义的目标。你可以认真想想，你去世后想为这个世界留下什么，然后将它写下来。我们都知道，"一个人会谨慎地选择自己希望被铭记的目标"。

你还可以想想，你希望孩子长大后拥有什么样的生活。你希望他们成为什么样的人，拥有何种价值观，能够实现哪些目标。不断地修改并完善你所写的内容，直到自己满意为止。这个过程将促使你重新审视你的生活和重要的人生目标，帮助你厘清什么是最重要的。使用这种方法，你自然而然就会找到真实的人生目标。

拥有真实的目标

如何才能获得真实的目标？肯·谢尔登曾做过一个实验，试图帮助人们寻找源于自己真实愿望的目标。在他的实验中，参与者要参加两次培训，同时鼓励参与者通过思考让自己的目标变得更有趣、更有挑战性，同时鼓励参与者加强对目标的重视和认同，从中找到更多的意义。研究中，参与者需要重新评估那些不是自己真心想要实现的目标，也就是那些因为他人的压力或逼迫而不得已制定的目标，而且一旦放弃这些目标，你就会心怀愧疚或感到焦虑。此外，追求目标的过程有时会让人感到沮丧、不堪重负，忍不住想放弃。这种情况不可避免，在这个时候，"努力找到属于自己的目标"，并且"让目标变得更有价值"，对你来说就变得尤为重要。例如，如果你感到很难完成工作报告，那么可以尝试思考这个任务给你带来的深层次的价值，你也可以用其他方法让这个任务不再那么单调、沉闷。

肯·谢尔登的研究表明，那些能够找到真实目标的人不仅更容易实现目标，而且随着时间的推移，他们也会变得更幸福。找到真实目标的人会不断地成长和进步，他们时刻准备着利用一切有利条件获取更大的进步；而无法拥有真实目标的人则很难取得进步，也无法前行。

坚持与激情

追求目标并不是一件容易的事。若想实现梦想，你就必须忍受大量单调、沉闷的工作，付出巨大的努力，克服各种阻碍和压力，有时还要做出牺牲。实际上，所有的技能都需要大量的练习、无穷的耐心和巨大的付出，有时还要敢于冒险。这说明了为什么坚持目标很重要，在奋斗的过程中保持热情也很重要。如果无法坚持下去，或者在坚持的过程中丧失了热情，那么你很可能会突然放弃，尤其是在你感到疲惫、烦躁、恐惧时就更容易放弃了。

在努力追求目标的过程中充满热情有很多好处。首先，它满足了人们的归属需求和与他人交往的需求，因为我们的目标通常都与社会责任和义务有关。其次，努力追求重要的人生目标有助于加强我们的自主意识，因为坚持不懈是我们自己的选择。此外，为了实现目标坚持奋斗，有助于我们摆脱社会压力和自我怀疑。当我们劲头十足、全身心地追求自己的梦想时，我们不仅能掌控自己的命运，还能更深刻地认识自己。

显然，公开做出的承诺更容易遵守。如果青少年把自己长远的打算告诉朋友，那么也就更容易遵守他们的承诺；如果市民告诉调查人员他们打算投票，那么真正投票的可能性就会大得多。美国斯克兰顿大学的一项研究发现，那些公开讲述新年愿望的人和没有公布的人相比，他们实现目标的可能性整整提高了 10 倍。在众人面前承诺实现某个目标会增加我们坚持下去的可能性，因为我们想让大家知道自己是言出必行的人，如果无法实现目标，我们也会感到尴尬和窘迫。

创造自我实现的预言

如果祖母还健在，她一定会教导我说："不犯错误的人是那些什么也不做的人。"也就是说，如果你不尝试、不付出努力，必然一无所获。因此，"只管去做"！你越能坚持你的目标，那么实现目标的可能性就会越大。有一项研究调查了一群下定决心在新的一年完成一个重大目标的人。研究发现，那些坚信自己能够做出改变的人，随着时间的推移，他们更有可能坚持自己的目标。这就是自我实现的预言，一种自我肯定、自我实现的信念。

社会心理学家收集的大量证据表明，仅仅是付出一点儿努力就可以改变我们对事情的看法。例如，帮助某个人可以让我们明白助人为乐是一种有价值的行为，为政治活动筹款能够让我们对政治事业充满坚定的信心。因此，确定目标后就应该立刻采取行动，即使你还心存疑虑，但行动本身就有可能减轻你的疑虑或者彻底消除它。

另外，一旦你实现了一个目标，那么你会为自己的进步感到高兴，你也会越来越有信心，这样，在你追求目标的过程中，就会形成一个良性循环，从而帮助你实现更多、更大的人生目标。同时，在取得重大进步时，记得要有意识地奖励自己，这有助于你获得更多的成功，始终保持乐观的心态。

目标要灵活

让自己的活动或者目标具有灵活性是非常重要的。在追求目标的过程中，如果突然出现阻碍和限制，你可能就需要改变或者调整自己的目标了。比如，在过去的几年里，你一直努力抽出更多的时间和女儿一家人在一起，但是他们很快就会搬到另一个城市，这个城市离你有两个小时的车程。心理学家认为，在面对某种情况时，人们表现出来的控制力有两种——主要控制和次级控制。主要控制是指试图改变现实（例如，说服女儿留下或者自己也跟着搬走），这种方法通常很难实施；而次级控制是指改变自己对这种情况的看法。大量研究显示，如果你能够根据新情况灵活地调整目标，那么你会更幸福。例如，虽然你的总体目标（和女儿一家更多地相处）可能保持不变，但你的次要目标可以改变（通过网络和他们保持联系，乘车去新城市看望他们等）。又如，一个人因伤不能继续原来的锻炼，但是他可以换一种适合他目前状况的运动（例如，不能慢跑了，可以练瑜伽或在固定单车上进行锻炼）。这样，更高层次的目标（锻炼）仍保持不变，只是调整了锻炼的方式，但同样达到了锻炼的目的。

此外，在出现新机会时同样要灵活应对。随时注意新的情况和出现的机会，随机应变，这有助于我们抓住新机会。只有抓住机会，你才能够充分利用机会，并从中获得更多的幸福。因此，如果你了解到某学校在周末设置的新课程可以让你获得一个重要的学位，那么你可以考虑参加学习。刺激控制（改变自己的看法）还包括把限制和困难看作挑战或机会。例如，你的女儿搬走了，这可能会激励你学习驾驶，这样你就可以经常开车去看她了。记住，上帝关上了一扇门，必会为你打开另一扇门。

不要破坏内在动机

当你在追求一个目标的过程中充满快乐，同时也认为自己的生活非常有意义时，千万不要让任何事破坏了你的内在动机。因为如果我们感到自己是被迫追求目标的，就可能失去兴趣和热情。社会心理学家提供的很多具有说服力的证据表明，如果人们对自己正在做的事很享受，那么给予奖励则会破坏已有的美好。也就是说，外部奖励会把享受变成一件苦差事。我认识一个女性，她非常喜爱文学，读了大量的文学名著，并决定攻读英语博士学位。几年后，她因为考上了研究生，开始了一系列必修课的学习。慢慢地，她发现自己得到的奖励（成绩优异、教授也满意）给了她一个外在的理由攻读学位。她说："我现在发现自己读书只是为了得到一个好成绩，而不是因为发自内心的喜爱。我不再对阅读充满期待。"这就是外在奖励毁掉内在动机的方式。

一个设计巧妙的经典研究也证明了这个现象。实验中，幼儿园的孩子们（都喜欢绘画）被分成了两组。研究人员告诉第一组孩子，如果他们用画笔画画，就会得到一个"优秀小画家奖"；而第二组孩子可以用画笔画画，也可以不用，并且没有奖励。几周后，研究人员返回幼儿园，观察孩子们在教室里自由活动时的表现。结果非常有趣，那些之前期待得到奖励的孩子现在很少用画笔画画了，而那些不知道奖励的孩子则相反，他们经常用画笔画画。这是因为对于奖励小组的孩子来说，画画已经变成一项任务，就是为了获得一个奖励，而不是他们发自内心想要做的事，所以也就没有那么喜欢了。

"婴儿学步"：分解你的目标

若要实现更高水平的目标，你必须把它们分解成多个阶段性的具体目标，并逐一完成。例如，在学会做法国菜之前，你必须学会炖比利时莴苣。这意味着只有制订多个具体的执行计划，才能实现更远大的目标。

在加拿大蒙特利尔市，研究人员帮助刚刚退休的社区人员确定了其个人目标。研究人员对他们进行了为期三个月的干预指导。在小组长的带领下，这些参与者每周聚到一起，参加为期两个小时的学习班，学习如何管理目标。干预研究非常成功：和控制组相比，参加学习班的退休人员在学习结束后获得的幸福感明显高出很多，6 个月后他们的幸福感依然很强。让我们来看一下实验的具体内容。

第一步，在前几次学习中，参与者讲述了自己的期望、目标和设想；同时，针对这些目标，他们还提出了一些疑虑。

第二步，他们确定了自己的最高目标，并认真思考了这个目标。假设你的最高目标是搬到另一个城市，那么需要付出多少努力呢？你需要哪些资源呢？这次搬迁会让你获得多少快乐呢？

第三步，选择一个目标（例如，学习西班牙语），并对目标进行具体说明（例如，用西班牙语进行流利的对话），并下定决心努力实现。你可以在本子上写下你的目标，把它放在一个显眼的位置，或者告诉你的家人、朋友。

第四步，制订具体的执行计划：在哪里，什么时候，采取什么行动（例如，每周去语言学校上课等）以实现目标。要全面考虑可能遇到的各种阻碍（例如，学习中产生的厌烦情绪等），然后考虑解决的策略（例如，在精力充沛的时候抽出时间学习等）。同时，一定要排除杂念，不要半途而废，有意识地把自己的注意力集中到眼前的目标上。

第五步，小组内的参加者要互相支持，共同执行计划，克服各种挑战和困难。实际上，在追求目标、实施计划的过程中，有时需要对目标做出调整，或者重新考虑目标的优先级别，甚至改变目标，

我们来看一下其中的一个参与者 M 夫人。在研究开始时，M 夫人正处于人生中最艰难的阶段（她的丈夫 5 个月前去世了，这让她感到茫然无助，而且最近她退休了），但是实验后，她不仅成功地找到

了新的生活目标，人也变得比以前开朗多了。她一开始在目标清单中列出了 4 个重要目标，分别是"充分发挥我的天赋""恢复自信和独立""通过工作或者参加慈善活动重新找到自我""结交新的朋友"。之后她选择了第四个目标开始实施。在计划阶段，M 夫人对实现目标的过程进行了具体说明，包括"参加退休人员集体早餐等新活动""主动打电话给朋友"等。

M 夫人在追求目标的过程中遇到的障碍，是她仍会陷入失去丈夫和工作的痛苦，甚至想要中途放弃。这时，其他小组成员不仅给予她鼓励，还在物质和情感上给予支持，她也决定接受心理治疗，尽快走出伤痛。

学习小组的组长注意到，M 夫人在追求目标（结交新朋友并恢复活力和自信）的过程中表现出了"非凡的勇气"。在干预研究结束的时候，M 夫人认为自己已经完成 75% 的目标，而且在实现目标的过程中，她又找回了"从前的自己"，并且感到很幸福。

由此可见，坚持不懈地追求目标的过程包含很多步骤，每一个步骤都合乎逻辑。首先，你应选定一个目标，然后把这个目标分解成多个具体的阶段性目标。其次，提前对那些可能迫使你中途放弃的困难和挑战进行预测，并做好准备，采取行动。一定要记住，幸福源于追求目标的过程，你不一定非得实现目标才算成功。

在本章结束之前，我想再给大家讲一个故事，这个故事的主人公是我采访过的一个才华出众的幼儿园老师库尔特·施文格尔。他曾获得"最优秀教育者奖"。他创建了一个教育网站，并开发了自己的幼儿课程。我认为他是一个真正幸福的人，事实也的确如此。他充满活力和热情，不但有创造力，工作也十分努力。"我热爱我的工作，我工作并不是为了报酬。"他这样告诉我。工作就是他的事业。

努力追求目标以提高幸福感，这个方法听起来似乎有些无趣，但它其实很有效。看看施文格尔为了目标奋斗的过程，你就会明白。他有很多目标：给学生拍数字电影，设计新游戏让孩子感受"至高的幸福"，每三周就换一个新的课程主题，还为孩子们提供各式服装和音乐，安排主题作业，进行实地体验。他经常带着孩子们去看篮球比赛。每天早上教室的门一打开，孩子们就兴奋地扑向他的怀抱。每天他都在做设计、开发新课题、和孩子们交流，同时他也是一位严格的老师。

施文格尔在做事时非常专心、非常投入，他会在工作和生活时尽可能地去体验幸福。公立幼儿园老师的工资并不高，他们当中有些人也认为这份工作太单调、太沉闷。我说过，我们可以从不同的视角看待世界、自己、家人、工作和生活的环境。成为一个更加幸福的人，还包括你会选择从哪个视角看待这个世界，并且明白人生的选择其实就掌握在你自己手中。施文格尔做出了选择，他希望成为一名最好的幼儿园老师。你也可以做出你的选择。

第九章

精神寄托的力量

大多数人不会为了获得更多的幸福信仰宗教、锻炼身体，或者对陌生人微笑，但是这些事也许真的会带给你很多意想不到的幸福。

幸福行动 11：寻找精神寄托

心理学家一直以来都不太愿意谈及宗教。表面来看，科学和宗教无法相容——上帝无法接受实验室的调查，神圣也不能被量化。虽然宗教信仰无法通过实验辨明真伪，但这并不意味着我们不能研究宗教信仰。实际上，越来越多的研究表明，有宗教信仰的人比没有宗教信仰的人更幸福、身体更健康，而且在遭受创伤后恢复得也更快。一项研究采访了一些因婴儿猝死综合征而失去孩子的父母。采访一共进行了两次，一次是在这些父母失去孩子 3 周后，另一次是在他们失去孩子 18 个月后。和那些没有宗教信仰的人相比，信仰宗教、经常参加宗教活动的人在失去孩子的 18 个月间能够更好地面对创伤，他们也相对较少出现抑郁的情况。宗教之所以能够起到调节身心的作用，主要有两个原因：经常参加宗教活动的人可以得到更多的社会支持（也许宗教信仰本身就是一种支持），他们也能够从孩子夭折的不幸中发现某种人生意义。

对健康的好处

很多研究表明，在患有疾病的人中，相对于那些没有宗教信仰的人，积极参加宗教活动的人活得更长久。例如，如果一个人患有严重的心脏病，即将做一个大手术，那么宗教或许会给予他力量和安慰。术后 6 个月，他幸存下来的概率将比没有信仰的人高出三倍。遗憾的是，我们并不知道为什么宗教会有这么大的力量，一个明显的原因可能是宗教人士的生活方式更健康。实际上，许多宗教教义都严禁酗酒、吸毒、滥交、吸烟等有害健康的行为。宗教人士吸烟和喝酒的比例通常比非宗教人士低。某些宗教团体还鼓励健康饮食，禁止婚前性行为、禁烟、禁酒、禁毒，其教徒都相对比较健康。同时，宗教团体也鼓励积极、轻松的生活方式。例如，倡导适度的行为（反对偏激、违法或者冒险行为），注重和谐的家庭生活。研究显示，宗教信仰能够有效减少违法犯罪、渎职风险和家庭矛盾等现象的出现。

这也许能够解释信仰宗教的人身体为什么更健康。但是，他们的生活更加美满幸福、面对危机时也能更好地应对，这又该怎么解释呢？调查显示，在每周参加几次宗教活动的人中，有 47% 的教徒认为自己"非常幸福"；而每个月最多参加一次宗教活动的人中只有 28% 的教徒感觉幸福。宗教（例如基督教、佛教以及伊斯兰教）内部成员之间的亲密关系能够给予其成员社会支持和认同感，这可能就是宗教发挥的作用。毕竟，宗教活动通常都不是孤立进行的，而是群体性的，大家共同分担痛苦，互相帮助，给予鼓励和安慰。可以肯定的是，定期参加宗教活动的人拥有更大的社交网，他们确实能够从教友那里得到实实在在的帮助。同一个宗教组织的人有很多相同之处，他们经常一起参加各种宗教仪式和活动（例如，慈善活动、志愿者活动、济贫活动等）。这些成员不仅拥有相同的宗教信仰，也拥有相似的价值观。因此，在教堂、犹太教会堂以及寺院中，教友之间会形成一种团体意识，彼此间能够提供友情支持、情感支持和物质支持，让大家感到得到了重视、尊敬和照顾，从而进一步加强了教徒的自我意识，真正地认可自己的生活方式。毕竟，当你尊敬、崇拜的人和你同处一个团体，拥有相同的价值观和生活方式时，你自然会感觉很幸福。

因此，信仰宗教的人之所以比非宗教人士更幸福，是因为相同的宗教信仰把他们聚集到了一起。这个解释可能是对的，但我并不认同。

第一，我们不应该忽视，许多宗教人士得到的"终极"支持，是一种不需要正式参加任何宗教仪式或活动就可以得到的支持，例如，基督教对上帝的信仰就是如此。这种信仰不仅会在逆境时给予他们安慰，而且也是他们感受到自尊、被重视、被爱、被关心的源泉，也让他们拥有了一种真正的安全感。信仰上帝有助于你引导自己的生活，甚至会激发出一种错位的控制感，感觉在上帝的指引下自己能够做好一切（"有全知全能的神在，一切皆有可能"）。

第二，相信神做的每一件事都有其目的，这有助于人们在日常生活或者创伤事件中找到人生的意义。这一点非常关键。不管你是否正式加入了一个宗教组织，只要你对信仰虔诚，那么你的健康和幸福都会有所提升。在身处逆境的时候，这一点显得尤为重要。当患上更严重的疾病或家人去世时，你可能找不到一个合理的解释，这也许会严重挑战你的人生观、价值观，从而对这个世界的公平与公正产生怀疑。"宗教应对"包括祈祷、重新审视生活的意义及信仰宗教人物等行为。"宗教应对"有助于你理解一切都是神安排好的，有助于你从不幸中寻找到意义（苦难带来的觉知的增长和处理问题能力的提升）。宗教信仰能够给人希望，让人从更积极的角度解释逆境，给人以安慰。实际上，宗教的应对力量非常强大，也是很多人在遇到困难时最常使用的一种应对方式。

有一位母亲失去了她的第一个孩子，后来她又生了一个健康的孩子。由此，她发现了这样的人生意义："上帝做每件事都有理由，我也是这样认为的。正是第一个孩子的离世，才让我特别珍视我的第二个孩子。"大量研究显示，很多经历过创伤的人（例如瘫痪）对于这个问题——"为什么是我"，他们最常见的反应就是认为"上帝自有安排"。另外，那些拥有仁善之心的宗教人士通常都有很强的应对困难的能力。在一项针对化疗病人的研究中，那些认为上帝控制了癌细胞的病人拥有更强的自尊，对病情也有较好的适应力（例如，更幸福、更平静、人际关系也更融洽）。这说明，信仰上帝能够帮助这些癌症患者更好地应对疾病。但是，信仰上帝并不意味着对逆境的消极屈服；相反，这些病人通过祈祷获得了力量，能够更加积极地应对疾病。这就是个人和更强大的力量之间积极互动的过程。

即使没有遇到创伤性事件，宗教信仰和精神寄托毫无疑问也能帮助我们了解人生的意义。我们需要看到自已存在的重要性，明白所遭受的痛苦和付出的努力并不是徒劳的，从而找到真正的人生目标。同时，也要证明自己的行动是合理的：为什么要谅解他人？为什么要心存感激？为什么要以德报怨？我们为什么需要关注他人，而不只是想着自己？此外，找到人生的意义能够让我们找到自身的价值，从而坚定自己的信仰，认同自我，热爱自己所属的群体。

值得注意的是，宗教信仰可以激发大量与幸福相关的积极情绪及行为，这就解释了为什么宗教人士比非宗教人士更幸福。以宽容为例。研究表明，与不信教的人相比，虔诚的教徒更容易宽容他人，也更具有仁爱之心。宗教行为能够让人们产生希望、感激、爱、敬畏、同情、快乐，甚至狂喜等积极的情绪，从而提升人们的幸福感。

精神寄托的益处

到目前为止，我一直没有混用"精神"和"宗教"这两个词，也没有加以区分。那么，这两个词有什么不同吗？这两个词的含义虽然有很多相似之处，但二者也是有区别的。精神寄托是指"追求超自然的力量"，即通过超越自我寻找人生的意义（"超越自我"是一个不错的标签）。它通常是指对神的信仰，或者和某种神圣力量以及终极真相有关的概念。宗教虽然也是一种精神探索，但是这种探索通常是在正式的组织中发生的。大多数追求精神寄托的人实际上就是信仰宗教的人，因此追求精神寄托所带来的好处和宗教信仰非常相似。与那些没有信仰的人相比，有精神寄托的人更幸福、心态更积极，也能更好地应对各种压力，拥有美满的婚姻生活。他们很少有吸毒、酗酒的行为，因此他们更健康，寿命也更长。由此可见，信仰上帝和神灵的仁爱之人，比那些没有信仰的人更幸福。

但是，即使不信仰上帝，你也能够把普通的事情加以神圣化。如果你把工作看作事业（不管你的工作是否神圣），把你的孩子看作上帝的恩赐，相信爱是持久永恒的、身体是圣洁的，那么就意味着你已向生活注入了神圣的因素。将生活神圣化能够为人们提供行动的动机，找到人生的意义，获得幸福与满足感。因此，将婚姻神圣化的夫妇更容易获得满足，也更愿意坚持付出；将教育孩子神圣化的夫妇更容易成为明智的父母。如果大学生立志于超越自我，努力获得更高的精神追求，他们就会获得更多的幸福。

因此，精神寄托为那些不属于任何宗教组织、不想成为教徒的人提供了一个有效的方法。不用去教堂或者寺院，我们同样可以运用多种方法努力探索神圣的力量，例如冥想、祈祷或者在日常生活中追求更高的精神寄托等方式。

首先，冥想是一种有效促进身心健康的方法。冥想有很多益处，超越现实仅仅是众多益处中的一个。

虽然祈祷的方法多种多样，但和精神连接最紧密、最有益的祈祷形式便是冥想式祈祷。通过冥想式祈祷，人们可以维系与神灵之间的联系。总的来说，和其他类型的祈祷相比（例如，许愿式祈祷或者恳请宽恕式祈祷），冥想祈祷会让你感到自己离上帝更近、更幸福。

此外，那些注重精神生活的人会努力在平凡的生活中寻找神圣的力量。例如，通过培养畏惧感、整体感，通过感受上帝无私的博爱，寻找比人类更强大的力量或者和超自然的力量建立联系，将平凡的生活神圣化。

宗教和精神寄托对谁最有益

若要提升幸福感，你所选择的方法一定要适合自己，能够满足自己的动机。只有你主动采取这个行动，你才能为之付出坚持不懈的努力，这样才最有效。

另外，研究人员还发现，对女性（相对于男性来讲）、非裔美国人（相对于白人）、老年人（相对于年轻人）、北美人（相对于欧洲人）来说，宗教信仰能够带给他们更多的幸福感，这也许是因为他们相对更虔诚。而且，那些积极参加宗教活动（例如去教堂或者祈祷）的人比那些只是在心中有信仰的人更幸福（此发现强调了宗教活动在提升幸福感中的关键作用）。最后，和那些把宗教作为一种实现目的的手段（外在理由，视宗教为提升个人地位的工具）的人相比，那些因为内在理由（把宗教作为一种生活方式）信仰宗教的人会获得更多的幸福。当然，这没什么好奇怪的。

宗教信仰会产生消极作用吗

弗洛伊德认为宗教能够产生一种"强迫性神经官能症"，其症状包括压抑情绪、压抑性欲、增加负罪感。大众媒体认为，与不信仰宗教的人相比，信仰宗教的人容易变得偏激、保守，并且会消极地应对生活（把一切都交给神）。他们不但无法进行理性的思考，而且相信因果报应、原罪这样的信念。此外，就像亲密关系可以给人带来快乐和悲伤一样，宗教聚会同样可以成为压力和冲突的来源。宗教活动需要信徒付出大量的时间、努力和金钱，甚至为之做出牺牲，还要严格遵守教义中规定的道德和行为标准。

但这些真的是宗教信仰的缺点吗？还是人们一直以来持有的迷思

呢？研究证实了其中的一些说法，但不是全部。例如，强烈相信祈祷可以治愈疾病的人很少锻炼身体，也很少用其他方法治病；而那些把所有问题都消极地推给上帝的人，其心理健康水平往往很低。那些认为上帝遥不可及，只会给予人类惩罚的人更容易患上抑郁症，抵抗力也较差。当人们相信消极事件代表了上帝对他们的惩罚时（甚至认为是魔鬼在惩罚他们），他们就会产生愧疚、耻辱和恐惧的心理，甚至导致更严重的抑郁症，其健康和生活都会变得更加糟糕。此外，相信原罪也与自尊较低有关，如果你相信自己生来就是一个邪恶的人，自然会感觉到无能和耻辱，也就很难认同自己，从而否定自己。

关于宗教信仰是否会让人产生偏见这个问题，专家在对一些基督徒的研究中发现，他们会认同"犹太人麻烦不断的原因就是因为他们放弃了耶稣，所以上帝要惩罚他们"，以及"很多同性恋死于艾滋病是因为他们罪有应得"等观点。但是这并不能代表绝大多数人的看法。很多宗教人士和追求崇高精神寄托的人都非常具有包容性、同情心，而且思想也相对开明。

当然，寻求精神寄托的过程中可能也会出现失败，让人产生焦虑、抑郁的情绪。在极个别的情况下，有些人还可能加入邪教或把不信仰宗教的人当成敌人，当然这只是一些极端的情况。如果你在追求更多幸福的过程中，选择了信仰宗教，提高精神追求，那么你不太可能遇到这样的问题。正如我一直强调的，在追求幸福的过程中，适度才是最明智的做法。

坚持信仰

我曾考虑把这一部分删掉，因为大多数信仰宗教和追求精神寄托的人都知道如何坚持他们的信仰，但以下建议也许能够给那些对人生感到迷茫的人一些激励。现在，你需要选择一项活动，给自己设置一个目标，每天花 15 分钟阅读有关宗教的书籍，收听相关的广播节目。你还可以自愿参加宗教慈善活动，通过查找资料、和朋友及熟人交流了解相关的宗教理念。这样，你不仅会受到启发、有所感悟，还能接触新事物、结交新朋友、加深和朋友的友情。

寻找意义和目标。研究显示，生命真正的意义源于一个人的思想、感情和经历，而盲目地接受他人感受到的生命意义则不会给你带来幸福和成长。确定人生的意义非常困难，随着生活的改变，你所确定的人生意义也会发生改变。关于如何寻找生命的意义，研究人员给出了以下 6 条建议。

第一，追求力所能及的目标，生活才有意义。不管你的人生目标是什么，只要你有时间、有能力、有精力，能够全身心地投入，就会为生活增添色彩。如果你不确定自己的目标是什么，也不知道该如何追求它，请参见第八章的内容。

第二，制定清晰的"人生规划"，生活会更有意义。坐下来，写出这个人生计划，或者与他人分享你的计划。现在的你是什么样？以前的你是什么样？未来的你又会是什么样？在前进的路上你会遇到哪些阻碍？你对这个世界有哪些看法？

第三，创造力可以给生活注入新意。再次强调一下，超越自我是非常关键的。创新不仅会给你带来快乐，为你的生活增添重大意义，如果足够幸运，创新成果还会在同代人之间流传，甚至被后人传承下去。

第四，在痛苦和创伤中寻找人生的意义。痛苦和创伤会让人成长，让你更加成熟，从永恒的视角看待人生之路、重新审视生命的意义。

第五，在宗教信仰和精神寄托方面追求强烈的情感体验，例如，进行宗教活动时，你会感觉到安慰；当你面对宇宙的浩瀚时，你会心生敬畏；当身处赏心悦目的大自然时，你会感到平静。而且一些宗教经历可能会唤醒你的灵性，让你感受到喜悦，犹如沐浴在温暖的阳光中。所有这些经历都会加深你的信仰，赋予人生更多的意义。

第六，寻找生活意义的一个基本途径就是努力培养对人生的信仰。在某种意义上来讲，信仰回答了一些很"大"的问题：我是谁？我活着是为了什么？谁是创造者？如何才能过上美好的生活？如何改变周围的环境？

祈祷。坚持宗教和精神信仰最常见的一个方法就是祈祷。实际上，某个报告称，70% 的美国人每天都会祈祷，只有 6% 的人从不祈祷。每种宗教都有它自己的祈祷形式和传统，都有和上帝或其他神灵交流的方式。以下建议将告诉你如何让祈祷成为你生活中重要的一部分。

- 每天抽出一段固定的时间（5 分钟到 1 个小时）进行祈祷。祈祷时，你可以为自己或者他人祈福，也可以单纯地感受上帝的存在，或者只是诵读一段祈祷词。

- 根据一天中遇到的具体情况随时祈祷。例如，当你感觉郁闷、紧张或必须做出判断时，你可以祈祷；当你看见世间的美好时，你可以祈祷；当某件特别美好（或特别糟糕）的事情发生时，你也可以祈祷。

◎ 每天在起床后、睡觉前，或者进餐前进行祈祷。如果你真心去
  做，感恩的祷告会让你收获特别的平静和幸福感。

罗莎是我在念大学时认识的一个年轻女性，她决定通过积极的祈
祷改变自己的生活。虽然她从小就被家长教导信仰上帝，在周日去
教堂做礼拜，但是她告诉我这样做都是被迫的。成年后，她就不再
像以前那样经常祈祷了，但最近她又决定主动祈祷。下面就是她的
叙述。

　　在过去的一周里，我在睡觉前和起床后都会祈祷。我为自己
的每一天祈祷，感恩曾发生的一切，向上帝倾诉我所有的烦恼。
祈祷结束后，我发现自己变得更加明智、更加幸福了，就好像我
对老朋友倾诉一样。在刚开始祈祷时，我感觉很尴尬，因为我还
有室友，我不知道她会怎么想。但是当我闭上双眼，专心向上帝
祈祷时，我完全意识不到周围的一切了。我彻底摒除了各种杂念
和偏见，感谢上帝陪伴我的每一天，感谢他为我所做的一切，并
祈祷他给我力量、伴我前行。祈祷后，我感觉非常轻松，好像卸
下了一副重担，很满足。

　　祈祷本身并不难，但是我多年都没有这么做了，所以再次坚
持每天祈祷就有些困难了。但是，我喜欢祈祷，它让我感到自己
不再是一个人。现在，我已经养成每天多次祈祷的习惯，也会坚
持下去，因为每次祈祷都能带给我众多益处。例如，它能让你学
会感恩，也更容易谅解他人，改善人际关系。伟大的上帝无所

不在，不论我在哪里，他都在注视我。他就像我的慈父、我的朋友、我的兄弟，我可以和他分享成功，与他交流我的快乐与幸福，除去心中所有的疑虑和焦躁。我会坚持每天祈祷——清晨的祈祷能赐予我力量，而夜晚睡前的祈祷能让我安然入眠。

在平凡中发掘不平凡。你应该努力在日常生活中发现神圣的元素。家常便饭、孩子的笑声或者一场初雪都可能是神圣的。很多人觉得辽阔的天空美丽如画，似乎是出自上帝的手笔，是的，平凡的生活也有其不凡之处。在平凡中寻找神圣，需要付出大量的努力，但这正是精神追求的核心所在，你也会得到巨大的回报。

目前，科学家不再忽视灵性和宗教对人们身心健康的巨大影响，仅在美国就有众多的公民信仰上帝。如果你也信仰宗教，那么同样可以通过宗教提高你的幸福指数，改善你的生活。

幸福行动 12-1：冥想

除非你特别忙，否则每天半个小时的冥想必不可少，

不然你就需要冥想一小时。

——圣方济各·沙雷氏

现有的宗教研究有很多局限性，几乎所有的研究都集中在犹太教和基督教。东方的宗教（印度教、佛教、道教）为我们提供了完全不同的视角，这些宗教修行的核心显然都是有关于冥想的。在佛教中，僧人通过冥想进行修行，他们认为冥想可以帮助人们接受生活中"不可辩驳的真理"——生活在不断变化，所有试图掌控生活的行为都是徒劳的。经常进行冥想修行可以帮助我们进入觉悟和超然的状态，找到真正的幸福。

事实上，冥想包含很多不同的技巧和种类，例如参禅、超觉冥想、内观冥想、集中冥想、正念冥想、沉思冥想、慈心冥想等。冥想的核心是培养专注力。集中注意力的方式有很多种，例如，不做分析、排除一切情绪干扰、把注意力集中到某个事物上（例如火焰、呼吸、一个声音或者一个单词），这类冥想被称为集中冥想。你也可以毫无偏见地把注意力放在你所有的想法上，对看到的所有东西或听到的声音不做分析判断，这类冥想被称为正念冥想。或者，进一步向上帝敞开心扉，思考人生，这类冥想称为沉思冥想。

冥想是一项非常个人化的活动，专家也给我们指出了冥想中应注意的重要事项：

- ◎ 做到客观、无偏见。客观地观察当下的情况，立场超然，不做任何主观评判。

- ◎ 不要勉强为之。乍一看，这个建议和"努力追求目标"相互矛盾，但这里是提醒你不要过度关注是否能实现目标。凡事过犹不及，但也不要懈怠。

- ◎ 要有耐心。不要强迫自己进入冥想状态，让它自然而然地发生。

- ◎ 要自信。相信自己，相信一切都会好起来。

◎ 洞察。悉心观察并体验每一件小事，就好像你第一次看见它们一样。

◎ 学会放手。停止思虑过度，该放手时就放手，这就是所谓的"不执着"。

为什么冥想

坦率地说，当我发现有这么多研究一直在探索冥想的效果时，我感到非常吃惊。大量研究表明，冥想对于人们的健康和发展等方面都有积极影响。例如，冥想可以增强人们的幸福感和积极情绪，减轻压力，提高认知能力，还可以在自我实现的程度和道德水平等方面产生积极影响。

一些研究人员发现，冥想者的身体能够进入深层的休息状态（呼吸变缓），甚至会进入一种更高境界的意识和觉知状态。有一个关于冥想的研究让我印象非常深刻，研究对象是一群身体健康的工人，他们接受了为期8周的正念冥想训练。在训练结束的时候，冥想者大脑左前额叶的活动明显增加了（和右前额叶相比）。回想一下第二章的内容，你会发现，那些生活幸福、以方法为导向的人，其左脑的活动明显比右脑活跃。这一发现也很好地验证了其他研究的发现，即定期冥想能够提升幸福感，减轻焦虑和抑郁的症状。这个研究还发现，冥想者对流感疫苗也表现出很强的免疫反应，他们左右脑的活动越不对称，免疫反应就越强烈。令人惊讶的是，即使短期冥想，也能够给大脑活动和免疫系统带来影响。

冥想干预实验表明，冥想在治疗疾病方面表现出很好的疗效，例如心脏病、慢性疼痛、皮肤病等生理疾病，以及各种各样的心理疾病，包括抑郁、焦虑、恐慌、药物滥用等。冥想除了能够对生理产生直接影响，还能帮助冥想者减轻压力，产生积极的情绪，增强自信心，加强自控力。例如，在某项研究中，一群上班族参加了为期 6 周的冥想训练后，他们的积极情绪明显增多了。由此可见，冥想可以激发积极情绪，而积极情绪又可以为人们带来很多好处，例如，更懂得享受当下的生活，人际关系也更加顺畅，社会支持增多，身体的病痛也会减少。

很多研究都证实了冥想能够提高老年人的智力、创造力和认知灵活性。还有研究发现，受过冥想训练的大学生在随后的智力测验中，和控制组的学生相比，其智商有了很大提高，考试成绩也有了提高。另一项研究发现，和控制组相比，那些练习正念冥想的医学院学生拥有更崇高的精神信仰，他们更富有同情心，也很少感到焦虑和抑郁，甚至在压力很大的时候也能保持良好的心态。

根据以上的研究结果，冥想似乎成了一剂包治百病的灵丹妙药。冥想的确蕴含某种强大的力量，只要你坚持不懈地练习，就一定能找到这股力量。对成功的冥想者来说，冥想就像体育锻炼，已成为他们日常生活中的一部分。一个女性朋友坚信冥想是她的幸福秘诀，她说："我每天早上冥想 20 分钟。在这段时间内，我什么都不做、什么都不想，只是冥想。接下来的一整天我都感到精力集中、平静愉悦，不会过于激动，也不会易怒或者感到紧张，内心充满幸福感。如果哪天没有冥想，那么一整天我都会感到莫名其妙郁闷。"

冥想者的动机五花八门：有人希望获得内心平静，有人为了拥有更清明的觉知，有人为了治疗疾病，有人为了挖掘自己的创造力和洞察力，有人则为了得到醍醐灌顶的顿悟，当然，还有很多人为了获得幸福。

冥想入门法

冥想教练建议，在进行冥想时，你可以找一个安静、舒适的地方坐好，将背部挺直，然后闭上双眼，注意呼吸。当你呼气的时候，默念一个音节或者一个单词，也可以把精力集中到具体的物体、声音或者一件事上（比如一根蜡烛、一块石头，或者你的呼吸）。如果你走神了，不要管它，将注意力拉回你的呼吸上。要关注内心，摆脱杂念，不要让念头、幻想以及记忆控制你。当然，这需要反复练习才能做到，初学者一开始练习时通常只能够保证几秒钟的平静。最常见的感受就是你刚清除完杂念，它们又出现了。

给自己规定一个冥想时间（5 分钟到 20 分钟不等），然后坚持每天练习。安排一个可以进行冥想的地方，这个地方一定要舒适，并尽可能远离一切外界干扰。

冥想有很多好处，但并不是每个人都可以掌握它，不然，思想家布莱士·帕斯卡也不会认为"人类遇到的所有问题都源于他们无法在一个地方独自静坐沉思"。要想提高冥想技巧，你可以参加一个培训班，登录与冥想有关的网站查找信息，或者购买光盘、书籍进行学习。

幸福行动 12-2：体育锻炼

1999 年，《内科医学档案》刊登了一篇令人印象深刻的体育活动论文。该研究招募了一群年龄在 50 岁以上（包括 50 岁）

的老人，他们经临床诊断都患有抑郁症。这些人被随机分成了三组：第一组被安排进行为期4个月的有氧运动；第二组需要在4个月内坚持服用抗抑郁药物左洛复；第三组在这4个月内既要参加运动，也要服用药物。在教练的指导下，他们需要完成每周三次的有氧运动，包括骑单车、走路或慢跑，每次45分钟，强度从中级到高级逐渐加强。在4个月的干预实验后，令人惊讶的是，三组成员的抑郁状况都有所好转，他们的心态也变好了，幸福感和自信心都有所提升。在治疗抑郁症方面，有氧运动竟然和抗抑郁药物具有同样的效果，并且其效果不亚于两者同时进行。运动比药物便宜多了，而且除了一开始出现的身体酸痛，通常不会有其他副作用。更明显的好处出现在6个月后——和单纯服用药物的小组相比，通过进行有氧运动治愈抑郁症的人很少会复发。这个研究就是著名的药物干预治疗和长期体育锻炼对比研究（SMILE）。

人们经常说，运动能让人心情好转，但体育锻炼治疗抑郁症的效果明显强于抗抑郁药物，这个事实还是让我大吃一惊。在研究中，参与者真的通过体育锻炼增强了自尊心和自控力吗？还是抗抑郁药物治疗使参与者不太能够接受自己病情好转的事实？例如，相对于"药物治好了我的抑郁症"，人们更愿意听到"通过坚持不懈地锻炼，我最终打败了抑郁症"。无论如何，SMILE研究的成果集中体现了体育锻炼有益于身心健康，其好处主要包括减轻压力和焦躁感，延长生命（降低因心脏病或者癌症去世的概率），减少患上各种疾病的风险（例如糖尿病、结肠癌、高血压等），强健骨骼、肌肉和关节，提高生活质量，改善睡眠，防止认知能力下降，控制体重。调查发现，在久坐的老年人中，一个低强度的训练项目（走路或者抗阻力与柔软度训练）便可以减轻抑郁，增强他们的自信心，并且其效果能够保持 5 年之久。调查显示，大量的随机干预实验都证实了体育锻炼可能是最有效、最迅速提升幸福感的方法。这还不足以让你行动起来吗？

为什么体育锻炼让人感觉更幸福

心理学家认为体育锻炼能提升幸福感主要有以下几种解释。

第一，进行体育锻炼或者健体养生，让人感到自己有能力掌控健康，这会让人感到浑身充满力量，从而提升自我价值。

第二，体育锻炼容易让人体验到心流状态，远离焦虑，不致胡思乱想。体育锻炼是忙碌生活的"暂停"时间，而且运动后几个小时你依然可以保持好心情。此外，体育锻炼的效果和冥想非常相似。实际上，很多专家已经对运动和冥想进行了直接比较，他们发现这两项练习都可以减轻焦虑感、促进提升积极情绪激素的分泌。当然运动和冥想是两种不同的体验，运动通常会产生高度唤醒情绪（激情、活力），而冥想则会产生低度唤醒情绪（平静、安详、冷静），但它们都是积极的情绪，都会让你感觉舒服，远离烦恼和焦虑。

第三，当你和他人结伴同行时，体育锻炼能够提供更多与他人交往的机会，这样你就有可能得到更多的社会支持，加深与他人的友谊。而且，体育锻炼甚至能够消除孤独感。英国伯明翰市一个狂热的足球运动员讲述了他是如何通过足球得到大家的认可的，实际上他患有某种精神疾病。

当我感到心情特别糟糕时，我就会出去和一群完全陌生的人踢一个小时的足球。这些人并不了解我，我们只是因为一起踢球才认识的，我喜欢这样。我的朋友们都了解我的病情，但是这些球友对我的病情一无所知。他们尊敬我、喜欢我，只因为我是一个优秀的球员。这对我来说也是一种治疗方法，因为我无须证明自己是谁，也不用解释自己做过什么，更不用担心自己的病情。他们之所以喜欢我，只是因为我是一个超级棒的球员。

体育锻炼会让你的心情变好，这一点最初体现在生理方面。运动时，你不仅会因为完成一个动作而心情舒畅，而且会改善身体素质，包括提高心肺耐力、增强身体的柔韧性和力量。你能搬动更重的物体、走得更快，而且在年老时身体也更不容易出现问题，这本身就是一种巨大的幸福。实际上，研究证明，体育锻炼能够提高血清素的分泌水平，这种激素的作用类似于百忧解（一种治疗精神抑郁的药物）。

但是，内啡肽假说（这个假说认为运动会影响心理健康）是怎么回事呢？该理论认为，激烈的运动会提高内啡肽（这是一种由大脑分泌的，如同鸦片一样具有止痛作用并能激发快乐感的天然激素）的分泌，让运动者产生兴奋感。实际上，还没有充足的证据能够证明这个假说。

最后，我必须指出体育锻炼有两个实际的好处：第一，锻炼会带给你瞬时的激励，这在第一次活动中你就能够体会到。第二，如果坚持锻炼，你在各方面都会得到长期改善。例如，在锻炼的过程中，你可能会感到精疲力竭，但在锻炼过后，你的焦虑和烦恼也会一扫而空，整体幸福感也增加了。也许长时间锻炼以后，运动带来的持久影响才会显现出来（例如增强自控力、身材变好等）。

当我还是个学生的时候，有一次我下定决心锻炼身体。当时我读到一本跑步指南，它介绍的跑步计划需要坚持 11 周才能见效。11 周的漫长等待让很多人都中途放弃了，可一旦你坚持下来，跑步就会变成你日常生活中的一种习惯性行为，你会自然而然地去做。当闹钟响起时，你习惯性地就会起床去跑步。显然，这是非常值得一试的方法。

找出最适合自己的运动方式和强度

不管哪种体育锻炼，强度过大都有可能让你感觉痛苦。这说明你无法进行体育锻炼吗？当然不是，但这可能意味着你需要改变自己的锻炼计划。首先，找一种适合你的运动方式。如果你住的地方经常下雨，而你又讨厌潮湿的环境，那就不要慢跑；如果经济紧张，就不要去健身房；如果你生性平和，就不要参加竞技类活动；如果你更喜欢无氧运动，就不要做有氧运动；如果你善于社交，就找一个人一起锻炼；如果你需要空出更多的时间陪孩子，就买一辆慢跑童车，带着孩子一起跑；如果你热爱大自然，就去远足或者滑雪；如果你喜爱水，就选择一种水上或水下运动；如果你每天只有零散的时间，就进行 10 分钟的不间断锻炼，或者尽量选择爬楼梯，在办公室里做健美操。

其次，如果锻炼让你感觉糟糕，那么你很可能是运动过度了。这一点尤其要引起注意。要学会测量自己的最大心率，在第一次锻炼时，运动强度不要超过最大心率的 60%。对一些人来说，这意味着只是快走或散步的强度。有些人一开始就进行强度过大的锻炼，这只会让他们感觉失望、沮丧，最后不得不放弃。

在一项研究中，参加者在骑自行车锻炼时，需要将心率保持在最大心率的 60%。30 分钟后，一半的参加者称他们的感觉越来越好，另一半人则说自己越来越难受。研究人员到现在还无法解释为什么一些人在锻炼时能体验到快乐，而另一些人却感觉痛苦。但是，你可以根据自己的实际情况找出最适合你的运动。

如何进行锻炼

体育活动的定义是"能量消耗高于静止状态"，因此这个范围其实非常广，也给了我们很多选择。研究人员斥责那些把"体育运动"和"体育锻炼"两个术语混用的人，后者仅是前者的一个小分支——锻炼是一种具体的、有计划的、有条理的体育运动，其目的通常是增强体力，促进身体健康。不过我并不打算在本书中对此进行区分。

运动专家通常会建议，先测量你的最大心率（最简单的方法就是用 220 减去你的年龄），然后在锻炼时努力控制心率以保持在最大心率的 65%~80%。因此，如果你今年 32 岁，你的最大心率就是 188，锻炼时的心率就应该在 122~150。当然，你也不要盲从，这只是一个大概的参考值，这个公式是根据一般人的情况得出的，而那些在西方文化环境中成长起来的人就不太适合这个数值。

大家都比较清楚如何开始实施一项运动计划，但看看下面的建议也无妨：

- 缓慢开始运动，让心率保持在最大心率的 65%~80%。
- 事先安排运动的具体日期、次数以及时间长度，用笔记录下来。
- 在一天当中选一个自己感觉精力最充沛的时段进行锻炼。
- 每天坚持 30 分钟的适度体育锻炼。即使只有 10 分钟，也比不运动强，最重要的是坚持你的计划。
- 如果你已经定期进行体育锻炼，那么就加大运动量。
- 一个锻炼计划就像减肥一样，偶尔没有坚持也没关系，但不要让愧疚的情绪击垮你，尽量不要放弃。

运动和休息

我发现自己之所以对体育运动着迷，是因为当我骑健身车时，我还可以看论文。不可否认，我热衷于运动，运动通常会让我非常亢奋。但是有一件事我做得还不够，那就是睡觉。爱默生说，"世界属于充满活力的人"，但精力充沛的人也需要充分休息。不管我们在清醒的时候多么活跃、多么精力充沛，如果得不到充足的睡眠，我们的情绪、精力、警觉性、寿命以及健康都会受到损害。一位著名的睡眠研究专家认为，如果每个人每天晚上都能多睡一个小时，那么这个"缺乏睡眠"的社会将变得更幸福、更健康，因为你可以在睡眠中获得更多幸福。

我可以向你保证，经常进行体育锻炼会让你获得更多幸福。

幸福行动 12-3：笑对人生

最后再向大家介绍如何表现出幸福。表现出自己很幸福的样子（微笑、忙碌、充满活力和热情），不仅能让你赢得幸福的回报（收到他人的微笑、加深友谊、获得成功），而且这种方法真的会让你变得更加幸福。女性主义诗人玛吉·皮尔斯曾说过："你要是表现得很喜欢自己，那么你就会真的喜欢上自己。"

面部表情反馈

经过几十年的研究，大量证据已证明表情反馈（尤其是面部表情反馈）的作用。对表情反馈的研究最早要追溯到达尔文，他曾说："情感外部迹象的自由表达会加强这种情感。"换句话说，如果你的表情是幸福的，渐渐地你就会真的拥有这种感觉。放松眉头还是紧皱眉头，微笑还是愁眉苦脸，张开双手还是握紧拳头，你的表现不同，你所经历的情绪也不同（前者让你更快乐，后者让你更愤怒）。根据这个假设，你的面部（以及肢体和声音）会发送信号（回馈）到你的大脑，告诉你正在体验某种特殊的情绪，然后引导你感受这种情绪。如果你曾学过普通心理学这门课，你可能听说过这样一个研究——参与者要用嘴衔住一支笔。一部分人直接用牙咬住（面部呈现出微笑的样子），另一部分人要紧闭双唇夹住笔（呈现皱眉的表情）。参与者并不知道夹住笔的方式会对他们产生何种特殊影响，也没人告诉他们究竟为什么要这样做，实验人员只是要求他们在用嘴固定住笔的同时阅读一套卡通漫画，然后评论这些漫画是否有趣。实验结果表明，和面部表情呈现皱眉状的人相比，面部呈现微笑状的人感觉这部漫画更有趣（但他们并不知道自己的表情是什么样子的）。

许多研究表明，仅仅是表现出开心的面部表情就会让人感受到一定程度的幸福和快乐。当训练有素的演员被要求表演一个真心的微笑时，他们会强迫自己的面部肌肉（大多数普通人都做不到这一点）展现微笑的样子（确切地说，这需要眼轮匝肌收缩，这种肌肉包裹着眼睛）。当颧肌的主要肌肉群缩紧，牵动嘴角向上时，他们也能感受到积极幸福的情绪，但他们的情绪近似于很快乐而不是真正的快乐。尽管如此，一些人仍然相信经常微笑会改善心情。最近一个读者写信给我说，他有一块手表，每天可以设定几个提醒时间。他用这块手表给自己设定了几个时间（他定的时间分别是上午 10 点、中午 12 点、下午 2 点和 4 点），提醒自己定时微笑。"我是否变得更幸福了？"他在信中写道，"我感觉是的。"

经常微笑和紧锁眉头

另一种面部表情反馈的证据也非常有趣，它旨在探索面部表情对情绪的影响。默比乌斯综合征是一种先天缺陷，患有这种病症的人面部表情僵硬，他们无法活动面部肌肉，也无法体验情绪，只能对此进行思考。一个病人说："我只能想着自己很高兴，或者很悲伤……而不能真正感觉到高兴或悲伤。"这种生理上的情感表达缺失严重影响了他们感受情绪的能力。

随着岁月流逝，人们的脸上往往会出现和他们的性格相似的纹路。通常来说，一个幸福的人在年老时也总是满脸幸福的样子；如果一个人总是很悲伤（或者易怒），年老时他也会一脸愁容（或满脸怒色）。大量的科学事实已经证明这一点。例如，经常收缩眼轮匝肌，提升脸颊肌肉，就会出现弯起的眼纹，这就是典型的微笑表情。因此，如果你经常做出这个表情，以阻止"悲伤"或"愤怒"皱纹的产生，又会怎样呢？你真的会变得更幸福吗？不久前，有一个研究直接对这个假设做了测试。10 位参与者都是经临床诊断患有抑郁症的女性患者，年龄在 36 到 63 岁不等，不管是药物还是心理疗法，其疗效都不是很显著，而且她们患病的时间也长短不一（最短两年，最长17 年）。研究人员在病人眉间纹（一种常见的表情纹，眉间纹会使人看起来总是愁眉不展、忧郁、显老态）的部位注射了肉毒杆菌。两个月后，9 名参与者的抑郁症基本消失了，剩下一个人的抑郁症状也得到了很大的改善。虽然这个研究还处于初级阶段，但这个结果相当令人震惊。毫无疑问，去除眉间纹，没有了郁郁寡欢的表情，其他人就会认为你很幸福（也更有吸引力）。正如这个研究所显示的，这些参与者也觉得自己幸福了。

社会交往和应对方式

在现实社会中，如果你微笑，世界也会对你微笑。人们会给予你积极的回应：他们会主动和你谈话，与你接触，帮助你摆脱困境或者安慰你，成为你的朋友甚至人生伴侣。爱笑的婴儿已经被证明更容易得到大家的爱和照顾，也能够获得母亲更多悉心的照料；而由积极乐观的母亲抚养的孩子也更加幸福快乐。人本主义哲学家和精神分析学家埃里希·弗罗姆认为："一个母亲不仅应该是一个合格的妈妈，也应该是一个幸福的人。"

尤其是在面对压力事件时，微笑和开怀大笑能够帮助我们消除负面情绪，分散注意力，带来宁静、快乐的感觉。在一项研究中，一些在 6 个月前失去伴侣的人接受了采访，他们被要求回忆自己的婚姻生活。那些在采访中不由自主地微笑的人称自己很好地处理了丧夫或丧妻之痛，并在生活中感受到了更多的快乐；他们很少生气，也会积极地和他人交往，似乎欢笑帮助他们摆脱了痛苦。另一项研究显示，笑声能够减少压力激素的分泌，甚至对笑声充满期待也能够提高有益激素的分泌。和控制组相比，等待观看自己喜爱的幽默视频的人，他们血液中的 β-内啡肽多了 27%，人类生长激素增加了 87%，甚至在影碟播放前，这些生理上的变化就已经出现。

总之，微笑和开怀大笑（甚至是虚假的）能够让人产生愉悦感。在应对困难或者进行社会交往时，即使一点快乐，也可以变成一股强大的积极力量，帮助我们提高应对逆境的能力，加强社会交往，减缓焦虑和痛苦，获得更大的幸福和快乐。

所以，让我们笑起来吧。微笑也好，开怀大笑也好，昂起头，积极行动，拥抱生活。只要表现出自信、乐观、友好的状态，你就会真的变得自信、乐观和友好，就能够在面对逆境时应对自如。你不仅能交到新朋友，也能影响他人，帮助大家一起成为更加幸福的人。

第三部分

持久幸福的秘密

第十章

拥有持久幸福的五大方法

短暂地拥有幸福相对容易，就像一天不抽烟或者暂时保持桌面整洁一样，都是小菜一碟，困难在于如何获得持久的幸福。如果你曾改变过自己的生活，但发现没有一点作用，你就会明白困难有多大。本章将告诉你如何让自己的幸福变得持久，但前提是你要掌握让幸福变得持久的 5 个方法。

实际上，你完全有能力驾驭那 40% 的幸福，因为这部分幸福由你自己掌控。在本章中，我将介绍获得持久幸福的五大方法，这些方法都是通过大量的科学研究总结出来的。

方法 1：保持积极的心态

> 幸福存在于每天都发生的琐事和快乐中，
> 而不是存在于那些千载难逢的好运中。
>
> ——本杰明·富兰克林

假设你在物质上得到了一定满足——有地方住，有足够的食物吃，有舒适的衣服穿，有稳定的收入，此时，幸运突然降临到你头上，从天上掉下来 7.5 万美元，你会怎么办？你应该怎样利用这笔钱获得最大的幸福呢？

这绝不是一个无聊的问题，因为让人们获得更多幸福的基本方法，就是创造大量幸福的时刻。经常出现的积极情绪（高兴、快乐、满足、平静、好奇、兴奋、热情、活力、激动、自豪等），都是幸福的标志。虽然每个人都有负面情绪，但幸福的人更容易感受积极的情绪，因为积极的心态能够让人感受到幸福。

幸运的是，之前介绍的 12 个幸福行动能够让我们产生很多积极的情绪体验。确切地说，这些行动最令人满意的一个特点就是，即使行动中断了，你也可以重新开始，或者随时进行调整，从而让自己拥有持久的心流体验，感受积极情绪。例如，如果一个人决定同时开始两种行动：努力实现目标并增强心流体验，那么即使此人已人到中年，他也有可能返回学校学习。为了掌握更多的知识和技术，他选择的课程和阅读的书籍也会发生变化。在学习过程中，他会感觉到强烈的内在动机，全身心地投入，享受知识带来的幸福和快乐，并为自己对新技能的掌握感到自豪，同时也会结识新朋友。通过自己的努力，他的积极情绪会源源不断地产生，这有助于让他长时间感受到幸福。

我们再来看另外一个女士，她准备尝试表达感恩、行善和信仰宗教这三种幸福行动。如果她坚持不懈，就会因为感恩生命而心生喜悦，因帮助他人、交到新朋友而心生满足，因坚信上帝与她同在而心生平静。但是，这些积极情绪的出现并不是一次性的，而是周期性的，会经常发生。如果一种幸福行动只能带给我们短暂的幸福，那么这种提升幸福感的方法就不算成功，只有给我们带来持久幸福的方法才是成功的。

如果认真思考一下这12个幸福行动，你将观察到每一种行动都有可能产生一连串积极的生活体验，以增加生命中的幸福时刻。因为积极情绪通常都是非常短暂的，所以许多人都不太重视这样的情绪，这显然是错误的。心理学家芭芭拉·弗莱德里克森坚信，幸福时刻不只是为了让你感觉愉悦，它还能够开拓你的视野、增强社交技能、强健体魄、提高智商。在这种情况下，积极情绪会呈现螺旋式上升的趋势。例如，在有氧运动后，你会感到精力充沛，这将激发你的创造力和灵感，让你产生新创意。例如，为爱人制造浪漫的约会，巩固婚姻关系；而稳定的婚姻又会带给你满足感，让你更有责任心、更懂得感恩。这样，你就会变得更乐观，工作也会更加顺利，能够从容应对各种困难。点滴的积极情绪可以带来很多变化，其连带结果叠加起来则不容小觑。因此，不断累积的积极情绪可以让你变成一个更加幸福的人。"当生活幸福时，生活中的好事就如逐级升高的阶梯，一件接着一件，永无止境。"《金银岛》的作者罗伯特·路易斯·史蒂文森如是说。

因此，如果你突然得到了一笔意外之财，一定会变得更加幸福，前提是你把这些钱花在了能够让你快乐、心情愉悦的小事上（例如，吃一顿美味的日本料理，每周做一次按摩，订购一束鲜花给爱人，或者给你身在欧洲的好友打一个电话）。不要把所有的钱花在一件特别昂贵的东西上，例如买一辆最新款的捷豹汽车，或者用手绘瓷砖重新装修浴室。因为不管是新车还是新装修的浴室，你很快就会适应；但不间断爆发的幸福感却能让你的幸福持续下去，每一次都是全新的幸福体验。

但是，人们为什么如此强烈地肯定生活中只有重大的事情（例如，地震、海外探险、结婚或离婚）才是重要的呢？因为这些事情是我们期待的、是永生难忘的、是需要认真思考的，或是可以和他人讨论的。经常勾起我们回忆和关注的都是那些重大的事情，但是也不要低估日常生活中的小事，这些小事同样能够给你带来积极的情绪体验，它们会改变你的世界观，打开你的视野，让你发现过去不曾看到的新机会。

一起来看一下法国作家马塞尔·普鲁斯特品尝著名的马德莱娜小蛋糕的经历：

我把一勺茶举到唇边，并且在茶中放了一小块蛋糕。松软的蛋糕随着暖暖的茶水流入了我的嘴里，一阵舒爽的感觉顿时流经全身。我停了下来，细细品味这非同寻常的一刻——所有的感官都经历了一种极致的快乐，这是一种独特的、超然的、无迹可寻的快乐。我突然体会到人生的无常、苦难和虚幻，一切都不重要了。这一刻的感受带给我巨大的影响，让我明白了爱的本质。确切地说，这种本质不在于我的内心，它就是我。我感受到了伟大和永恒。

是的，法国作家普鲁斯特在吃马德莱娜小蛋糕时，无疑感受到了一种积极的情绪。这种感受强烈而深刻，你也能够找到迸发积极情绪的瞬间。这种美好的感受给普鲁斯特带来了深远影响，让他获得了更深的顿悟和理解，给了他一个全新的视角看待周围的世界。当你决定用心做事，经常面带笑容，并对未来充满希望时，你也会遇到类似的好事，也能够创造生命中的幸福时刻。

积极情绪和抑郁症

如果你有很长一段时间或者时不时就会觉得心情低落、无精打采，那么积极情绪对抑郁症的治疗作用可能会让你非常震惊。确切地说，抑郁症的典型特点就是积极情绪匮乏综合征，即缺少快乐、好奇心、满足感和热情。抑郁症患者就像一只空杯子，而无法在喜悦的事情中体验到快乐就是抑郁的标志。这种积极情绪匮乏的现象在抑郁症患者思考未来和回忆过去时表现得非常明显。抑郁症患者不是认为坏事不会结束，而是不相信美好的事情会发生，他们也很难回忆起曾有的美好。实际上，曾有过的积极经历和积极情绪同样重要。令人惊讶的是，抑郁症的治愈似乎是在创造积极的经历，而不是阻止消极经历的发生。例如，英国的研究人员仔细分析了 49 名已摆脱抑郁症或抑郁情况已得到改善的妇女。研究发现，病情的治愈都是因为患者的生活中发生了积极的事情，尤其是那些能够让这些妇女认为可以"重新开始"的事情。

这些观察和结果表明，幸福行动可以从多方面改善抑郁症状，其中最有效的方法应该是那些能够增加积极情绪及积极体验并激发乐观思维的活动。值得注意的是，在日常生活中，情感、思维和经历相互交织，它们通常都是一起出现的。本书一共介绍了 12 个幸福行动，这些方法的目的就是防止出现抑郁心理，而要做到这一点就需要增加积极情绪，加强乐观思维，促发积极经历。

第一，幸福行动能够激发积极情绪，积极情绪也能够阻止消极情绪的出现。在一项研究中，参与者要用一分钟准备一个演讲（他们不知道，其实研究者不会让他们真的演讲）。要求一经公布，这些参与者便称他们感受到了巨大的压力，觉得自己心跳加快、血压升高。之后他们被分成4组，分别观看可以让他们产生快乐、满足、平静或悲伤这4种情绪的电影。看完电影后，参与者都回到了他们最初的情感和心理状态，但是观看了可以带来积极情绪（快乐和满足）的影片的参与者的心跳和血压恢复得更快。最近，我的实验进一步证实了积极情绪的作用。参与者按要求进行了各种幸福行动。结果显示，即使是在研究结束三个月后，这些人依然经常能够感受到积极的情绪，例如，满足和快乐。更重要的是，一些人的抑郁症状减轻了，而且这些积极情绪竟然持续了6个月之久。

研究人员认为，积极情绪能够消除消极情感对心血管产生的不良影响。实际上，当人们心中充满了快乐、满足或者自豪这样的积极情绪时，他们看待事物的眼界就会更开阔。在面对压力和创伤时，积极情绪能够为我们提供暂时的"心理休息"，从而减轻痛苦。正是因为积极情绪的存在，我们才能够在面对压力和困境时坚韧不拔、勇往直前、渡过难关。

幸福行动的第二个好处是有助于你进行正面思考。通常我们认为是消极的、异常的思维导致了抑郁症的产生，这是因为悲观压抑的心态和记忆引发了消极情绪（悲伤、愤怒、嫉妒、恐惧），这些消极情绪又会带来更加负面的想法，从而形成一个恶性循环。相反，幸福行动可以帮助我们抛却那些负面思维，消除消极的偏见。例如，积极乐观的心态会让我们对未来充满期待，从而消除绝望和无助感。懂得享受生活，就不会回忆过去的痛苦和愤怒，反而会让我们经常想起曾有的幸福时光。在我做的为期 8 周的干预研究中，我发现，经常主动表达感恩或者拥有乐观心态的人都能够积极地处理日常事务，也更容易从每天的小事中体会到满足。事实上，思想和看法越积极乐观，就越容易得到更多的幸福。

第三，幸福行动鼓励并支持积极的经历。积极维护人际关系会让你和亲友相处时感到放松和满足。助人为乐会让我们认识到自己的价值，得到他人的感激。在生活中拥有更多的心流体验能够让我们更成功、更有效率，也会让我们更用心地生活，从而获得更多的幸福。

抑郁症的传统疗法所追求的最终结果是"缓解"，也就是消除抑郁症状。但大多数人认为，症状缓解不应该是一个抑郁症患者最终的目标。如果你抑郁了，你的目标不仅是不再抑郁，而且是最终获得幸福。但是在治疗之后，即使成功地缓解了悲伤、愧疚、厌倦、冷漠等负面情绪，你也有可能感到不幸福，更不用说充满活力了。最新一项评估显示，有 11% 的人正处于一种"煎熬状态"。也就是说，虽然未经临床诊断，但他们的生活停滞不前或者终日虚度，用美国作家梭罗的话说，就是生活在"寂静的绝望中"。从抑郁的状态中恢复过来，很可能会让你回到"煎熬状态"。而幸福行动的目的正是激发积极的情绪、思维和经历，让我们超越这种"煎熬状态"，学会享受幸福的生活。

如果你现在正在接受抑郁症治疗，那么我认为，如果在治疗的同时进行幸福行动，一定会取得双重的效果，这样既能减轻你的抑郁症状，也能提高你的幸福水平。

积极情绪和生活的意义

积极情绪是否对追求荣誉、诚信或人生意义非常重要？实际上，心情好就是心情好，快乐就是快乐，满足就是满足。有谁会比较乘坐直升机的刺激感和精神觉醒的狂喜？又有谁会比较在沙漠得到一杯柠檬水的快乐和第一次听到孩子的笑声的喜悦？那些让生命充满意义的经历——不管是对一个朋友伸出援手，还是对神灵表示崇拜，或者掌握一门精湛的技能，都会让人感受到幸福，即使这些事情带来的积极情绪有时并不会立刻显现出来。

因此，不要藐视任何一种快乐。不管是在一档滑稽的电视节目里，还是在天体物理学的讲座中，你都可以发现快乐。这两种快乐都可以带给你幸福，激发积极情绪，让你更愿意与人交往，精力更充沛，更加热爱生活。大量研究表明，幸福快乐的心情能够让我们做事更有效率、更受欢迎、更积极活跃、更健康、更乐于助人、更有韧性、待人更友好、更具创造力。这意味着积极情绪实际上有助于我们实现目标，同时也能够帮助我们明确人生的目标和意义。美国密苏里大学进行的一系列研究发现，一个人的心情越好，他就越能感受到生命的意义。

幸福的源泉

之前我淡化了某些要点。实际上，幸福的源泉也非常重要，因为它影响了人们对持久幸福的体验能力。虽然做坏事也会带来快感，但这种快感转瞬即逝，而且快感过后你也会立刻心生愧疚或产生其他消极情绪。本书介绍的 12 个幸福行动给你带来的幸福感都是持久的、可循环的，能够不断被加强。不论是进行冥想、避免思虑过度，还是多行善事，都需要你付出大量的时间和精力。只有不断努力，才能够让幸福持续下去，这种能力和持之以恒的精神本身就是一种强大的推动力。当积极情绪源于你自身的时候（而不是一场世界杯球赛或一块巧克力、一杯酒），你就可以获得持久的幸福。

方法 2：把握时机，寻求多样化

兴趣盎然地感知四季的变化，比只迷恋春天更幸福。

——乔治·桑特亚那

找到适合自己的幸福行动并不是一件多难的事情，不需要你绞尽脑汁。许多人本能地就会知道有些活动很适合自己，例如感恩、享受当下、加强人际交往、积极应对各种困境等，他们知道这些事情会让自己感受到更多的幸福。知道该做什么固然重要，但更重要的是知道如何去做。以下我将介绍两个非常关键的因素，即掌握最佳时机和寻求多样化。

时机至关重要

爱虽短暂，但会经常出现。

——弗朗索瓦·德·拉罗什富科

正如我在第二章介绍的，改变一个人的生活环境的作用并不大。那些提升幸福的行动，就不会产生享乐适应吗？当然会，除非你掌握了维持持久幸福的第二大方法。

法国作家拉罗什富科认为，行动明显都是短暂的、分散的，都是不定期发生的。例如，有意识地培养乐观的心态就是这样。每当觉得心情郁闷的时候，你都想让自己拥有一个乐观心态。或者，每天晚上你都会写日记，憧憬美好的未来，这也是在培养乐观心态。最重要的是，幸福行动和讲笑话一样，时机非常重要。因此，认真考虑行动的频率和时间长度非常有必要，你要抓住最有利的行动时机，抑制享乐适应。我的一个朋友写了一份清单，详细列出哪个时间做哪些活动对她最有效（例如，在家人拜访前进行冥想和感恩、在工作中努力追求目标、避免思虑过度），而且，她还会经常查阅这个清单，按计划实施自己的幸福行动。请记住，一定要用心为每一个行动寻找最佳时机和最佳频率，这有助于保持行动的新鲜感。

能够让你做到这一点的最佳方法就是亲身实验。我们所做的一项研究表明，人们在每周日晚上回顾自己得到的幸福，要比一周回顾三次更能提高他们的幸福感。另一项研究证明，把 5 件好事集中在一天完成比分散到一周完成更容易提升幸福感。但是，这些观察结果代表的只是一般情况，不一定适用于所有人。你需要尝试各种方法，找到行动的最佳时机，并确定行动的时间和频率。

有趣的是，一些宗教教规和禁忌很好地把握了行动的最佳时机。例如，信奉正统犹太教的已婚夫妇，在女性月经周期的 7 天内禁止夫妻互相接触，更不用说亲密行为了。即使是不小心的身体碰触也不行，甚至像递个盐罐这样的日常动作都要小心——妻子必须把盐罐放在丈夫面前的桌子上，丈夫在伸手拿盐罐之前，妻子要及时撤回自己的手。这在我们听来似乎非常荒谬，但这种规定却带来了意想不到的好处——它能保持夫妻之间的激情。想象一下，每个月一次的禁令解除后，小两口能够再次享受肌肤之亲，这是多么美妙啊！我们可以从中看到这样一个道理：只要抓住好时机，那么同样的行为会给我们的生活增添更多的爱与幸福。

多样化：生活的调味料

显然，行动是动态的，不是一成不变的。要想让慷慨大方、乐于助人成为自己的习惯，就需要在各种行为中体现这种品质。比如给辛苦工作的服务员一笔小费，看望一个心情不佳的朋友，主动做家务等。多样化同样适用于其他幸福行动，例如表达感恩、努力追求目标等。正是因为幸福行动的多样化，我们才不会快速地适应一种活动；正是因为有了不同的变化，幸福行动才能给我们带来更多幸福。通过不断变化，我们能够有效地抑制享乐适应的出现。例如，在工作时，交替做几个项目以转换注意力；在跑步锻炼时，可以经常改变跑步的路线、时间或者速度；使用不同的软件或者登录不同的网站。这样不管做什么，你都能够获得真正的享受，也会更加投入，直至进入心流状态。又如，在表达感恩时，你应在各个方面细数你获得的幸福（例如，人际交往、事业、身体健康等），这样才能够保证行动的新鲜感和意义，从而带来更多幸福。相反，如果你每天都对同一件事、用一种固定的方式表达感恩，那么你很快就会感到厌倦，幸福行动的意义当然也就无从谈起了。行动多样化的观点已经得到心理学研究的支持。研究表明，人们倾向于让自己的行为多样化，也许是因为思想和行动上的变化天生就能让人产生幸福感和刺激感。毫无疑问，德国哲学家康德深知这个道理，据说为了防止无聊，他每天都会更改散步路线。

多样化的重要性已经得到大量证明。我的实验室曾做过一个善行干预研究。研究发现，那些在 10 周内被要求做各种不同的好事（例如，多做家务、帮陌生人换轮胎、帮助侄女完成作业等）的参与者更加幸福，而且他们的幸福感也持续得更久。而对那些每周都重复做同一件善事的人，这种方法似乎起到了相反的效果。"减肥天王"罗伯特·杰福瑞也有过类似的发现。他设计的一套减肥方法取得了令人难以置信的效果，随后他很快发现这个方法的效果大约可以持续 6 个月，但 6 个月后他的客户就会因为厌烦减肥，无法坚持下去。因此，为了加强减肥效果，他每隔 6 个月就会公布一种新的减肥方法，并鼓励他的客户积极尝试。

这些观察结果表明，最大限度发挥某种行动的作用，其根本方法就是让行动呈现多样化。因此，你应该经常变换花样，让幸福行动重新焕发活力，偶尔给自己一些惊喜，把寻找幸福的过程看作一次探险。当然，你也可以同时进行几个幸福行动，如果某种行动效果不理想，你还可以试试其他方法。

不久前我在读一本小说时，突然看到这样一句话——"要想幸福，你必须在重复中发现变化"。这句话听起来似乎有点儿自相矛盾，但是它更接近于我给出的建议：在进行幸福行动时，要不断改变行动的方式。一方面，活动开始后就容易形成固定的模式和习惯；另一方面，你做事的方式可以经常变化，只有这样，才能够阻止享乐适应的出现，最终让你的幸福感持续下去。

我的朋友斯蒂芬妮说，在她的表演课上有一个男孩，为了让自己变得更加幸福，他"尝试了所有的方法"。他每天听励志广播、祈祷、写日记、骑车去海滩。他一丝不苟地坚持自己的日程表，从来没有动摇。但是这些方法并没有起什么作用，他变得越来越消沉，我的朋友对此感到困惑不解。其实，这个男孩给自己制订的活动计划太死板了，他每天都在做同样的事情，没有任何变化。因此，当你开始一项幸福行动时，一定要使之多样化。

方法 3：争取社会支持

绝大多数人的生活都离不开人与人之间的交往，离不开社会支持。在生活中，我们在很多方面都需要依靠他人。如果没有其他人的帮助，或者不能与其他人合作，那么很多目标就无法实现。因此幸福行动成功的第三个关键因素就是社会支持。心理学家指出，社会支持是指由他人提供的各种帮助和安慰，尤其是和我们关系密切的人所提供的帮助。如果你准备实施一个幸福提升计划，并选定了三个幸福行动，分别是经常表达感恩、避免思虑过度以及定期进行有氧运动，那么你可以找一个朋友一起执行这个计划，或者请一个亲近的人支持你的计划，这样可以给你带来巨大的好处。社会支持能够为你提供信息支持（例如，找到一种新的感恩方式，或者提醒你目前采用的方法可能会让你停滞不前）、切实的帮助，以及情感上的支持。

我们知道，人们在应对生活中的挑战和不幸时，社会支持是极其重要的。任何一个女性，哪怕她只有一个朋友，也会比那些没有朋友的人更好地处理遇到的难题。不管你遭遇了什么——失恋、得了慢性疾病、面临失业危机，如果能与一个体贴的朋友或者家人交流，就能在很大程度上减轻你的痛苦，给你力量和信心应对困难。

情感或者物质支持（不管它们来自朋友、家人，还是一个心理治疗团队）在帮助人们实现目标方面起着非常关键的作用。社会支持能够为我们提供动力，指引前进的方向，帮助我们实现各种目标。例如工作目标、人际交往目标和个人成长目标等。实际上，许多组织都强调大家共同努力实现目标的重要性。

这与获得更多的幸福有什么关系呢？如果你的家人、朋友都支持你，那么任何改变都会变得容易起来。他们可以在你失去信心时鼓励你、给你动力，也可以时不时提醒你，为你提供积极反馈——"你看起来气色真好"，或者"我理解那种想要放弃的感觉"。你也有必要结识一些新朋友。记住，朋友重质不重量，你需要的不是一群人，有时一个真心体贴的朋友就足够了。

实验证据

大量的实证调查充分证明了社会支持的重要性。例如，在健康方面，获得强大社会支持的病人相比较而言更容易配合治疗。研究发现，患有高血压的病人如果有家人的支持，尤其是来自爱人的支持，他们更容易严格遵守治疗方案，比如坚持每天服用降压药、吃低盐食物等。拥有社会支持的病人不但会努力配合医生的治疗，也愿意了解更多的医学知识，他们的血压也更容易保持稳定。

在自我励志方面，社会支持也不容小觑。那些拥有社会支持的人，能够更坚定地坚持实现自己的目标。

有一项研究令我印象深刻，该研究调查了人们在减肥时，社会支持能够给予他们多大帮助。参与者进行了为期 4 个月的减肥计划（包括节食、运动、改变一些行为习惯）。在减肥过程中，参与者可以自己进行，也可以和熟人、朋友或者家人一起进行。结果表明，在独自执行减肥计划的人中，有 76% 的人完成了计划，有 24% 的人在整整 6 个月的时间里保持了减肥效果。相较而言，那些和他人一起进行减肥计划的人中，有 95% 的人完成了计划，有 66% 的人完全没有反弹。这些数字相当令人吃惊，显然，那些拥有社会支持的人减去了更多的体重，保持减肥效果的时间也更长。

因此，我认为如果没有社会支持，人们想要实施幸福提升计划就不是一件容易的事情，而且也不太可能坚持到底。要想改变自己的行为，社会支持必不可少。你的爱人、朋友、健身教练都能鼓励你努力工作、实现目标；而且当你失去动力、陷入停滞、毫无进步时，他们也可以为你出谋划策。

方法 4：动力、努力、毅力

幸福需要你自己创造。一旦你获得了幸福，就绝不能懈怠，

必须坚持不懈。要想获得持久的幸福，

你就必须不断付出巨大的努力，朝着幸福奋力前进。

——伊丽莎白·吉尔伯特

幸福提升计划获得成功的另一个关键，就是持之以恒地付出努力，并且一步步地实施。

1. 你必须下定决心执行一个幸福计划。
2. 你必须了解自己需要做什么。
3. 你必须每周甚至每天都要为此付出努力。
4. 你必须承诺付出不懈的努力，坚持追求，直至实现你的目标，并为之奋斗一辈子。

在选择阅读本书时，你已经开始了第一步和第二步。这两步非常关键，因为每开始一个新的计划，就会给你带来控制感和可能性——控制感让人感觉充满力量；可能性则令人兴奋，能激励自己继续努力。英国作家 C.S. 刘易斯写道："你每做一个选择，就意味着你正在改变自己，你的选择让你慢慢变得和以前不同。"在这个过程中，第三步和第四步（坚持不懈的努力）可能是最难的，但没有这两步，你的幸福之旅就会特别短暂。大多数人在许下新年愿望时就有过这样的经历：新年伊始，我们知道自己应该做什么，并下定决心准备大干一场，但之后可能稍做尝试就轻易放弃了。要想把幸福计划坚持到底可不是一件容易的事情，若想获得最美好、最有意义的人生，没有哪一件事是不需要努力就能唾手可得的。

坚持付出会创造奇迹

动机（动力和激励机制）对成功实现目标的 4 个步骤（下决心、了解情况、付出努力、坚持不懈）至关重要、必不可少。如果在进行新的尝试时，你发现自己充满热情，有各种各样的创意，那么你就会有很强的动机，这是一种源于内心深处的渴望。我和同事做了一个实验，以测试获得更多幸福的动机与实现目标之间的关联。例如，在研究中，我们直接招募了一些想提高自己幸福水平的参与者，并把他们和那些参加普通心理学实验的人进行了比较。结果证明，不管是定期写感谢信，还是用日记记录他们的美好未来，拥有主观能动性的参与者都会变得更加幸福，而控制组的参与者的幸福水平只是稍有改善甚至根本没有任何提高。另一个幸福干预实验再次证实了这个结果。那些相信幸福行动不仅有效而且能够带来丰硕回报的人，更有可能采取行动去追求更多的幸福，他们也更有可能从中受益。

现在你知道了动机的神秘作用：你做某事的动机越强烈，就越有可能为此付出更多的努力。每个人都明白"不劳无获"的道理，这不需要详细解释。而且，在实验结束后，继续执行幸福行动，并将活动融入生活的参与者更有可能获得长期的好处。如果一个人不努力、不尝试、不奋斗、不知变通、没有目标，那么他的人生就会只剩下失败和遗憾，他自己也会成为一个一事无成的胆小鬼。

当我开始进行幸福干预实验时，很快就注意到参与者只有在进行我们安排给他们的幸福行动时，才会产生幸福感。一开始我们因为这个实验饱受批评："哎呀，你们的干预实验没有任何说服力！"但是我的同事罗伯特·罗森塔尔指出，我们的实验结果没有问题，这就和吃药一样。当你服用药物时，这种药就会起效；但当你停用的时候，药效也就停止了。另外，我从没听人说过胰岛素、阿司匹林、立普妥（降胆固醇药）、维柯丁（止痛药）以及伟哥等药物因为没有长期作用就被认为没有效果。因此，不管你已经着手执行的幸福行动是什么，只要开始了，就要努力坚持练习。努力和毅力最重要。

如果太忙了怎么办

"我压力很大，除了想着怎么熬过今天，什么也做不了。"当我建议一个自认为不幸福的朋友尝试幸福行动时，她对我说了这样的话。她的确非常忙，家里有两个十几岁的孩子要照顾，还要做义工，一项和房地产有关的工作又即将展开。我对此深有同感，但是比起生命中那些更重要的事情，我们真的需要这么忙吗？当你决定生一个孩子时，难道你会每个月只花一个小时考虑这件事吗？当你热恋时，你会减少和恋人交往的时间，把更多的时间用在工作上吗？当你得到了一个相当不错的工作机会时，你会因为它有可能影响你的日程安排而拒绝吗？我希望大家不要这样做。而且，许多幸福行动实际上并不需要你刻意腾出时间去实现。它们本身就已经构成你生活的一部分：从更加善意、积极的角度看待自己的工作、伴侣和孩子，对爱人说几句甜蜜的情话；当发现自己思虑过度时，及时转移注意力；在餐前进行祷告；在上下班的路上给相遇的陌生人一个微笑；尽量原谅那些曾经伤害你的人等。这些事情并不会耗费你多少时间，但只要用心去做，不断地付出努力，这些行为就能够完美地融入你的生活。

退步了怎么办

虽然你已经下定决心开展某项幸福行动，但有时你的决心仍会动摇。人无完人，这很正常。在努力的过程中，一定会出现各种各样的问题。例如，不知道该感激谁、不想谅解伤害自己的人、悲观痛苦、待人冷漠、遇事优柔寡断。生活中的很多情况（死亡、失败、滥用职权）都会带来消极情绪，而这些情绪能够迅速激发我们采取行动和做出反应。但你要记住，如果你在进行幸福行动时失去继续努力的动力，不要认为自己失败了，也不要绝望。这可能是因为你使用的方法太单一、缺少变化，或者说明你需要从朋友那里得到更多鼓励。你只需重新找到你的动机，就能让一切回归正轨。研究表明，如果能够将最佳的时间、多样化的活动、强大的社会支持，以及坚持不懈的努力等因素进行完美结合，那么大多数人都能够获得成功。

每天下一次决心

据报道，曾经有人问美国著名脱口秀主持人奥普拉·温弗瑞，她是如何坚持每天跑 8 公里，甚至在旅行时也坚持这样做的。她回答说，每天她都会下一次决心。这同样适用于那些可以让你获得更多幸福的行动。每天强调目标，不仅有利于鞭策自己，就连下决心这个行为都会随着时间的推移变得越来越容易，最终成为一种自发行为。

方法 5：养成好习惯

我希望你能够明白，只要下定决心，那么经过不懈努力，你就可以获得更多幸福。这个消息可能会令人感到失望，尤其是对那些感到心灰意冷、没有安全感或者过度紧张、不确定自己是否有精力付出努力的人。

现在我要告诉大家一个好消息，那就是只有在一开始你才需要付出巨大努力，随着时间的流逝，你会觉得越来越省力，因为在不断重复的过程中，你的行为会渐渐变成一种习惯。

习惯是如何养成的

每个人都有自己的习惯，有好习惯，也有坏习惯。大多数人会把"习惯"这个词和一些恼人的行为联系在一起，例如，吸烟、咬指甲、吮吸手指、打断别人的谈话等。好习惯包括做鸡肉时去除上面的脂肪、饭后用牙线清洁牙齿、平时随身带一个水瓶或者废物循环利用。

这些习惯有什么共同点呢？它们之所以被贴上"习惯"的标签，是因为这些都是无须思考也不用狠下心去做的事情。早上醒来后，我会立刻从床上起来，穿上运动服去跑步。我通常都不需要考虑："我是起床跑步去呢，还是再睡一会儿？"同样，如果你开车时有唱歌的习惯，也不需要去想"我该不该唱呢"，直接唱就是了。

习惯的养成需要反复练习。研究人员称，你每重复一个行为（例如晨跑），在你的大脑中，这个行为与其发生的环境之间的联系就会加强一次。就拿我的晨跑来说，它的环境是闹钟的铃声、卧室、门旁的跑步机等。不停地重复环境刺激（闹钟响起）就会触发习惯性的行为（穿上跑步鞋），而且这个行为最终会从控制性的行为转变为自发性的行为。若要让幸福行动也成为一种习惯，那么你进行积极行动的次数越多，这个行动和你周围的环境刺激之间的联系就越强。当然，建立这种联系不仅需要时间，还需要大量练习。

养成好习惯很难吗

在提到减肥和戒烟时，媒体报道和研究报告中失败的例子比比皆是。实际上，研究表明，虽然一些人努力地想要减肥或戒烟，但失败的概率相当高。而且，戒烟者中有 86% 的人后来复吸了，80%~98%的减肥者的体重反弹了（有人甚至超过原来的体重）。当然，很多人都成功地改变了自己的生活。那么，研究中减肥和戒烟的概率居高不下，而我们的朋友或熟人中减肥或戒烟的成功案例却有很多，这是为什么呢？

在一个经典研究中，社会心理学家斯坦利·沙赫特尝试解决这个自相矛盾的问题。他先后和哥伦比亚大学的同事、他的熟人，以及他在海滩上遇到的陌生人进行了交谈。他发现很多体重超标的人已成功减肥，吸烟者也戒掉了烟瘾。因此，事实证明，很多人能够成功改变坏习惯，养成好习惯，而且这些人减肥或戒烟的成功率高达 63%。他最后得出结论：媒体公布的复发率并不准确，因为它们的研究对象都是极端案例；在现实生活中，人们完全可以改掉坏习惯，不需要专业治疗。另外，这个结果也告诉我们一个非常重要的道理：在试图完成某个目标时（例如戒烟），人们会在取得最终的成功前尝试（或失败）很多次。

之后专家们大规模复制了沙赫特的研究，新近的研究更具代表性——参加实验的 784 人都曾长期体重超标。在至少 5 年的时间里，减重最少的人已减掉 14 公斤。大多数人都尝试过很多减肥方法，而且在减肥成功前，他们的体重一直忽上忽下。很多人直到 40 多岁才减肥成功，并且能够保持住身材；而且一旦他们找到有效的方法，减肥就变得事半功倍了。研究人员还了解到，其中 42% 的人声称维持体重比减轻体重要轻松得多。而且，在他们实现减重目标时，相关的减重活动很可能已经变成他们的生活习惯。

显然，每个人都应该把养成好习惯作为自己的目标。但是，我们也要警惕那些不良习惯。你应该努力培养能够让你幸福的好习惯：积极行动，学会谅解，享受生活，努力奋进，心态乐观，心存感恩。你还要注意，如果你每次都用同一种方法做事，就必然会让活动变得单调乏味，最终导致享乐适应，这样也就很难提升幸福感。

阅读本书后，你可以把书中介绍的内容理解成一种建议，并努力养成好习惯，因为保持乐观、享受当下、谅解他人、为了重要目标努力奋斗等行动都会对你的幸福产生重大影响。有些人天生就幸运地拥有很高的幸福定位点，即便你的幸福定位点不如他们高，你也要明白，只要你肯努力付出，经过一段时间后，你就会更幸福。

我希望本书能够帮你摆脱那些消极的思维，让你真正了解幸福是什么，以及如何拥有幸福。你会明白，要想获得真正持久的幸福，关键在于你自己。

成就幸福

去成为你本该成为的人，任何时候都不晚。

——乔治·艾略特

在撰写本书时，我获益颇丰。我研究"幸福"这个课题已经 18 年了，而我对心理学的研究就更长了。本书介绍的许多研究我都了如指掌，其他相关研究我也知之甚详。但我仍埋头研读了大量有关幸福感提升行动的文献资料，这让我有了很多意想不到的收获，但很快我就发现这些收获也是在意料之中的。当我在撰写与感恩相关的内容时，我竟然给一个同事写了一封感谢信（我并不擅长做这样的事情）；在写到多行善事的章节时，我对自己熟悉的亲友表现出了异乎寻常的体贴；在写到培养人际关系的内容时，我在丈夫身上练习了一些技巧，这让他感到惊喜；而在介绍精神追求时，我（在我认识的人中，我是最没有精神追求的）开始思考一些更深刻的问题，例如人生的意义和生活目标，并尝试深入理解生命中发生的重大事件。这些体验让我感到非常惊讶，不仅是因为我对这些幸福行动十分熟悉，同时也因为我从来就不是一个能够真心接受此类建议的人，更不是那种拿起一本自助图书就会认真从中寻求建议的人。但是在写本书时，我却这样做了。如果我这么一个固执的人，都能够因本书所给出的建议脱胎换骨、改变自己，那么即使你们当中有些人是不情愿的，也不妨尝试一下这些幸福行动，或许会有意想不到的收获。

写完本书后，我才明白为什么某些章节对我的影响更大。那些我本来就非常擅长的方法——乐观的心态、追求目标、积极应对困难、增加体育锻炼以及心流体验，在介绍它们时，我并没有受到很大影响；对我影响比较大的反而是那些我不太熟悉、有待进一步掌握和提高的方法。例如，"享受当下"这个行动就对我意义重大，它告诉我要珍惜现在，不要为日常琐事而烦恼。当所有的证据汇集在一起、出现在同一个章节里时，就犹如把一个作用扩大了无数倍，效果自然也就更神奇了。沮丧、失望、痛苦不会自动消失，但每当我心情不好时，我都不禁自问：一年后它还会这么重要吗？问过之后，我就不会那么介意了。

我希望你也能有类似的经历。你可能已经隐约了解（甚至确定）冥想、表达感恩、追求重要的生活目标、做各种善事等行动会让你获得更多幸福，成为一个幸福的人。但是如何确定这些方法对你有效呢？你该如何实践它们呢？另外，为什么直到现在，你仍没有下定决心开始实践这些行动呢？也许本书就是你一直在等待的催化剂，帮助你重塑生活。书中大量的科学依据向你证明，如果能够找到最好的方法，付出努力坚持这些幸福行动，你就可以获得更多的幸福。你以前可能对生活感到迷茫甚至绝望，现在，你已经了解有40%的幸福掌握在你的手中。我希望你能明白，你完全可以通过自身的努力摆脱不幸和悲哀，你可以很幸福。

本书介绍的幸福行动已经被证明具有巨大的力量，即使对我这样一个多年研究幸福的人来说，也非常有效。毫无疑问，在撰写本书的过程中，我有了很多改变，这些改变有意料之内的，也有意料之外的。

我真心希望本书也会让你的生活出现改变，帮助你拥有自己想要的幸福。

如果你抑郁了

如果你在抑郁量化表中（见本书第二章）的得分属于"抑郁"范畴（得分大于或等于16分），那么你可能想知道你需要做些什么。在这里我要强调一下，如果患有抑郁症的人尝试本书介绍的幸福行动，他们可能会受益，但本书的目的并不是治疗抑郁症。因此，我们现在详细了解一下抑郁症，看看到底是什么原因导致抑郁症的产生，针对这些症状，我们又能做些什么。

什么是抑郁症

抑郁症是一种疾病，很多人都对抑郁症的症状非常熟悉。下面是9个抑郁症的典型症状，其中前两个是抑郁症患者临床诊断中最常见的症状。

1. 一天当中大多数时候你的心情都不好，你感到情绪低落、空虚，或者紧张、易怒。

2. 过去带给你享受的事情（包括性爱）几乎引不起你的兴趣，你从中感受到的快乐越来越少。

3. 心中充满愧疚，觉得自己没用，感到无助。

4. 大多数时候都无精打采，感到身心俱疲。

5. 很难集中精力，记忆力减退，变得犹豫不决。

6. 睡眠出现问题：失眠，早晨突然醒来或者嗜睡。

7. 饮食紊乱：暴饮暴食，体重骤增或者没有胃口、体重下降。

8. 易激动或者反应缓慢。

9. 有轻生的念头，想要自杀或有过自杀行为。

抑郁症和短暂的心情不好有着本质区别，这一点非常重要。抑郁症会影响你的情绪（"我很痛苦"）、你的思维（"我长得不好看"）、你的身体状况（"我睡不着觉"）等。抑郁症类型较多，这让治疗变得更为棘手。下面是最常见的几种抑郁症类型。

◦ 重度抑郁症。这种抑郁症通常会发作一次或几次（或者在某个时间段）。在此期间，患者的抑郁症状非常严重，这些症状不仅会影响患者的工作、人际交往，还会影响睡眠和饮食状况；原本喜欢的活动也会让患者感到厌倦，无法再获得享受。

◦ 慢性抑郁症。这是一种症状较轻但会持续很长时间的抑郁症。患者出现的症状没有重度抑郁症多，其危害性也相对减轻了；但这种抑郁会让人长期心情沮丧，做事没有效率。一个人可能会同时患有重度抑郁症和慢性抑郁症，研究人员把这称为"双重抑郁症"。

◦ 轻度抑郁症。患有这种抑郁症的病人会出现一些抑郁症状，但都不是很严重，时间也不会很长，不需要像重度抑郁症患者或者精神抑郁症患者那样接受正规治疗。但也必须引起注意，因为它同样会让人心情郁闷，甚至影响日常生活。

即使同一类型的抑郁症，也可能产生不同症状。例如，同样患有抑郁症的男性和女性，女性患者比男性患者更容易出现暴饮暴食、体重剧增、嗜睡等症状，这被称为"反向植物人症状"。而且，男性患者通常会变得易怒、心情沮丧，但不会像女性那样容易感到绝望和无助。另外，大约有 10% 的成年人，其抑郁症会随着季节变化循环出现，在冬季时症状尤为明显。大约有 5% 的女性往往会在经期的前一周出现抑郁症状。生育后的女性也很容易患上抑郁症；老年人则会在患有重大疾病或者痛失亲人的情况下患上抑郁症。

但是，你一定要清楚一点——抑郁症是可以被治愈的。令人惊讶的是，大多数抑郁症患者都是在患病 9 年后才开始寻求治疗。因此，如果你确定自己抑郁了，或者你曾有过抑郁的症状，但从未得到心理专家的专业帮助，那么我强烈建议你立刻行动起来，不要耽搁。这样做主要有如下两个原因。

首先，你面对的问题就是伴随性疾病（焦虑等抑郁症的并发症）。如果你抑郁了，那么你可能会有一种甚至多种相关的生理或精神问题。例如，你是否经常感到焦虑、紧张或者毫无理由地感到恐惧？你是否曾感受到极度惊恐，仿佛死亡降临？你是否经常噩梦连连或者总忘不掉某个恐怖的经历？你是否有饮食不规律、吸烟、酗酒甚至吸毒的行为？患有抑郁症的人往往会出现上述某些症状，必须及早控制治疗。幸运的是，现在已有很多种抗抑郁药物被证明非常有效，它们不仅能够缓解抑郁症状，还可以治愈因抑郁症而产生的各种生理或精神问题。

其次，抑郁症会给你的生活带来持久破坏。研究表明，抑郁症对人体造成的危害不亚于糖尿病、关节炎或高血压等慢性疾病。由于抑郁症患者的平均年龄在 25 岁左右，因此这种疾病容易对人生造成重大影响，例如完成学业、工作、结婚并维持婚姻幸福、生儿育女。仅在美国，每年因抑郁症造成的工作效率低下，间接导致的经济损失就高达 330 亿美元。

一些人认为抑郁是正常的，对任何事都感到悲伤、失去信心、无能为力并不是没有理性的标志，也不是一种疾病；一些人甚至认为某些低落的情绪可能就是弗洛伊德所谓的"普通人的不幸"，有时这种悲观主义也是有价值的。也就是说，拥有消极世界观的人更有可能觉察到危险，从而注意到乐观主义者容易忽视的警报信号。但是，如果你抑郁了，你就会清楚地体会到自己正在经历的一切。这不仅会影响你的世界观、人生观，而且会让你饱受痛苦和折磨。这也是为什么一定要治疗抑郁症、减轻抑郁症状的原因之一。

抑郁症产生的原因
易感性和压力

人之所以会生病，必须同时具备两个条件：首先，我们天生就容易得这种病，属于这种病的易感体质；其次，我们因经历了某些重大事件或者压力过大，从而引发了这种疾病。同样，抑郁症的产生也有"天生"和"环境"这两种致病因素。像心脏病、糖尿病或者关节炎这样的疾病就源于我们的生物学特征，它们是天生的，与我们的基因有关。抑郁症的遗传性（基因对抑郁症的影响程度）一般在 20%~45%，甚至更高。实际上，如果父母一方或兄弟姐妹中任何一个人患有抑郁症，那么你患抑郁症的可能性就比其他人高出 2~4 倍。显然，有些人天生就容易患上抑郁症，这种易感性可能源自遗传，或者天生就有抑郁倾向。很多研究都发现患有抑郁症的人会在生理上出现一些特征，包括大脑中的化学物质（去甲肾上腺素、血清素、多巴胺）的含量降低、压力激素（皮质醇）含量过高、快速眼动睡眠紊乱等。此外，新的科学技术能够让研究人员绘制出大脑活动图像，他们发现严重的抑郁症患者的前额叶皮质区和边缘区都出现了异常情况。前额叶皮质区是负责思考和管理情感的大脑区域；边缘区则负责管理睡眠、饮食、性爱、动机、记忆，同时还负责应对压力，包括神秘的脑 25 区。总之，大量证据已表明，产生抑郁症的部分原因是生理上的，这也是我们无法控制的。

但是，基因或者生理的易感性通常不足以导致抑郁症，过大的压力或者某些重大事件的刺激也是抑郁症发病必不可少的原因。如果你天生易感性就非常强，那么一个相对较小的压力就有可能让你抑郁；如果你的易感性很弱，那么只有重大压力或者创伤事件才能让你抑郁。

引发抑郁症的事件很可能就是你在生活中遇到的压力，虽然通常只有巨大的生活压力才会导致抑郁（例如，贫穷、创伤性生活事件、遭受暴力、自然灾害、分居、离婚、重病、慢性疾病、照顾生病的亲友等）。此外，一些研究人员重点研究了在儿童时期经历的悲惨遭遇与成年后患抑郁症之间的关联。实际上，儿童时期错误的教养方式有可能成为一个人日后患上抑郁症的根源，包括母亲在怀孕时是否抑郁、焦虑，以及父母是否疏忽大意、过于严厉、行为粗暴等。不过，研究人员尚不能确定，缺乏良好的教养，到底能在多大程度上影响孩子成年后患上抑郁症的可能性。

心理脆弱性

还有什么能够导致或激发抑郁症呢？在这里我只介绍两个我认为最有科学依据的理论。第一个就是亚伦·贝克有关抑郁症的认知理论，这个理论构成了治疗抑郁症最常用的心理疗法——认知行为疗法的基础。贝克是一位精神病医生，他认为一些人患有态度功能性失调，这让他们在面对消极事件时更容易抑郁，他们认为幸福与自我价值完全取决于自己是否完美或者他人对自己是否充分认可。例如，他们可能会想："老师说我很失败。"或者想："如果女朋友不爱我，那我就什么也不是了。"如果我们经常这样想，那么在不幸发生时，我们就会不由自主地出现各种消极想法：（1）针对自己（"我不招人喜欢"）；（2）针对现有的经历（"我的老板更赏识我的同事"）；（3）针对未来（"我永远无法摆脱害羞的心理"）。贝克把这三类消极的观念称作"负向认知三角"。

另一个解释抑郁产生原因的理论叫作"无望理论"，此理论出自马丁·塞利格曼的研究。根据这个理论，我们总认为会发生不好的事情，而且不敢期待好事的出现；我们对于这种情况无能为力，最终导致抑郁。无望被认为是抑郁症产生的根源。一个人是如何变得绝望的？在面对压力或者其他消极经历时，一些人就会得出负面推论或者结论。例如，当一个人没有如期获得升职时，他可能会认为：（1）"这意味着我无能"；（2）"这将有碍我的事业的发展"；（3）"这证明我不配升职"。这些就是无望的表现，而这些消极想法很可能导致他患上抑郁症。但是，如果他能从另一个角度看待这件事，就不会感到绝望，也不会患上抑郁症：（1）"我最近工作时的确不是特别努力"；（2）"我应该更加努力，那么下次我就可以升职了"；（3）"这并不能否定我的价值"。

无望理论和认知理论都认为抑郁症患者具有认知易感性，也就是说，他们倾向于对生活中的消极事件产生负面理解。消极的看法会产生消极感受，以致带来痛苦，最终让他们患上重度抑郁症。

最近有一项科研项目，即抑郁认知易感性计划。该计划对参与者进行了长时间的追踪调查，评估他们的负面思维和生活压力。研究发现，那些曾经感到无望并患有态度功能性失调的人更容易患上重度抑郁症。以下介绍的认知疗法，在调整消极心态方面具有非常显著的效果。

导致抑郁症的诱因

诱因只是一种"可能"，不是"必然"。以下介绍的三个诱因极易导致抑郁症：

1. 缺乏社交技能

2. 容易害羞、逃避

3. 过度依赖他人

如果你在自己身上发现了上述任何一种情况，那么你就有必要寻求专业帮助了。首先，如果你需要提高社交技能，可以学习如何更好地表达自己、与他人进行交流、在交流中控制自己的情绪、敏感地察觉他人的情绪波动，以及主动地表达自己的观点和情感。研究人员发现，缺乏社交技能的人更倾向于从朋友和家人那里寻求批评，而且更愿意和不喜欢他们的人来往。这也是心理咨询师可以帮你解决的问题。

其次，如果你是那种逃避社交、特别容易害羞的人，你也有可能患上抑郁症。这是因为在面对压力或消极事件时，社会支持和他人的陪伴能够帮助人们远离消极思维的旋涡；而胆小容易羞怯的人不敢接触他人，自然也得不到社会支持，因此更容易抑郁。

如果你总是希望他人肯定你的价值、希望得到他人的喜爱，或者极度需要他人的接受和支持，那么你可能具有过度人际依赖的倾向。和其他危险因素一样，具有这种倾向会让你很脆弱，更容易患上抑郁症。

抑郁症的治疗方法

这部分内容完全可以单独写成一本书，甚至一个书架的书，因为治疗抑郁症的方法非常多。在这里，我只介绍 4 种在我看来最有效、得到最多科学实证的治疗方法。排在第一位的是药物治疗，也就是众所周知的抗抑郁药物疗法。其他三种都属于心理疗法（也叫谈话疗法），它们分别是认知行为疗法、人际关系疗法、婚姻和家庭疗法。当前人们普遍认为心理疗法对轻度抑郁症疗效显著，抗抑郁药物的疗效对于那些中度或重度抑郁患者可能更显著一些。如果双管齐下，将抗抑郁药物疗法和心理疗法同时进行，患者将更快恢复，因为抗抑郁药物能迅速减轻抑郁症状，心理疗法能教会抑郁症患者独自解决问题，学会管理情绪和思维的技巧。以下就从最有效的心理疗法开始介绍。

认知行为疗法

正如之前提到的，此疗法源于贝克的抑郁认知理论，并在抑郁症的治疗中得到了广泛应用。这个疗法的核心在于你的思想。认知行为专家认为有抑郁倾向的人对自己、对生活环境以及未来（负向认知三角）的评价过于消极，他们的思想是扭曲的。例如，一个患有抑郁症的女士对医生说她是一个失败者，因为前一天她儿子在游泳训练时竟然下雨了。医生的工作是教会抑郁症患者认清并扭转他们的消极想法，用更多积极乐观的想法取代它。医生可能会就孩子的训练和患者进行对话，直到患者意识到她的想法不合理为止。在治疗期间也可以给患者留一些家庭作业，以强化专家指导的效果。

这是认知部分的治疗，而行为治疗包括让患者学会他们缺乏的技能，例如解决问题的能力、自制力，以及主动采取行动的能力。行为治疗的主要目的是让抑郁症患者做一些他们喜欢的活动，并从中找到控制感。这种方法不仅能激发患者产生积极情绪，还能够防止思虑过度，避免抑郁症的恶化。

认知行为疗法通常仅持续 4~14 个疗程。对那些病史较长、思维功能严重紊乱的患者来说，可能需要更长时间。对于那些长期患有抑郁症的患者，一定要让他们明白抑郁症源于他们的思维，而不是消极事件本身。

在所有的抑郁症治疗方法中，认知行为疗法已经得到广泛验证。研究表明，这种疗法的效果很好，甚至可以和药物治疗相媲美。此外，通过这种疗法痊愈的患者其复发率相对较低。

人际关系疗法

如果你患有抑郁症，你有可能在人际关系方面出现了问题。例如，你现在可能正为失去一个亲人而伤心，或是为失败的婚姻而焦头烂额，生活的转变给你带来了巨大压力，让你痛苦万分。虽然人际关系疗法以弗洛伊德精神分析学说为基础，但它实际上是一种折中的方法。例如，抑郁症被认为是一种疾病，是能够被治愈的。而且，人际关系疗法也有助于你解决两性关系中出现的问题，教会你积极地思考问题，缓解抑郁症状。此外，人际关系疗法也强调关注当下，而不是挖掘孩童时期造成抑郁的潜意识根源。

这种疗法需要三四个月才能见效。在治疗期间，医生将重点帮助你解决最近发生的或者正在发生的人际交往问题，其治疗方案在某种程度上取决于问题事件的类型。例如，如果你最关心的是和家人之间的冲突，那么医生会和你谈论矛盾和冲突的性质，以及如何解决这个问题。医生还会帮助你重建当时的情境，让你明白到底发生了什么。然后，医生将和你一起回顾所有的解决方案。

研究表明，人际关系疗法可以有效减轻抑郁症状，在改善人际交往方面的作用甚至优于抗抑郁药物的作用。

婚姻和家庭疗法

使用婚姻和家庭疗法的医生也认为抑郁症患者在家庭关系上通

常存在一定的问题。实际上，如果你已经结婚，并且感觉抑郁，那么在你的婚姻生活中很可能出现了让你感到抑郁的压力事件。如果你已为人父母，但是仍感抑郁，那么你很可能在如何做一个好家长方面遇到了难题。严重的抑郁症不仅会给患者带来身心上的痛苦，也会给他的家庭带来痛苦。但是，到底是家庭问题导致了抑郁症，还是抑郁症带来了家庭问题？根据压力产生理论，压力和抑郁互为因果。抑郁症患者在人际交往的很多方面都会产生压力，反过来，这种压力又会让他们的抑郁症状变得更严重。例如，患有抑郁症的女性更容易对自己的丈夫产生消极悲观的看法；作为母亲，她也很难成为一个合格的妈妈，和孩子的关系也更容易紧张；在遇到家庭冲突时，她更容易退缩回避。所有这些行为导致的结果就是：家庭矛盾进一步恶化。另外，婚姻问题和孩子的教育问题也容易让人患上抑郁症，或者会加重原本就存在的抑郁症状。这就形成一个恶性循环——抑郁症导致问题，反过来问题让抑郁症更严重，并进一步带来更多问题。婚姻和家庭疗法就是要帮助患者学会如何解决这些问题。

有两种最常见、最有效的干预方法可以解决抑郁症患者在生活中遇到的这些难题，那就是解决夫妻关系不和谐的婚姻行为疗法以及解决孩子教育问题的家长训练法。

婚姻行为疗法治疗时间相对较短。在治疗期间，医生需要定期和抑郁症患者以及他们的伴侣见面。在治疗的第一阶段，医生需要对病人婚姻关系中存在的最严重的问题进行分析指导，帮助他们进行更多积极的互动；也可以给前来咨询的夫妻布置家庭作业，让他们回忆过去一起完成的、彼此都很享受的事情，然后鼓励他们再次去做同样的事情。这个阶段取得成功后，抑郁症患者的心情会变得愉悦，也会向对方表达积极情绪。这个进展为第二阶段的治疗打下了良好基础。第二阶段的目标是调整他们之间的关系（例如，改善夫妻之间的交流问题，改变日常互动的方式）。有时可以让夫妻双方写一份行为"合同"，列出双方都同意做出改变的行为。当这个阶段完成后，夫妻双方都会给予对方更多支持，更注重对方的需求，他们的关系也会变得更亲密，也就能够更好地应对未来出现的各种问题。第三阶段，医生针对生活中可能出现的压力事件为夫妻双方提供帮助和指导，并鼓励他们把关系的改善归功于彼此之间的爱与关心。在缓解抑郁症方面，婚姻行为疗法和针对个人的疗法同样有效。婚姻疗法还有一个附加的好处，那就是可以增加婚姻的满意度。大量研究表明，婚姻疗法发挥作用的原因就是幸福感的增加。

但婚姻疗法面临一个巨大的阻碍——这个疗法能否起作用的前提，就是抑郁症患者的配偶是否愿意陪对方一起接受治疗。确实有人不愿意一起治疗（但这个数字比 25 年前小了很多），因为一些人认为心理治疗对他们来说是一种耻辱。我们可以先避开这个障碍，把家长培训作为治疗的第一步，因为患抑郁症的人大多在教育孩子和婚姻关系中存在很多问题。相对于婚姻治疗，家长培训更容易被接受，而且也不需要父母双方都参加。家长管理培训有很多类型，但是绝大多数都是教授一些管理孩子的技巧（对孩子使用行为强化法或者给孩子自己的空间），让这些父母深刻了解他们如何能在不经意间强化孩子的问题行为（关注消极行为），示范如何温和有效地和孩子进行交流，帮助那些新父母和没有自信的父母树立信心。研究证明，这种干预能够减少家长在教育孩子的过程中出现的问题，同时也有助于减轻抑郁症状。

存在争议的治疗方法

在这里我再介绍两种大家熟知的治疗方法，但效果远远不如我前面介绍的那几种。一种就是中药疗法，最常用的一种植物是圣约翰草，这种植物会在夏季开出黄色的小花。在德国，这种植物被广泛应用于抑郁症治疗，远远超过传统抗抑郁药物的使用。德国人进行了大量研究以验证这种植物的功效，结果显示它确实对治疗抑郁症有效，尤其对那些短期轻度的抑郁症效果更好。但是这些研究中存在很多不足之处，因此美国国家心理健康研究所进行了一项为期三年的大规模研究。研究发现，在缓解抑郁心情或者提高整体机能等方面，圣约翰草的作用其实和安慰剂差不多；这种草药还会与其他药物相互作用，带来危险。同时，因为它的效力和制剂在美国还没有严格说明，因此在使用这种疗法时，抑郁症患者一定要提高警觉。

另外一种存在争议的疗法叫作心理动力学疗法，包括传统的弗洛伊德精神分析法。心理动力学疗法就是让患者进行自我剖析，其目的是让患者彻底弄清自己的情感状况，并从早期的家庭生活中找出导致问题的潜意识基础。这种类型的治疗非常密集（一周几次，每次 50 分钟），持续时间长（通常需要几年），而且花费颇多。另外，研究发现，这种疗法只对轻度抑郁症患者或者病情已有改善的患者有效。

如果你抑郁了，该怎么办

令人惊讶的是，尽管有很多有效的治疗方法，但只有很少的抑郁症患者会使用它们。例如，在那些符合重度抑郁标准的患者中，只有22%的白人和11%的美籍墨西哥人接受了治疗，患有轻度抑郁症的患者接受治疗的比例就更低了。

如果你抑郁了，我强烈建议你尝试一种非常有效的治疗方法。治疗的第一步就是约见医生，并做一个全面的身体检查。因为很多药物的副作用和疾病（例如传染病）的症状都与抑郁症的症状非常相似，首先需要排除这些情况。如果做了排除，那么医生（精神病医生或者心理医生）会让你完成一份心理评估问卷，以了解你的病症、家族病史，以及是否存在药物滥用或者自杀倾向等。如果被确诊为抑郁症，那么你将和医生共同决定治疗方案。

幸福是治愈不幸的良药

幸福是治愈不幸的良药，别人怎么说并不重要。

——伊丽莎白·麦克莱肯

如果你患有重度抑郁症，你可能不太清楚这样一本介绍幸福之道的书如何能够帮助你。一方面，你有权提出质疑。如果你想提起精神，鼓足勇气开始实施幸福提升计划，就需要先缓解抑郁症状。

另一方面，正如塞利格曼所证实的，即使重度抑郁症患者，只要每天进行一项简单的幸福行动，也可以减轻抑郁症状。

事实上，塞利格曼实验室中的其他研究也取得了类似结果。在其中一项研究中，研究人员进行了一项为期 6 周的积极心理疗法，他们每周与 8~11 名抑郁症患者见面，每次两个小时。他们鼓励这些参与者进行各种积极的活动，例如表达感恩、享受生活、发挥自己的优势等。和那些没有接受任何治疗的人相比，积极心理疗法小组的成员在为期 6 周的治疗中，他们的抑郁症状得到了显著缓解。令人吃惊的是，在整个治疗的过程中，他们的幸福水平也得到了切实提高，即使在干预结束后很长时间内，也在持续增加，并在一年后达到最高点。

在随后的研究中，确诊患有重度抑郁症的患者分别参加了为10~12 周的个体积极心理疗法。研究发现，在治疗过程中，患者如果更关注自身优势而不是抑郁症状，将有助于抑郁症的治疗，而且他们比服用抗抑郁药物的患者恢复得更好。

积极心理疗法是塞利格曼的最新研究成果，他使用的一些方法和本书介绍的幸福行动非常类似。因此，他的研究让我们坚信幸福行动拥有的巨大价值——幸福行动能够激发乐观思维、积极的情绪及行为，而且能帮助患者减轻抑郁症状。虽然幸福行动并不是专门为治疗抑郁症设计的，但是它能帮助你缓解因抑郁产生的痛苦，带给你积极的情感体验。

另外，一些心理疗法不仅可以减轻患者的抑郁症状，还能增加他们的幸福感。例如短期幸福疗法，其目的是加强患者的正向思维能力，帮助他们找到自己的人生目标，建立积极的人际交往，提高自我接受能力和幸福感。研究发现，患者在抑郁症康复后继续使用这种疗法，还有助于防止复发。还有一些疗法对于抑郁症的治疗效果也非常显著，比如生活质量疗法、希望疗法以及个人成长疗法等。

　　每个人在一生中都会经历痛苦与不幸，但很多人都拥有强大的恢复力，痛苦过后，他们最终会回到最初的幸福水平。当痛苦降临的时候，一些人会感到抑郁，没有安全感，认为未来十分暗淡。其实，这种状态正是一种应激反应。本书介绍的幸福行动可以有效地减轻人们的抑郁症状，帮助他们找回曾经的幸福，获得更多幸福。

　　在2004年美国总统大选期间，副总统候选人约翰·爱德华兹讲述了曾带给他巨大伤痛的人生经历——他失去了16岁的儿子。经历了一段时间的抑郁和悲痛后，他以全新的状态再次出现在公众面前，此时他的人生目标也发生了变化。"我明白了两个道理，"爱德华兹在回忆录中写道，"一是人生中不乏心碎和痛苦，二是坚强的人可以让一切变得不同。一个道理让人伤心，另一个则振奋人心。我会接受现实，继续前行。"是的，如果能够击败抑郁，我们就会变得更加坚强、更加幸福、更加热爱生活。

致　谢

　　在前言中我曾提到，本书的最大亮点是科学，没有科学就没有科学家。在这里我要对我的同事、我的学生，以及为本书出版付出辛勤劳动的同行表示真挚的谢意。首先，我要特别感谢肯·谢尔登，书中的很多研究发现都是我们共同合作完成的，而且幸福饼图模型也是他提出来的。我一共和谢尔登进行了4次合作，每次合作都取得了丰硕成果，希望我们以后有机会继续合作。我还要感谢大卫·施卡德，本书的几个核心观点都离不开他的帮助。最后要感谢马丁·塞利格曼给予的帮助，他为我们的研究提供了很多高端设备和大量资金，同时给出了很多宝贵的反馈和建议，让我们拥有了更多前进的动力，也非常感谢他把我引荐给理查德·派恩。

　　在这里，我要特别感谢几个人，能够得到他们的帮助和支持，是我一生的荣幸。第一位是李·罗斯，正是他激起了我对幸福研究的兴趣。他是一个才华横溢的人，多年来我数次向他请教，他的聪明才智让我受益匪浅，带给我很多启发。和他的交往是一种无上的享受，我非常荣幸能够得到他的帮助，我今天研究的大部分内容都离不开他的帮助。我还要感谢苏珊·诺伦-霍克西玛，她是我的良师益友，很长时间以来，她一直给予我无私的帮助。巴里·施瓦茨是一个值得珍视的朋友，我非常感谢他的鼓励。知识渊博的他给了我很多建议，本书的很多闪光点都离不开他的帮助。

在这里我也要对下面这些朋友和同行真心说一声谢谢，感谢他们的支持：安德鲁·沃德、拉里·罗森布拉姆、雪莉·盖博、埃德·迪埃纳、贝基·柯林斯、罗伯特·迪纳、达娜厄·艾奇逊、特里·约翰逊、卡罗尔·范·希尔登。我要感谢我那些优秀的学生，没有他们的帮助，很多研究根本不可能完成，他们是卡里·塔克、洛里·苏萨、艾利森·阿贝、克里斯·特卡奇、茱莉亚·贝姆。同时，我向两位系主任（也是我的好友）致以崇高的敬意，谢谢他们毫无保留的支持，他们是大卫·丰德和格伦·斯坦利。

在本书的写作过程中，我不仅没有经历创作的痛苦，反而体会到诸多乐趣。这是真的，因为企鹅出版社为我提供了一个非常优秀的团队，他们能力卓越、经验丰富、专业素质过硬，给了我很大支持。对企鹅出版社各位编辑的大力支持和帮助，我无以言表，唯一能做的就是真心奉上我无限的感激。安·高朵芙是一位不可多得的好编辑。我也很荣幸能够和以下两位编辑合作：一位是艾米丽·卢斯，她首先认可了我的想法，给了我很大帮助；另一位是凡妮莎·莫布里，她坚持不懈地帮我完善本书的内容。当然还要感谢杰出的副主编麦迪·洛克。

对理查德·派恩的感谢我需要单独写一段。在我看来，理查德是世界上最好的代理人。若没有他精湛的运作，本书只能存在于我的想象之中；没有他积极联系，我也不会找到这么好的出版社——企鹅出版社。

很多人在阅读了这本初稿后都提出了很多有价值的意见和建议。非常感谢戴安娜·福克斯和丽萨·特里，谢谢他们能够真诚地从非专业的角度发表自己独到的见解。感谢珍妮弗·阿科尔提出的真知灼见，她总是那么谦逊幽默。感谢茱莉亚·贝姆、艾琳·张、克里斯特尔·施密特，谢谢他们为本书进行的诸多采访。感谢2005年秋季心理学课148期的学员，与我分享了他们的故事和感悟。感谢那些聪明睿智、能力卓著、辛勤工作的研究助理，谢谢你们：杰西卡·格兰、安德莉亚·拉普兰特、丹妮尔·奥布赖恩、萨普那·蒙顿、金伯莉·哈兹尔伍德、艾德丽安·格兰特、瓦莱丽·劳斯、那沙·夏尔马、里加·贝雅、丽萨·麦克莫兰和亚丝明·佩雷斯。

虽然金钱不能带给人们快乐，但有了它，我们的研究才得以进行。感谢美国国家心理健康研究所、邓普顿积极心理学奖评委会、加利福尼亚大学慷慨解囊，为我们提供资金支持。

最后，要特别感谢我的父母和哥哥一直以来给我的支持，感谢我那两位出色的小姑。感谢皮特·德尔格雷科——虽然我的感激、爱和尊敬不言自明，但我还是要告诉你。在写作本书时，皮特给了我各个方面的帮助，他充当我的编辑、给我精神支持，最重要的是，他是一位伟大的丈夫。我要感谢我的两个孩子，他们不仅是我无尽幸福的秘密所在，也是我幸福的源泉，正因为有了他们，我才能时时刻刻感到人生如此幸福。